文库

中国中古思想史长编

胡适 著

海南出版社
·海口·

图书在版编目（CIP）数据

中国中古思想史长编 / 胡适著 . -- 海口 : 海南出版社 , 2025. 1. -- (大家学术文库). -- ISBN 978-7-5730-1833-5

Ⅰ . B21

中国国家版本馆 CIP 数据核字第 2024VJ0045 号

中国中古思想史长编

ZHONGGUO ZHONGGU SIXIANG SHI CHANGBIAN

作　　者：胡　适
责任编辑：余传炫
封面设计：格林文化
内文制作：格林文化
海南出版社　出版发行
地　　址：海口市金盘开发区建设三横路 2 号
邮　　编：570216
电　　话：0898-66830922
印刷装订：河北盛世彩捷印刷有限公司
版　　次：2025 年 1 月第 1 版
印　　次：2025 年 1 月第 1 次印刷
开　　本：635 mm × 960 mm　1/16
印　　张：15.25
字　　数：226 千字
书　　号：ISBN 978-7-5730-1833-5
定　　价：49.00 元

“大家学术文库”编者按

中国学术，昉自伏羲画卦，至周公制礼作乐而规模始备。其后，王官失守，孔子删述六经，创为私学，是为诸子百家之始。《庄子》曰：“道术将为天下裂。”孔子殁后，儒分为八；墨子殁后，墨分为三。诸子周游天下，游说诸侯，皆以起衰救弊、发明学术为务，各国亦以奖励学术、招徕人才为务，遂有田齐稷下学宫之设。商鞅变法，诗书燔而法令明；始皇一统，儒士坑而黔首愚。当此之时，学在官府，以吏为师，先王之学，不绝如缕。至汉高以匹夫起自草泽，诛暴秦，解倒悬，中国学术始获一线生机。其后，汉惠废挟书之律，民间藏书重见天日。孝武之世，董子献“罢黜百家，表彰六经”之策，定六经于一尊。其后，虽有今古之分、儒释之争、汉宋之异、道学心学之别、义理考据之殊，而六经独尊之势，未曾移也。

及鸦片战起，国门洞开，欧风美雨，遍于中夏，诚“三千年未有之变局”。当此之时，国人震于列强之船坚炮利，思有以自强；又羡于西人之政教修明，思有以自效。于是有“变法守旧之争”“革命改良之争”“排满保皇之争”，而我国固有之学术传统，亦因之而起变化。清季罢科举而六经独尊之势蹷，蔡孑民废读经而六经独尊之势丧。当此之时，立论有疑古、信古、释古之别，学派有“古史辩”与“学衡”之争，学说有“文学革命”“思想革命”“文字革命”“伦理革命”诸说，师法有“师俄”“师日”“师西”之分，众说纷纭，莫衷一是，百家争鸣，复见于近代。

民国诸家，为阐明道术、解救时弊，著书立说、授课讲学，其学术思想，历久弥新，至今熠熠生辉，予人启迪。然近人著作，汗牛充栋，多如恒河之沙，使人难免望书兴叹，不知从何下手，穷其一生，亦难以卒读。因此之故，我们特精选最具代表性之近人著作，依次出版，俾读者略窥学术门墙，得进学之阶。此次选辑出版，虽未能穷尽近人学术之精品，难免有遗珠之憾；然能示人以门径，使人借此以知近人学术规模之宏大、体系之完密，亦不失我们编辑出版“大家学术文库”之初衷。

此次出版，为适应今人阅读习惯，提升丛书品质，我们特对所选书籍做了必要之编辑加工，约有如下诸端：

一、改繁体竖排为简体横排；

二、修正淘汰字、异体字，规范标点符号用法，为一些书加新式标点；

三、校改原稿印刷产生之错字、别字、衍字、脱字；

四、凡遇同一书稿中同一人名有两种及以上不同写法者，一律统改为常用写法。

除以上所举四点之外，其余一仍其旧，力求完整保持各书原貌。

然限于编者之有限学力，书中疏漏之处，在所难免，尚祈广大方家、读者诸君不吝批评斧正。

编　者

2024 年 3 月

目录

第一章
齐　学

一、思想混合的趋势

从老子、孔子到荀卿、韩非，从前六世纪到前三世纪，是中国古代思想的分化时期。这时期里的思想家都敢于创造，勇于立异；他们虽然称道尧舜，称述先王，终究遮不住他们的创造性，终究压不住他们的个性。其实尧舜先王便是他们创作的一部分，所以韩非说，“孔子、墨子俱道尧舜，而取舍不同，皆自谓真尧舜”，孔氏有孔氏的尧舜，墨者有墨者的尧舜，其实都是创作的。在这个自由创造的风气里，在这个战国对峙的时势里，中国的思想界确然放了三百多年的异彩，建立了许多独立的学派，遂使中国古代思想成为世界思想史的一个重要时代。

但我们细看这三百多年的古代思想史，已觉得在这极盛的时代便有了一点由分而合的趋势。这三百多年的思想，大致可以分作两个时期，前期趋于分化，而后期便渐渐倾向折衷与混合。前期的三大明星，老子站在极左，孔子代表中派而微倾向左派，墨子代表右派，色彩都很鲜明。老子提出那无为而无不为的天道观念，用那自然主义的宇宙观来破坏古来的宗教信仰，用那无为无治的政治思想来攻击当日的政治制度，用那无名和虚无的思想来抹煞当日的文化：

这都是富于革命性的主张，故可以说是极左派。孔子似乎受了左派思想的影响，故也赞叹无为，也信仰定命，也怀疑鬼神，也批评政治。然而孔子毕竟是个富于历史见解的人，不能走这条极端破坏的路，所以他虽怀疑鬼神，而教人“祭如在，祭神如神在”；虽赞叹无为，虽信仰天命，而终身栖栖皇皇，知其不可而为之；虽批评政治，却不根本主张无治，只想改善政治；虽不满意于社会现状，却不根本反对文化，总希望变无道为有道。老子要无名，孔子只想正名；老子要无知无欲，孔子却学而不厌，诲人不倦；老子说“不出户，知天下：其出弥远，其知弥少”；孔子却说“学而不思则罔，思而不学则殆”。故孔子的思想处处都可以说是微带左倾的中派。墨子的思想从民间的宗教信仰出发，极力拥护那“尊天事鬼”的宗教；一方面想稍稍洗刷那传统的天鬼宗教，用那极能感动人的“兼爱”观念来做这旧宗教的新信条；一方面极力攻击一切带有宗教革命的危险性的左倾思想。他主张兼爱，说兼爱即是天志，这便是给旧宗教加上一个新意义。他要证明鬼的存在，这便是对怀疑鬼神的人作战。他要非命，因为“命”的观念正是左倾的自然主义的重要思想，人若信死生有命，便不必尊天事鬼了，故明鬼的墨教不能不非命。墨子的兼爱主义和乐利主义的人生哲学，和他的三表法的论理，都只是拥护那尊天明鬼的宗教的武器。故墨家的思想在当日是站在右派的立场的。

这是古代思想第一期的分野。后来老子一系的思想走上极端的个人主义，成了杨朱的为我，以至于许行、陈仲的特立独行，都是左派思想的发展。孔子一系的思想演成“孝”的宗教，想用人类的父子天性来做人生行为的制裁，不必尊天明鬼而教人一举足，一出言，都不敢忘父母。同时他们又极力提倡教育，保存历史掌故，提倡礼义治国。这都是中派思想的本色。直到孟轲，还是这样。孟轲说仁义，重教育，都是中派的遗风；而他信命，信性善，讲教育则注重个人的自得，谈政治则提倡人民的尊贵，这又都是左倾的中派的意味。至于右派的墨者，在这发展的时期里，造成“巨子”的领袖制度，继续发展他们的名学，继续发挥兼爱的精神，养成任侠的风尚，并且在实际政治上做偃兵的运动，这都是直接墨子教义的发展。

这三大系思想的产生和发展，都属于我们所谓古代思想史的前期。在这一期里，三系都保存他们的个别精神，各有特异的色彩，故孟轲在前四世纪还能说：

> 逃墨必归于杨，逃杨必归于儒。

他攻击杨子为我，又反对墨者的爱无差等说，都还可见三系的色彩。

但前四世纪以后，思想便有趋向混合的形势了。这时代的国际局势也渐渐趋向统一，西方的秦国已到了最强国的地位，关外的各国都感觉有被吞并的危险。国际上的竞争一天一天更激烈了，人才的需要也就一天一天更迫切了。这时代需要的人才不外三种：军事家、内政人才、外交人才。这是廉颇、李牧、申不害、范雎、张仪、苏秦的时代，国家的需要在实用的人才，思想界的倾向自然也走上功利的一条路上去。苏秦、张仪、范雎、蔡泽诸人造成游说的风气，游说是当时的外交手段的一种，游说的方法是只求达目的，不择手段的。冷眼的哲学家眼见这个"是非无度而可与不可日变"的世界，于是向来的左派的营垒里出来了一些哲人，彭蒙、田骈、庄周等，他们提倡一种"不谴是非"的名学，说"万物皆有所可，有所不可"；说"彼出于是，是亦因彼"；说"是亦一无穷，非亦一无穷"；说"无物不然，无物不可"。庄子这一派的思想指出是非善恶都不是绝对的，都只是相对的，都是时时变迁的。这种名学颇能解放人的心思，破除门户的争执；同时也就供给了思想界大调和混合的基础。《庄子》书中说的：

> 恶乎然？然于然。恶乎不然？不然于不然。物固有所然，物固有所可。无物不然，无物不可。故为是举莛与楹（莛是屋梁，楹是屋柱），厉与西施，恢恑憰怪，道通为一。（《齐物论》）

这种“无物不然，无物不可”的逻辑，便是思想大调和的基础。

这时代不但是游说辩士的时代，又是各国提倡变法的时代。商鞅的变法（前三五九—前三三八），使秦国成为第一强国。赵武灵王的胡服骑射（前三〇七—前二九五）也收了很大的效果。在变法已有功效的时代，便有一种变法的哲学起来。如韩非说的“圣人不务循古，不法常可，论世之事，因为之备”，“世异则事异，事异则备变”，“法与时转则治，时移而治不易则乱”，便是变法的哲学。（《战国策》记赵武灵王变法的议论——也见于《史记·赵世家》——和《史记·商君列传》里讨论变法的话，太相像了，大概同出于一个来源，都是后人用韩非的变法论来敷演编造的。）这种思想含有两个意义：一是承认历史演变的见解（“三代不同服，五帝不同教”），一是用实际上的需要和利便来做选择的标准。（“苟可以利其民，不一其用；苟可以便其事，不同其礼。”）这两个意义都可以打破门户的成见和拘守的习惯。历史既是变迁的，那么，一切思想也没有拘守的必要了，我们只须看时势的需要和实际的利便充分采来应时济用便是了。所以前三世纪的变法的思想也是造成古代思想的折衷调和的一个大势力。

当时的法治学说便是这个折衷调合的趋势的一种表示。前四世纪与前三世纪之间的“法家”便是三百年哲学思想的混合产物。“法”的观念，从“模范”的意义演变为齐一人民的法度，这是墨家的贡献。法家注意正名责实，这便和孔门的正名主义和墨家的名学都有关系。法家又以为法治成立之后便可以无为而治，这又是老子以下的无为主义的影响了。法家又有法律平等的观念，所谓“齐天下之动，至公大定之制”，所谓“顽嚚聋瞽可与察慧聪明同其治”，这里面便有墨家思想的大影响。当时古封建社会的阶级虽然早已崩坏了，但若没有墨家“爱无差等”的精神，恐怕古来的阶级思想还不容易打破。（荀子说：“墨子有见于齐，无见于畸。”可见儒家不赞成平等的思想。）故我们可以说，当时所谓“法家”其实只是古代思想的第一次折衷混合。其中人物，如慎到便是老庄一系的思想家，如尹文的正名便近于儒家，他的非攻偃兵，救世之斗，又近于墨家；又如韩非本是荀卿的弟子，而他的极端注重功用便近于墨子，他的历史进化观念又像曾受庄子的思想的影响，他的法治观念也是时代思潮的产儿。故无论从思想方面或从人物方面，当日的法治运动正是古代思想调和折衷的结果。

以上略述古代思想由分而合的趋势。到了前四世纪与前三世纪之间，这个思想大混合的倾向已是很明显的了。在那个时代，东方海上起来了一个更伟大的思想大混合，一面总集合古代民间和智识阶级的思想信仰，一面打开后来二千年中国思想的变局。这个大混合的思想集团，向来叫做“阴阳家”，我们也可以叫他做“齐学”。

二、齐学的正统

战国的晚期，齐国成为学术思想的一个重镇。《史记》说：

> 宣王（齐宣王的年代颇有疑问。依《史记·六国表》，当西历纪元前三四二—前三二四。依《资治通鉴》，当前三三二—前三一四）喜文学游说之士。自如驺衍、淳于髡、田骈、接予、慎到、环渊之徒七十六人，皆赐列第，为上大夫，不治而议论。是以齐稷下学士复盛，且数百千人。（《史记》四六）

《史记》的《孟子荀卿列传》里也说：

> 自驺衍与齐之稷下先生如淳于髡、慎到、环渊、接子、田骈、驺奭之徒，各著书言治乱之事，以干世主，岂可胜道哉？（《史记》七四）
>
> 齐有三驺子。其前驺忌以鼓琴干威王，因及国政，封为成侯，而受相印。先孟子。其次驺衍，后孟子。……驺奭者，齐诸驺子，亦颇采驺衍之术以纪文。于是齐王嘉之，自如淳于髡以下，皆命曰列大夫，为开第康庄之衢，高门大屋，尊宠之，览天下诸侯宾客，言齐能致天下贤士也。（同上）

《史记》记齐国的事，最杂乱无条理，大概是因为史料散失的缘故。《孟子荀卿列传》更杂乱不易读。但“稷下”的先生们，似乎确有这么一回事；虽然不一定有“数百千人”的数目，大概当时曾有一番盛况，故留下“稷下先生”的传说。（彭更问孟子：“后车数十乘，从者数百人，以传食于诸侯，不以泰乎？”此可见稷下“数百千人”也不是不可能的事。）我们可以说，前四世纪的晚年，齐国因君主的提倡，招集了许多思想家，“不治而议论”，造成了稷下讲学的风气。（稷下有种种解说：或说稷是城门，或说是山名。）稷下的先生们不全是齐人，但这种遗风便造成了“齐学”的历史背景。

司马迁说：

> 齐带山海，膏壤千里，宜桑麻，人民多文彩布帛鱼盐。……其俗宽缓阔达而足智，好议论。（《史记》一二九）

班固引刘向、朱赣诸人之说，也道：

> 太公以齐地负海舄卤，少五谷而人民寡，乃劝以女工之业，通鱼盐之利，而人物辐凑。……其俗弥侈，织作冰纨绮绣纯丽之物，号为“冠带衣履天下”。……至今其土（士？）多好经术，矜功名，舒缓阔达而足智。其失夸奢朋党，言与行缪，虚诈不情。（《汉书》二十八）

这个民族有迂缓阔达而好议论的风气，有足智的长处，又有夸大虚诈的短处。足智而好议论，故其人勇于思想，勇于想像，能发新奇的议论。迂远而夸大，故他们的想像力往往不受理智的制裁，遂容易造成许多怪异而不近情实的议论。《庄子》里说：“齐谐者，志怪者也。”孟子驳咸丘蒙道：“此非君子之言，齐东野人之语也。”可见齐人的夸诞是当时人公认的。这便是“齐学”的民族的背景。

齐民族自古以来有“八神将”的崇拜，《史记·封禅书》说的很详细。八神将是：

一、天主。
二、地主。
三、兵主。
四、阴主。
五、阳主。
六、月主。
七、日主。
八、四时主。

这个宗教本是初民拜物拜自然的迷信，稍稍加上一点组织，便成了天地日月阴阳四时兵的系统了。试看天主祠在“天齐”，天齐是临菑的一个泉水，有五泉并出，民间以为这是天的脐眼，故尊为“天脐”。这里还可见初民的迷信状态。拜天的脐眼，和拜“阴主”“阳主”，同属于初民崇拜生殖器的迷信。由男女而推想到天地日月，以天配地，以日配月，都成了男女夫妇的关系。再进一步，便是从男女的关系上推想出“阴”“阳”两种势力来。阴阳的信仰起于齐民族，后来经过齐鲁儒生和燕齐方士的改变和宣传，便成了中国中古思想的一个中心思想。这也是“齐学”的民族的背景。

梁启超先生曾说：

> 《仪礼》全书中无阴阳二字。其他三经（《诗》《书》《易》之卦辞爻辞）所有……“阴”字……皆用云覆日之义，……或覆蔽之引申义。……其“阳”字皆……以阳为日，……或用向日和暖之引申义。（《阴阳五行说之来历》，《饮冰室文集》卷六十七。）

他又指出，《老子》中只有“负阴而抱阳”一句；《彖传》《象传》里也只有一个阴字、一个阳字。他又说：

> 至《系辞》《说卦》《文言》诸传，则言之较多。诸传……中多有“子曰”字样，论体例应为七十子后学者所记也。（同上）

他的结论是：

> 春秋战国以前所谓“阴阳”，所谓“五行”，其语甚希见，其义极平淡。且此二事从未尝并为一谈。诸经及孔老墨孟荀韩诸大哲皆未尝齿及。然则造此邪说以惑世诬民者，谁耶？其始盖起于燕齐方士，而其建设之，传播之，宜负罪责者三人焉……曰驺衍，曰董仲舒，曰刘向。（同上）

梁先生的结论是大致不错的。阴阳的崇拜是齐民族的古宗教的一部分。五行之说大概是古代民间常识里的一个观念。古印度人有地、水、火、风，名为“四大”。古希腊人也认水、火、土、气，为四种原质。五行是水火金木土，大概是中国民族所认为五种原质的。《墨子·经下》有“五行毋常胜，说在宜”一条。而《荀子·非十二子篇》批评子思、孟轲道：

> 案往旧造说，谓之五行，甚僻违而无类，幽隐而无说，闭约而无解。案（乃）饰其辞而祗敬之曰：“此真先君子之言也。”子思唱之，孟轲和之。

今所传子思、孟轲的文字中，没有谈五行的话。但当时人既说是“案往旧造说”，可见五行之说是民间旧说，初为智识阶级所轻视，后虽偶有驺鲁儒生提出五行之说，终为荀卿所讥弹。但这个观念到了“齐学”大师的手里，和阴阳的观念结合成一个大系统，用来解释宇宙，范围历史，整理常识，笼罩人生，从此便成了中古思想的绝大柱石了。

齐学的最伟大的建立者，自然要算驺衍。他的生平事实，古书记载甚少。《史记》所记，多不甚可信。如说“驺衍后孟子”，又说他是齐宣王时人，又说：

> 驺子重于齐；适梁，梁惠王郊迎；适赵，平原君侧行襒（拂）

> 席；如燕，昭王拥彗先驱，请列弟子之座而受业，筑碣石宫，身亲往师之。（《史记》七四）

他若是齐宣王、梁惠王同时的人，便不在孟子之后了。况且梁惠王死于前三三五年（此依《史记》，《通鉴》改为前三一九年），齐宣王死于前三二四年（此依《史记》，《通鉴》作前三一四），燕昭王在位年代为前三一一年至前二七九年，而平原君第一次作相在前二九八年，死在前二五一年（均依《史记》）。《史记·平原君传》说驺衍过赵在信陵君破秦救赵（前二五七）之后，那时梁惠王已死七十八年了，齐宣王也已死六十七年了。（《史记集解》引刘向《别录》也说驺衍过赵见平原君及公孙龙。）《史记·封禅书》又说：

> 自齐威、宣时，驺子之徒论著终始五德之运。

这便是把他更提到宣王以前的威王时代了。威王死于前三三三年，与梁惠王同时。驺衍若与梁惠王同时，决不能在前三世纪中叶见平原君。

《史记》所以有这样大矛盾者，一是因为《史记》往往采用战国策士信口开河的议论作史料；二是因为《史记》有后人妄加的部分；三是因为齐国有三个驺子，而驺衍的名声最大，故往往顶替了其余二驺子的事实。驺忌相齐威王，驺衍在其后，大概当齐宣王湣王的时代。湣王（依《史记》，当前三二三—前二八四。依《通鉴》，当前三一三—前二八四）与燕昭王同时，驺衍此时去齐往燕（《战国策》二九记燕昭王师事郭隗，而“驺衍自齐往”），也是可能的事。平原君此时已作赵相（前二九八），故他见平原君也是可能的事，但决不能在信陵君救赵（前二五七）之后。他和孟子先后同时，而年岁稍晚。他的年代约当前三五〇—前二八〇年。（此是我修正《古代哲学史》页三〇四的旧说。）

《史记》说：

> 驺衍睹有国者益淫侈，不能尚德，若大雅整之于身，施及黎庶

> 矣。乃深观阴阳消息，而作怪迂之变，终始大圣之篇，十余万言。

这是他著书的动机。他要使有国的人知所警戒，先“大雅整之于身”，然后可以恩及百姓。所以《史记》下文又说：“然要其归，必止乎仁义节俭，君臣上下六亲之施。”他要达到这个目的，故利用当时民间的种种知识，种种信仰，用他的想像力，组成一个伟大的系统：

> 其语闳大不经，必先验小物，推而大之，至于无垠。

这是他的方法，其实只是一种“类推”法，从小物推到无垠，从今世推到古代：

> 先序今，以上至黄帝，学者所共术。大（大似是张大之意）并世盛衰，因载其机祥度制，推而远之，至天地未生，窈冥不可考而原也。先列中国名山大川通谷，禽兽，水土所殖，物类所珍，因而推之，及海外人之所不能睹。

这都是“类推”的方法。从“并世”推到天地未生时，是类推的历史；从中国推到海外，是类推的地理。

驺衍的地理颇有惊人的见解。他说：

> 儒者所谓中国者，于天下乃八十一分居其一分耳。中国名曰赤县神州，赤县神州内自有九州，禹之序九州是也。不得为“州”数。中国外，如赤县神州者九，乃所谓九州也。于是有裨海（小海）环之，人民禽兽莫能相通者（此字衍）如一区中者，乃为一州。如此者九，乃有大瀛海环其外，天地之际焉。（参看桓宽《盐铁论·论邹篇》，及王充《论衡·谈天篇》。）

这种伟大的想像，只有齐东海上的人能做。我们看这种议论，不能不惊叹齐学的伟大。

他的历史学其实是一种很“怪迂”的历史哲学。如上文所引，他先张大“并世盛衰，因载其机祥（机祥即是吉凶，祸福）度制”。这里虽不曾明说盛衰和机祥度制有联带关系，但我们可以揣想驺衍本意大概是这样的。因为《史记》下文又说他

> 称引天地剖判以来，五德转移，治各有宜，而符应若兹。（以上均见《史记》七四）

这便是他的“五德终始论”，又叫做“大圣终始之运”（见《盐铁论》五三）。他的十余万言，现在都不传了。但刘歆《七略》说：

> 邹子有“终始五德”，从所不胜：土德后，木德继之，金德次之，火德次之，水德次之。（引见《文选·魏都赋》注）

《吕氏春秋·应同篇》也有这种学说：

> 凡帝王者之将兴也，天必先见祥乎下民。黄帝之时，天先见大螾（蚯蚓）大蝼（蝼蛄）。黄帝曰：“土气胜。”土气胜，故其色尚黄，其事则土。及禹之时，天先见草木秋冬不杀。禹曰：“木气胜。”木气胜，故其色尚青，其事则木。及汤之时，天先见金刃生于水。汤曰：“金气胜。”金气胜，故其色尚白，其事则金。及文王之时，天先见火赤乌衔丹书，集于周社。文王曰：“火气胜。”火气胜，故其色尚赤，其事则火。代火者，必将水。天且先见水气胜。水气胜，故其色尚黑，其事则水。水气至而不知，数备将徙于土。

这个“土—木—金—火—水”的系统便是驺衍的五德终始论。后来秦始皇统一天下，便采用这种思想。《史记》说：

> 始皇推终始五德之传，以为周得火德，秦代周，德从所不胜。方今水德之始，改年始朝贺皆自十月朔，衣服旄旌节旗皆上黑。数以六为纪，符法冠皆六寸，而舆六尺，六尺为步，乘六马。更名河

（黄河）曰德水，以为水德之始。（《史记》六）

《史记》又说：

自齐威、宣时，驺子之徒论著终始五德之运，及秦帝，而齐人奏之，故始皇采用之。（《史记》二八）

其实齐学的五德终始论在秦未称帝之前，早已传到西方，早已被吕不韦的宾客收在《吕氏春秋》里了。（《吕氏春秋》成于前二三九年。）到秦始皇称帝（前二二一）以后，也许又有齐人重提此议，得始皇的采用，于是驺衍的怪迂之论遂成为中国国教的一部分了。

五德终始之运，只是把五行相胜（水胜火，火胜金，金胜木，木胜土，土胜水）的观念适用到历史里去，造成一种历史变迁的公式，故是一种历史哲学。又因为五德的终始都先见于机祥符应，故这种历史哲学其实又是一种宗教迷信。五德终始与阴阳消息两个观念又可以适用到宇宙间的一切现象，可以支配人生的一切行为，可以解释政治的得失和国家的盛衰，故这种思想竟成了一个无所不包的万宝全书。但我们推想，驺衍立说之初，大概如《史记》所记，注意之点在于政治；他的用意在于教人随着世变做改制的事业。故汉朝严安引驺衍曰："政教文质，所以云救也，当时则用，过则舍之，有易则易也。"（《汉书》六四下）这可见此种历史哲学在政治上的用意在于改革度制。在于从种种方面证明"五德转移，治各有宜，而符应若兹"。《史记》所说的"机祥度制"，现在虽不传了，但我们可以揣想《吕氏春秋》所收的五德终始论代表驺衍的学说，而《吕氏春秋》所采取的"十二月令"也就代表驺衍的"机祥度制"的纲领。五德终始论是用五行转移的次第来解释古往今来的历史大变迁。"月令"是用五行的原则来安排一年之中的"四时之大顺"，来规定"四时，八位，十二度，二十四节，各有教令"（用司马谈语）。这种分月的教令便是"机祥度制"了。

现存的"月令"出于《吕氏春秋》，其中似以十月为岁首（季秋月令，"为来岁受朔日"），又有秦官名，大概其中已有吕不韦的宾客改作的部分了。但其中全用五行来分配四时、十二月、五帝、五虫、五音、五味、五臭、五祀、五脏；每月各有机祥度制，错行了这种教令，便有种种灾害。如孟春月令说：

> 孟春行夏令，则风雨不时，草木早槁，国乃有恐。（高注：春，木也，夏，火也。木德用事，法当宽仁，而行夏令，火性炎上，故使草木槁落，不待秋冬，故曰天气不和，国人惶恐也。）行秋令，则民大疫疾，风暴雨数至，藜莠蓬蒿并兴。（高注：木仁，金杀，而行其令，气不和，故民疫病也。金生水，与水相干，故风雨数至，荒秽滋生。）行冬令，则水潦为败，霜雪大挚，首种不入。（高注：春阳，冬阴也，而行其令，阴乘阳，故水潦为败，雪霜大挚，伤害五谷。郑注：旧说，首种谓稷。）

这正是一年之中的"五德转移，治各有宜，而符应若兹"。故我们用"月令"来代表驺衍的机祥度制，大概是不错的。《吕氏春秋》采驺衍的五德终始论，不提他的姓名；采"月令"全部，也不提及来源：这大概是因为吕氏的宾客曾做过一番删繁摘要的工作，从驺子的十余万言里撷取出一点精华来，也许还稍稍改造过，故不须提出原来的作者了。而驺衍的十余万言的著作，当日曾经震惊一世，使"王公大人初见其术，瞿然顾化"，自从被《吕氏春秋》撷取精要之后，那"闳大不经"的原书也渐渐成了可有可无之物，终于失传了。更到后来，这分月的机祥度制竟成了中国思想界的公共产业，《淮南王书》收作"时则训"，《礼记》收入"明堂阴阳记"一类，即名为"月令"，而伪造的《逸周书》又收作"时训解"，于是蔡邕、王肃诸人竟认此书是周公所作了。（看孔颖达《礼记疏》卷十四"月令"题下疏，其中列举四证，证明此书不合周制。）从此以后，"月令"便成了中国正统思想的一部分，很少人承认他是秦时作品，更无人敢说他出于"齐学"了。

*

齐学的成立，必不单靠驺衍一人。《汉书·艺文志》"阴阳家”有：

《驺子》四十九篇（原注，名衍，齐人。）

《驺子终始》五十六篇（师古曰，亦驺衍所说。）

《驺奭子》十二篇（原注，齐人，号雕龙奭。）

《公梼生终始》十四篇（原注，传驺奭《终始书》。）

依《汉书》原注看来，驺奭的书也叫做《终始》，正是驺衍的嫡派。《史记》曾说：

驺奭者，齐诸驺子，亦颇采驺衍之术以纪文。

是驺奭在驺衍之后，继续发挥五德终始之说，而公梼生又在驺奭之后，又传驺奭的《终始书》。这都是齐学的开山三祖。《艺文志》又有：

《公孙发》二十二篇（原注，六国时。）

《乘丘子》五篇（原注，六国时。）

《杜文公》五篇（原注，六国时。）

《黄帝泰素》二十篇（刘向《别录》云，或言韩诸公孙之所作也，言阴阳五行，以为黄帝之道也。故曰“泰素”。）

《南公》三十一篇（原注，六国时。）

《容成子》十四篇

《闾丘子》十三篇（原注，名快，魏人，在南公前。）

《冯促》十三篇（原注，郑人。）

《将巨子》五篇（原注，六国时，见南公，南公称之。）

《周伯》十一篇（原注，齐人，六国时。）

这些人大概是齐学的传人，其人其书皆未必全出于六国时代，其中也许有秦汉人假托的。如《宋司星子韦》三篇，假托于春秋时宋景公的司星子韦，列在《艺文志》阴阳家的第一名；但《论衡·变虚篇》引有“子韦书录序奏”，大概即是刘向所假造奏上的。如果《艺文志》所录诸书真是六国时作品，那么，在驺衍、驺奭之后，这个学派已传播很远，怪不得吕不韦的宾客著书之时已大受齐学的影响了。

以上所列，限于“九流”之中的“阴阳家”，即是司马谈所论“六家”中的“阴阳家”。司马谈说：

> 阴阳之术大祥而众忌讳（大祥是说此一派注重机祥之应。《汉书》六十二引此文，误作大详），使人拘而多所畏。然其序四时之大顺，不可失也。……
>
> 夫阴阳，四时，八位，十二度，二十四节各有教令，曰，“顺之者昌，逆之者不死则亡。”未必然也。故曰“使人拘而多畏”。夫春生夏长，秋收冬藏，此天道之大经也，弗顺则无以为天下纲纪。故曰“四时之大顺不可失也”。（《史记》百三十）

《艺文志》也说：

> 阴阳家者流，盖出于羲和之官。（此语是刘歆瞎说。）敬顺昊天，历象日月星辰，敬授民时，此其所长也。及拘者为之，则牵于禁忌。泥于小数，舍人事而任鬼神。

这里所说的阴阳家，是齐学的正统，还是以政治为主体，用阴阳消息与五德转移为根据，教人依着“四时之大顺”设施政教。他们主张“治各有宜”，本是一种变法哲学；不幸他们入了迷，发了狂，把四时十二月的政制教令都规定作刻板文章，又造出种种禁忌，便成了“使人拘而多所畏”“舍人事而任鬼神”的中古宗教了。

齐学本从民间宗教出来，想在机祥祸福的迷信之上建立一种因时改制的政治思想。结果是灾祥迷信的黑雾终于埋灭了政制变法的本意，只剩下一大堆禁忌，流毒于无穷。这是齐学的命运。

三、阴阳家的支流

驺衍诸人的政治的阴阳家，已是一个很大的思想迷信大组合了。然而这还只是狭义的阴阳家。广义的阴阳家所包更多、更杂。依《艺文志》所记，有兵家阴阳十六家，书二百四十九篇，图十卷，序曰：

> 阴阳者，顺时而发，推刑德，随斗击，因五胜，假鬼神而为助者也。

“顺时而发”，是顺着时日干支；“推刑德”，是推阴阳，阴是刑，阳是德；“随斗击”，是占星斗（《淮南·天文训》：“北斗之神有雌雄，雄左行，雌右行，五月合午，谋刑，十一月合子，谋德。”）；“因五胜”，是依着五行相胜之理。这是兵家的阴阳，是阴阳家的一派。

《艺文志》又有术数之五行三十一家，书六百五十二卷，中有《泰一阴阳》《黄帝阴阳》《黄帝诸子论阴阳》等等书。序曰：

> 五行者，五常之形气也。（以木金火土水配仁义礼智信。）《书》（《洪范》）云“初一曰五行，次二曰羞用五事”，言进用五事以顺五行也，貌、言、视、听、思（是为五事），心失而五行之序乱，五星之变作，皆出于律历之数而分为一者也。其法亦起五德终始，推其极则无不至。而小数家因此以为吉凶，而行于世，寖以相乱。

这里明说五行术数出于五德终始之学。这也是阴阳家的一派。

此外，如天文、历谱、杂占、形法、医经、房中，各家都和阴阳五行有很密切的关系。其中一部分是阴阳家的支流，一部分也许是阴阳家的祖宗。阴阳五行之说都来自民间，阴阳出于民间迷信，五行出于民间常识。那些半迷信半常识的占星、看相、卜筮、医药等等，自然是阴阳五行说最初征服的区域。从这些区域里流传出来，阴阳五行说渐渐影响到上层社会的思想学术。这种思想到了学者的手里，经过他们的思索修改，装点起来，贯串起来，遂成了一种时髦的学说了。这种下层思想受了学者尊信和君主欢迎以后，医卜星相等等更要依托于阴阳五行之说了。故《艺文志》所收医卜星相诸家的书，其中必有一部分代表古代的民间常识和迷信，那是阴阳家的祖宗；也有一部分代表秦汉二百年中新起的民间常识和迷信，那是阴阳家的子孙。这好像《周易》起于卜筮之书，经过学者的提倡，便成为易学；从此以后，卜筮之学便挂上伏羲、文王、周公、孔子的招牌了：故卜筮是易学的祖宗，又是易学的子孙。

四、齐学与神仙家

齐学还有一个很大的支流，就是神仙家，原来叫做“方仙道”。《史记》（卷二八）说：

> 自齐威、宣之时，驺子之徒论著终始五德之运，及秦帝而齐人奏之，故始皇采用之。而宋毋忌，正伯侨，充尚（《汉书》二五作元尚），羡门子高最后，皆燕人，为方仙道，形解销化，依于鬼神之事。驺衍以阴阳主运，显于诸侯。而燕齐海上之方士传其术，不能通，然则怪迂阿谀苟合之徒自此兴，不可胜数也。
>
> 自威、宣、燕昭使人入海求蓬莱、方丈、瀛州，此三神山者，其传在勃海中，去人不远。患且至，则风引而去。盖尝有至者，诸仙人及不死之药皆在焉。其物禽兽尽白，而黄金银为宫阙。未至，望之如云；及到，三神山反居水下。临之，风辄引去，终莫能至云。世主莫不甘心焉。

《史记》此节的文理不很清楚，年代先后也不很分明。我们细看此段，可以作这样的说明：三山神仙的传说起于勃海上的民间，燕齐方士于是有方仙道，方仙道即是用“方”（方是术，如今说“药方”之方。古所谓“方”，有祠神之方，有炼药之方）来求得仙之道，目的在于“形解销化”，即是后世所谓“尸解”。这种流行民间的传说与方术大概在驺衍等人之前。燕齐的君主有信奉此道的，于是有使人入海求蓬莱、方丈、瀛州的举动。此种事未必与驺衍有关，而驺衍的阴阳五行学风行之后，燕齐的方士遂也用阴阳家的思想来发挥他们的方仙道，于是阴阳家遂与方仙道打通做了一家人。宋毋忌等人都没有驺衍那样的盛名，故燕人的方仙道遂被齐学的阴阳五行所吞并，终于成为齐学的一个支流了。大概早期的方仙道不过是一些神话与方术。后来齐学盛行，阴阳五行之说应用到方仙道上去，于是神话与方术之上便蒙上了一种有系统的理论，便更可以欺骗世人，更可怕了。（学者可看后世所出的《参同契》一类的书，更可以明白此理。）

秦始皇时代，神仙之学的主要人物多是燕齐方士，而最伟大的是齐人徐市（市即福字）。始皇二十八年（前二一九），

> 齐人徐市等上书，言海中有三神山，名曰蓬莱、方丈、瀛州，仙人居之，请得斋戒与童男女求之。于是遣徐市发童男女数千人入海求仙人。

三十七年（前二一〇），

> 方士徐市等入海求神药，数岁不得，费多恐谴，乃诈曰“蓬莱药可得，然常为大鲛鱼所苦，故不得至。愿请善射与俱，见则以连弩射之。”……乃令入海者赍捕鱼具。（《史记》六）

这样大规模的殖民计画，带几千童男女，“费以巨万计”，又带武器和善射者同去——这样大计画却用求神仙做招牌，这可见神仙之说在当日势力之大。

《汉书》“艺文志”有神仙十家，书二百五卷。经过秦始皇、汉武帝的提倡，这一部分的齐学遂也成为中国国教的一部分。

五、齐学与黄老之学

古代无“道家”之名，秦以前的古书没有提及“道家”一个名词的。“道家”一个名词专指那战国末年以至秦汉之间新起来的“黄老之学”，而黄老之学起于齐学。齐学成了道家，然后能征服全中国的思想信仰至二千多年而势力还不曾销灭。

战国的末年，黄帝忽然成了一个最时髦的人物。什么缘故呢？因为齐学的范围一天一天的扩大，把医卜星相都包括进去了，把道德、政治、宗教、科学，都包括进去了。这一个绝大的思想迷信集团，不能不有一个大教主。孔子的思想太朴素了，够不上做这个大集团的总司令；《周易》可以勉强用来点缀阴阳家的思想，但儒家的经典终嫌太老实了，装不下这一大堆“闳大不经”的杂碎。墨子的宗教也相信机祥灾异，认作天志的表现；这种尊天事鬼的宗教似乎最合齐学的脾胃了。但墨教虽信天鬼，而根本不信“命”；命定之说是自然主义的一种表现，信命定便不能信天鬼能赏善罚恶了。阴阳家虽然迷信，他们的根本学说却颇带有自然主义的色彩。阴阳消息，五行终始，都可说是自然的现象。一德已终，不得不终；一德将兴，不得不兴。改正朔，易服色，都只是顺着这自然的转移，并不是用人事转移天命。所以说：“水气至而不知，数备将徙于土。”（《吕氏春秋·应同篇》）你若不能顺应天命，天命不能等候你，他到了“数备”的时候自然会依着次第转移下去。这种说法仍是一种自然主义的说法，仍可以挂着“自然主义”的招牌。故这种思想比较接近老子、孔子，而不接近墨子。（《墨子·贵义篇》：墨子北之齐，遇日者，日者曰：“帝以今日杀黑龙于北方，而先生之色黑，不可以北。”墨子曰：“南之人不得北，北之人不得南。其色有黑者，有白者，何故皆不遂也？且帝以甲乙杀青龙于东方，以丙丁杀赤龙于南方，以庚辛杀白龙于西方，以壬癸杀黑龙于北方。若用子之言，则是禁下行者也。是围心而虚天下也。子之言不可用也。”——这个故事最可代表墨教不信命的态度。）

在老子、孔子、墨子之中，老子提倡自然的天道，可以用作阴阳五行的招牌。老子的思想里又颇有一点玄谈的味儿，比较容易穿凿附会。但老子年代太近了，无论怎样把他的年岁拉长——《史记》里有“百六十余岁”及“二百余岁”等说法——总还不够“老”。于是齐学有另寻一位古人的必要。这时候，各家学派都不嫌托古改制。儒墨皆称道尧舜，尧舜成了滥调，招牌便不响了。于是燕齐的学者和方士们便抬出一位更渺茫无稽的黄帝出来。（孟子时已有“为神农之言者”。）《史记》说驺衍“先序今，以上至黄帝”。《吕氏春秋》记五德终始，也从黄帝之时说起。可见驺衍的热心拥戴黄帝。从此以后，老子之上便出了一位黄帝；医卜星相，阴阳五行，都可依托于黄帝；于是黄帝便成了一个无所不知、无所不能的大发明家、大科学家、大哲学家。于是齐学便成了“黄老之学”。

试看《汉书·艺文志》所收的书，道家有

《黄帝四经》四篇

《黄帝铭》六篇

《黄帝君臣》十篇（原注，起六国时，与《老子》相似。）

《杂黄帝》五十八篇（原注，六国时贤者所作。）

（附）《力牧》二十二篇（原注，六国时所作，托之力牧。力牧，黄帝相。）

阴阳家有

《黄帝泰素》二十篇（刘向《别录》：韩诸公孙之所作，言阴阳五行，以为黄帝之道也。）

小说家有

《黄帝说》四十篇

兵家阴阳有

《黄帝》十六篇，图三卷

（附）《封胡》五篇（原注，黄帝臣，依托也。）
《风后》十三篇，图二卷（原注，黄帝臣，依托也。）
《力牧》十五篇（原注，黄帝臣，依托也。）
《鬼容区》三篇，图一卷（原注，黄帝臣，依托。）

天文有

《黄帝杂子气》三十三篇

历谱有

《黄帝五家历》三十三篇

五行有

《黄帝阴阳》二十五卷
《黄帝诸子论阴阳》二十五卷

杂占有

《黄帝长柳占梦》十一卷

医经有

《黄帝内经》十八卷
《外经》三十九卷

经方有

《泰始黄帝扁鹊俞拊方》二十三卷
《神农黄帝食禁》七卷

房中有

《黄帝三王养阳方》二十卷
（附）《容成阴道》二十六卷（《列仙传》，容成公自称黄帝师。）

神仙有

《黄帝杂子步引》十二卷
《黄帝岐伯按摩》十卷
《黄帝杂子芝菌》十八卷
《黄帝杂子十九家方》二十一卷

以上共计黄帝一个人名下有十二类，四百五十二篇书；又托名他的臣子的书八十七篇。黄帝的君臣共计书五百三十九篇！这位万知万能的黄帝，真可算是“通天教主”了。

此等书的出于六国晚期人的依托，是汉朝学者所承认的，故刘向、刘歆父子的原注往往指出这些书是依托的。（其中自然也有一部分是汉朝初期人添造的。）这些书虽不全是齐人做的，然而我们可以概括的说这些书都是齐学的作品。如《黄帝泰素》二十篇，刘向《别录》说：“韩诸公孙之所作，言阴阳五行，以为黄帝之道也。”此书是韩人所作，而宗旨却是阴阳五行的齐学，是要抬出黄帝来尊崇其学。又如医经中的《黄帝内外经》，虽不知是何人所作，但《史记·仓公传》说“黄帝扁鹊之脉书”是临菑元里公乘阳庆所传授，而仓公“不知庆所师受”。扁鹊、阳庆、仓公都是齐人，故此种书也是齐学。（参看《史记》一〇五《仓公传》，可知齐学的医术多用阴阳立论。）

驺衍、驺奭、公梼生以后，齐学的传授和演变都不可考了。《艺文志》所记，有闾丘子、将巨子、南公、周伯，都不可考。但司马迁却在《乐毅传》末给我们保存了战国末年以至汉初的齐学传授的世系，如下：

乐氏之族有乐瑕公，乐巨公。（今本巨误作臣。依《田叔传》校改。）赵且为秦所灭（在秦始皇十九年以前，约当前二三六—前二二九），亡之齐高密。乐巨公善修黄帝、老子之言，显闻于齐，称贤师。

太史公曰，……乐巨公学黄帝、老子，其本师号曰河上丈人，不知其所出。河上丈人教安期生，安期生教毛翕公，毛翕公教乐瑕公，乐瑕公教乐巨公，乐巨公教盖公。盖公教于齐高密、胶西，为曹相国师。（《史记》八十）

又《史记》（卷一〇四）《田叔传》说：

田叔……喜剑，学黄老术于乐巨公所。

司马迁父子都学道家言，故他们记载黄老学的世系应该是有所根据的。但其中也有不可尽信之处。《封禅书》中方士少翁称安期生为“仙者”，又齐人公孙卿说申公“与安期生通，受黄帝言”。但《史记·田儋列传》论又说“蒯通善齐人安期生”，那么安期生又是战国最末期的人，至秦时尚存，故蒯通还同他相善。这年代与《乐毅传》所说颇相印证，大概可信。安期生渐渐变成仙者，是汉初几十年中的事。安期生的“本师”河上丈人就不可考了。《老子》古注本有所谓“河上公注”，相传是“战国时河上丈人”注的；又说是汉文帝时河上公注的。（《隋书·经籍志》有河上公注《老子道德经》二卷；又说“梁有战国时河上丈人注《老子经》二卷，亡”。）大概两种注本同是依托的，未必实有其人，传说既久，一个人便分作了两个。

毛翕公以下的世系，大概都可信。我们可作表如下：

毛翕公——乐瑕公（约前二三〇至齐）——乐巨公（他的弟子田叔当前一九七年已在赵王张敖处，故乐巨公大概至前二〇五尚生存。）——盖公（死约前一九五）——曹参（死前一九〇）
└田叔（死约前一四五）

我们曾假定驺衍的年代约当前三五〇—前二八〇年。从前二八〇到汉初，这近百年之中，为齐学发展生长的时代，也就是黄帝出世行时的时代。这近百年中，齐学的大师闭门造假书；造出了假书都送给黄帝、力牧、风后、容成、太公、管仲等等人。黄帝一个人受惠最多；百年之中，他便成了全知全能的“通天教主”，而黄老之学也便成了一个无所不包的绝大“垃圾马车”。

前三世纪的晚期，秦始皇征服了六国，而齐学征服了秦始皇。五德终始之说做了帝国新度制的基础理论；求神仙，求奇药，封禅祠祀，候星气，都成了新帝国的重大事业。这时候，一些热中的人便都跑出去宣传“方仙道”，替秦始皇帝候星气，求神仙去了。一些冷淡的学者，亡国的遗民，如乐瑕公、乐巨公之流，他们不愿向新朝献媚求荣，便在高密、胶西一带闭户造假书，编造黄帝，注释《老子》。

过了不多年，时势又大变了。徐市入海去不回来了，韩终求仙去也没有消息，卢生、侯生又逃走了。秦始皇大怒之下，坑杀了儒生方士四百六十人（前二一二）。况且李斯又提出了焚书的政策，焚毁了天下私藏的诗书百家语，只许留下一些医药卜筮种树的书；“以古非今”成了绝大的罪名（前二一三）。那些兴高采烈，献方术，求仙药，候星气的燕齐方士，到这个时候，不但抹了一鼻子的灰，并且有些人受了活埋的死刑，有些人亡命不敢出头，出头的也不敢乱谈赤县神州以外的大九州了，也无人乱谈“天地未生”以来的古史了。

而秦始皇不久也死了（前二一〇），李斯不久也死了（前二〇八），天下已大乱了，新创的秦帝国已土崩瓦解了。八年的大战祸（前二一〇—前二〇二）只落得一班丰、沛无赖做了帝王，屠狗卖缯的都成了开国功臣。

第二章

杂　家

一、杂家与道家

杂家是道家的前身，道家是杂家的新名。汉以前的道家可叫做杂家，秦以后的杂家应叫做道家。研究秦汉之间的思想史的人，不可不认清楚这一件重要事实。

司马谈论六家要指，曾这样下道家的界说：

> 道家使人精神专一，动合无形，赡足万物。其为术也，因阴阳之大顺，采儒墨之善，撮名法之要，与时迁移，应物变化，立俗施事，无所不宜。指约而易操，事少而功多。（《史记》百三十）

一百多年之后，《汉书·艺文志》这样下杂家的界说：

> 杂家者流，盖出于议官，兼儒墨，合名法，知国体之有此，见王治之无不贯，此其所长也。及荡者为之，则漫羡而无所归心。（《汉书》三十）

司马谈所谓道家，即是《汉书》所谓杂家。不过《汉书》分类时，把古代思想史里的老子、庄子、田骈、列子等等列为“道家”，把道家的范围收小了，故《吕氏春秋》和《淮南王书》都收不进去了。其实老子、庄子一班人都是色彩鲜明的思想家，他们何尝有“道家”之名？“道家”一个名词，不见于秦以前的古书。《庄子·天下篇》（不是庄周所作）所举老聃、关尹、墨翟、禽滑厘、慎到、彭蒙、田骈、宋钘、尹文、庄周等人，都称“道术”。道即是路，术是方法，故不论是老聃，是墨翟，是慎到、尹文，他们求的都是一条道路，一个方法，尽管不同，终究可称为“道术”。故秦以后的思想，凡折衷调和于古代各派思想的，便用这个广泛的道术原意，称为“道家”。道家本有包罗一切道术的意义，所谓“因阴阳之大顺，采儒墨之善，撮名法之要”是也。故司马谈所谓道家，正是《汉书》所谓“兼儒墨，合名法”的杂家。这是“道家”一个名词的广义。

但道家虽然兼收并蓄，毕竟有个中心思想，那便是老子一脉下来所主张的无为而无不为的天道自然变化的观念，即是司马谈所谓“与时迁移，应物变化”的道。因为这个大混合的中心思想在此，所以“道家”之名也可以移到那个中心思想系统的一班老祖宗的身上去，于是老子、庄子一系的思想便也叫做“道家”了。这便是“道家”一个名词的狭义。

道家之名，大概起于秦汉之间，于今不可详考了。汉功臣陈平曾说：

> 我多阴谋，是道家之所禁。吾世即废亦已矣，终不能复起，以吾多阴祸也。

此话见于《史记》（五十六），不知是陈平真有如此先见之明，还是后来道家造出这样的报应故事。若陈平真有此话，则是道家之名在前二世纪时已成立了。以我所知，道家之称，这是最早的一次。以后便要算司马谈论六家要指的话了。依司马谈的话，道家是用老子的“无为”思想作中心的大混合，是一个杂家。《汉书·艺文志》的“杂家”有《吕氏春秋》和《淮南王书》，其实这两部书都可以代表那中心而综合儒墨阴阳名法各家的道家。故我用《吕氏春秋》来代表汉以前的道家，用《淮南王书》来代表秦以后的杂家。其实都是杂家，也都是道家，都代表思想混一的趋势。（适按，此节应全删，此章应改题“吕氏春秋”。）

二、《吕氏春秋》的贵生主义

《吕氏春秋》是秦国丞相吕不韦的宾客所作。吕不韦本是阳翟的一个商人，用秦国的一个庶子作奇货，做着了一笔政治上的投机生意，遂做了十几年的丞相（前二四九—前二三七），封文信侯，食客三千人，家僮万人。《史记》说：

> 是时诸侯多辩士，如荀卿之徒，著书布天下。吕不韦乃使其客人人著所闻，集论以为八览，六论，十二纪，二十余万言，以为备天地万物古今之事，号曰《吕氏春秋》。（《史记》八十五）

吕不韦死于秦始皇十二年（前二三五）。此书十二纪之末有《序意》一篇的残余，首称“维秦八年”，当纪元前二三九年。此可见成书的年代。

《吕氏春秋》虽是宾客合纂的书，然其中颇有特别注重的中心思想。组织虽不严密，条理虽不很分明，然而我们细读此书，不能不承认他代表一个有意综合的思想系统。《序意篇》说：

> 维秦八年，岁在涒滩，秋，甲子朔。朔之日，良人请问十二纪。文信侯（吕不韦）曰：“尝得学黄帝之所以诲颛项矣：‘爰有大圜在上，大矩在下。汝能法之，为民父母。’盖闻古之清世，是法天地。（大圜即天，大矩即地。）凡十二纪者，所以纪治乱存亡也，所以知寿夭吉凶也。上揆之天，下验之地，中审之人，若此则是非可不可无所遁矣。天曰顺，顺维生。地曰固，固维宁。人曰信，信维听。三者咸当，无为而行。行也者，行其理也。行〔其〕数，循其理，平其私。

夫私视使目盲，私听使耳聋，私虑使心狂。三者皆私设精则智无由公。智不公则福日衰，灾日隆。"

这是作书的大意。主旨在于"法天地"，要上揆度于天，下考验于地，中审察于人，然后是与非，可与不可，都不能逃遁了。分开来说，

天曰顺，顺维生。
地曰固，固维宁。
人曰信，信维听。

第一是顺天，顺天之道在于贵生。第二是固地，固地之道在安宁。第三是信人，信人之道在于听言。"三者咸当，无为而行。"无为而行，只是依着自然的条理，把私意小智平下去。这便是"行其数，循其理，平其私"。一部《吕氏春秋》只说这三大类的事：贵生之道，安宁之道，听言之道。他用这三大纲来总汇古代的思想。

法天地的观念是黄老一系的自然主义的主要思想。（这时代有许多假托古人的书，自然主义一派的人因为儒墨都称道尧舜，尧舜成了滥调了，故他们造出尧舜以前的黄帝的书来。故这一系的思想又称为"黄老之学"。）而这个时代的自然主义一派思想，经过杨朱的为我主义，更趋向个人主义的一条路上去，故孟子在前四世纪末年说杨朱、墨翟之言盈天下，又说当时的三大系思想是杨、墨、儒三家。杨朱的书，如《列子》书中所收，虽在可信可疑之间，但当时的"为我主义"的盛行是决无可疑的。我们即使不信《列子》的《杨朱篇》，至少可以从《吕氏春秋》里寻得无数材料来表现那个时代的个人主义的精义，因为这是《吕氏春秋》的中心思想。

《吕氏春秋》的第一纪的第一篇便是《本生》，第二篇便是《重己》；第二纪的第一篇便是《贵生》，第二篇便是《情欲》。这都是开宗明义的文字，提倡的是一种很健全的个人主义，叫做"贵生"主义，大体上即是杨朱的"贵己"主义。（《不二篇》说："阳生贵己。"李善

注《文选》引作“杨朱贵己”。是古本作“杨朱”，或“阳朱”。）其大旨是：

> 圣人深虑天下，莫贵于生。……尧以天下让于子州支父，子州支父对曰：“以我为天子，犹可也。虽然，我适有幽忧之病，方将治之，未暇在天下也。”天下，重物也，而不以害其生，又况于他物乎？惟不以天下害其生也者，可以托天下。（《贵生》）
>
> 倕，至巧也；人不爱倕之指而爱己之指，有之利故也。人不爱昆山之玉，江汉之珠，而爱己之一苍璧小玑，有之利故也。今吾生之为我有而利我亦大矣！论其贵贱，爵为天子不足以比焉。论其轻重，富有天下不可以易之。论其安危，一曙失之，终身不复得。此三者，有道者之所慎也。（《重己》）

这就是“拔一毛而利天下，不为也”的本意。本意只是说天下莫贵于吾生，故不以天下害吾生。这是很纯粹的个人主义。《吕氏春秋》说此义最详细，如云：

> 身者，所为也。天下者，所以为也。审〔所为〕所以为，而轻重得矣。今有人于此，断首以易冠，杀身以易衣，世必惑之。是何也？冠所以饰首也，衣所以饰身也。杀所饰，要所以饰，则不知所为矣。世之走利，有似于此。危身伤生，刈颈断头以徇利，则亦不知所为也。……不以所以养害所养。……能尊生，虽贵富，不以养伤身；虽贫贱，不以利累形。今受其先人之爵禄，则必重失之。生之所自来者久矣，而轻失之，岂不惑哉？（《审为》）
>
> 凡圣人之动作也，必察其所以之，与其所以为。今有人于此，以随侯之珠弹千仞之雀，世必笑之。是何也？所用重，所要轻也。夫生岂特随侯珠之重也哉？（《贵生》）

以上都是“贵生”的根本思想。因为吾生比一切都重要，故不可不贵生，不可不贵己。

贵生之道是怎样呢？《重己篇》说：

> 凡生之长也，顺之也。使生不顺者，欲也。故圣人必先适欲。（高诱注，适，节也。）

《情欲篇》说：

> 天生人而使有贪有欲。欲有情，情有节。圣人修节以止欲，故不过行其情也。故耳之欲五声，目之欲五色，口之欲五味，情也。此三者，贵贱愚智贤不肖欲之若一。虽神农黄帝，其与桀纣同。圣人之所以异者，得其情也。由“贵生”动，则得其情矣。不由“贵生”动，则失其情矣。此二者，死生存亡之本也。

怎么叫做“由贵生动”呢？

> 夫耳目鼻口，生之役也。耳虽欲声，目虽欲色，鼻虽欲芬香，口虽欲滋味，害于生则止。在四官者不欲，利于生者则弗为〔止〕。由此观之，耳目鼻口不得擅行，必有所制；譬之若官职，不得擅为，必有所制。此贵生之术也。(《贵生》)

这样尊重人生，这样把人生看作行为动作的标准，看作道德的原则，这真是这一派个人主义思想的最大特色。

贵生之术不是教人贪生怕死，也不是教人苟且偷生。《吕氏春秋》在这一点上说的最分明：

> 子华子（据《吕氏春秋·审为篇》，子华子是韩昭侯时人，约当前四世纪的中叶。昭侯在位年代为前三五八到前三三三）曰：“全生为上，亏生次之，死次之，迫生为下。”故所谓“尊生”者，全生之谓。所谓全生者，六欲皆得其宜也。所谓亏生者，六欲分得其宜也。（分是一部分，故叫做亏。亏是不满。）亏生则于其尊之者薄矣。其亏弥甚者，其尊弥薄。所谓死者，无有所以知，复其未生也。所谓迫生者，六欲莫得其宜也，皆获其所甚恶者，服是也，辱是也。（服字高诱训“行也”，是错的。服字如“服牛乘马”的服，在此有受人困辱羁勒之意。）辱莫大于不义，故不义，迫生也。而迫生非独不义也。故曰迫生不若死。奚以知其然也？耳闻所恶，不若无闻；目见所恶，不若无见。故雷则掩耳，电则掩目，此其比也。凡六欲皆知其所甚恶（《墨经》云，知，接也），而

必不得免，不若无有所以知。无有所以知者，死之谓也。故迫生不若死。

嗜肉者，非腐鼠之谓也。嗜酒者，非败酒之谓也。尊生者，非迫生之谓也。(《贵生》)

正因为贵生，所以不愿迫生。贵生是因为生之可贵，如果生而不觉其可贵，只得其所甚恶，故不如死，孟轲所谓“所恶有甚于死者”正是此理。贵生之术本在使所欲皆得其宜，如果生而不得所欲，死而得其所安，那自然是生不如死了。《吕氏春秋》说：

天下轻于身，而士以身为人。以身为人者如此其重也！(《不侵》)

因为天下轻于一身，故以身为人死，或以身为一个理想死，才是真正看得起那一死。这才叫做一死重于泰山。岂但重于泰山，直是重于天下。故《吕氏春秋》又说：

石可破也，而不可夺坚。丹可磨也，而不可夺朱。坚与朱，性之有也。性也者，所受于天也，非择取而为之也。豪士之自好者，其不可漫以污也，亦犹此也。……（此下引伯夷、叔齐饿死的事）……人之情莫不有重，莫不有轻。有所重则欲全之，有所轻则以养所重。伯夷、叔齐此二士者，皆出身弃生以立其意，轻重先定也。(《诚廉》)

全生要在适性，全性即是全生。重在全性，故不惜杀身“以立其意”。老子曾说：

故贵以身为天下，若（乃）可寄天下。爱以身为天下，若可托天下。

《吕氏春秋》解释此意道：

惟不以天下害其生也者，可以托天下。

又说：

> 天下轻于身，而士以身为人。以身为人者如此其重也！

明白了这种精神，我们才能了解这种贵生重己的个人主义。

儒家的“孝的宗教”虽不是个人主义的思想，但其中也带有一点贵生重己的色彩。孝的宗教教人尊重父母的遗体，要人全受全归，要人不敢毁伤身体发肤，要人不敢以父母之遗体行殆，这里也有一种全生贵己的意思。“大孝尊亲，其次弗辱”，这更有贵生的精神。推此精神，也可以养成“不降其志，不辱其身”的人格。所不同者，贵生的个人主义重在我自己，而儒家的孝道重在我身所自生的父母，两种思想的流弊大不同，而在这尊重自身的一点上确有联盟的可能。故《吕氏春秋》也很注重孝的宗教，《孝行览》一篇专论孝道，甚至于说：

> 夫执一术而百善至，百邪去，天下从者，其惟孝也。

这是十分推崇的话了。但他所引儒家论孝的话，都是全生重身的话，如曾子说的：

> 身者，父母之遗体也。行父母之遗体，敢不敬乎？居处不庄，非孝也。事君不忠，非孝也。莅官不敬，非孝也。朋友不笃，非孝也。战陈无勇，非孝也。五行不遂，灾及乎亲，敢不敬乎？

又如曾子“舟而不游，道而不径”的话；又如乐正子春下堂伤足的故事里的“父母全而生之，子全而归之，不亏其身，不损其形，可谓孝矣”的一段话，都可以算作贵生重己之说的别解。《孝行览》又说：

> 身也者，非其私有也，严亲之遗躬也。……父母既没，敬行其

身，无遗父母恶名，可谓能终矣。

这正是一种变相的贵生重己主义。

三、《吕氏春秋》的政治思想

《吕氏春秋》的政治思想，根据于“法天地”的自然主义，充分发展贵生的思想，侧重人的情欲，建立一种爱利主义的政治哲学。此书开篇第一句话便是：

> 始生之者，天也。养成之者，人也。能养天之所生而勿撄之，谓之天子。天子之动也，以全天为故者也。此官之所自立也。立官者，以全生也。今世之惑主多官而反以害生，则失所为立之矣。譬之若修兵者，以备寇也。今修兵而反以自攻，则亦失所为修之矣。（《本生》）

政府的起原在于“全生”，在于利群。《恃君篇》说：

> 凡人之性，爪牙不足以自守卫，肌肤不足以扞寒暑，筋骨不足以从利辟害，勇敢不足以却猛禁悍，然且独裁万物，制禽兽，服狡虫，寒暑燥湿弗能害，不唯先有其备而以群聚耶？群之可聚也，相与利之也。利之出于群也，君道立也。故君道立则利出于群，而人备可完矣。昔太古尝无君矣，其民聚生群处，知母不知父，无亲戚兄弟夫妻男女之别，无上下长幼之道，无进退揖让之礼，无衣服履带宫室畜积之便，无器械舟车城郭险阻之备：此无君之患。……自上世以来，天下亡国多矣，而君道不废者，天下之利也。故废其非君而立其行君道者。

这里可以看出《吕氏春秋》的个人主义在政治上并不主张无政府。政府之设是为一群之利的，所以说：

置君非以阿君也，置天子非以阿天子也，置官长非以阿官长也。（《恃君》）

所以说：

故废其非君而立其行君道者。

所以说：

天下非一人之天下也，天下之天下也。（《贵公》）

政府的功用在于全生，故政府的手段在于利用人的情欲。《用民篇》说：

民之用也有故。得其故，民无所不用。用民有纪有纲。壹引其纪，万目皆起。壹引其纲，万目皆张。为民纪纲者何也？欲也，恶也。何欲？何恶？欲荣利，恶辱害。辱害所以为罚充也（充，实也）。荣利所以为赏实也。赏罚皆有充实，则民无不用矣。

《为欲篇》说：

使民无欲，上虽贤，犹不能用。夫无欲者，其视为天子也，与为舆隶同；其视有天下也，与无立锥之地同；其视为彭祖也，与为殇子同。天子，至贵也；天下，至富也；彭祖，至寿也。诚无欲，则是三者不足以劝。舆隶，至贱也；无立锥之地，至贫也；殇子，至夭也。诚无欲，则是三者不足以禁。……

故人之欲多者，其可得用亦多。人之欲少者，其得用亦少。无欲者不可得用也。

从前老子要人“无知无欲”，要“我无欲而民自朴”，要“不欲以静，天下将自定”。墨者一派提倡刻苦节用，以自苦为极，故其后进如宋钘有“情欲寡浅”（欲字是动词，即“要”字）之说，以为人的情欲本来就是不要多而要少的。（《荀子·正论篇》《正名篇》，《庄子·天下篇》；看我的《古代哲学史》第十一篇第三章三，第十二篇第一章二。）这种思想在前三世纪已很受严重的批评了，最有力的批评是荀卿的《正名》和《正论》两篇。荀卿很大胆的说：

> 凡语治而待去欲者，无以道欲而困于有欲者也。凡语治而待寡欲者，无以节欲而困于多欲者也。……治乱在于心之所可，亡于情之所欲。（《正名》）

《吕氏春秋》从贵生重己的立场谈政治，所以说的更彻底了，竟老实承认政治的运用全靠人有欲恶，欲恶是政治的纪纲；欲望越多的人，越可得用；欲望越少的人，越不可得用；无欲的人，谁也不能使用。所以说：

> 善为上者能令人得欲无穷，故人之为得用亦无穷也。（《为欲》）

这样尊重人的欲恶，这样认政府的作用要“令人得欲无穷”，便是一种乐利主义的政治学说。墨家也讲一种乐利主义，但墨家律己太严，人人“以自苦为极”，而对人却要“兼而爱之，兼而利之”，这里面究竟有点根本的矛盾。极少数人也许能有这种牺牲自己而乐利天下的精神，但这种违反人情的人生观之上决不能建立真正健全的乐利主义。创始的人可以一面刻苦自己而一面竭力谋乐利天下，但后来的信徒必有用原来律己之道来责人的；原来只求自己刻苦，后来必到责人刻苦；原来只求自己无欲，后来必至于要人人无欲。如果自苦是不应该的，那么，先生为什么要自苦呢？如果自苦是应该的，那么，人人都应该自苦了。故自苦的宗教决不能有乐利的政治，违反人情的道德观念决不能产生体贴人情的政治思想。《庄子·天下篇》说的最好：

其生也勤，其死也薄，其道大觳，使人忧，使人悲，其行难为也。……反天下之心，天下不堪。墨子虽能独任，奈天下何？……将使后世之墨者必自苦，以腓无胈胫无毛相进而已矣。乱之上也，治之下也。

故健全的乐利主义的政治思想必须建筑在健全的贵己贵生的个人主义的基础之上。（近世的乐利主义〔Utilitarianism〕的提倡者如边沁，如穆勒，皆从个人的乐利出发。）《吕氏春秋》的政治思想重在使人民得遂其欲，这便是一种乐利主义。故此书中论政治，时时提出“爱利”的目标，如云：

若夫舜汤，则苞里覆容，缘不得已而动，因时而为，以爱利为本，以万民为义。（《离俗》）

如云：

古之君民者，仁义以治之，爱利以安之，忠信以导之，务除其灾，思致其福。（《适威》）

如云：

圣人南面而立，以爱利民为心，号令未出而天下皆延颈举踵矣。（《精通》）

如云：

爱利之为道大矣！夫流于海者，行之旬月，见似人者而喜矣。及其期年也，见其所尝见物于中国者而喜矣。夫去人滋久而思人滋深欤？乱世之民，其去圣王亦久矣，其愿见之，日夜无间。故贤王秀士之欲忧黔首者，不可不务也。（《听言》）

这一派的思想以爱利为政治的纲领，故虽然时时钦敬墨者任侠好义的行为，却终不能赞同墨家的许多极端主张。他们批评墨家，也就是用乐利主义为立论的根据。如他们批评“非乐”的话：

> 始生人者，天也，人无事焉。天使人有欲，人弗得不求。天使人有恶，人弗得不辟。欲与恶，所受于天也，人不得兴焉，不可变，不可易。世之学者有非乐者矣，安由出哉？（《大乐》）

这样承认音乐是根据于“不可变，不可易”的天性，便完全是自然主义者的乐利思想。

他们批评“非攻”“偃兵”之论，也是从人民的利害上立论。第一，他们认战争为人类天性上不可避免的：

> 古圣王有义兵而无有偃兵。兵之所自来者久矣，与始有民俱。凡兵也者，威也。威也者，力也。民之有威力，性也。性也者，所受于天也，非人之所能为也。武者不能革，而工者不能移。（《荡兵》）

这仍是自然主义者的话，与上文所引承认欲恶为天性是一样的理论。第二，战争虽是不能革，不能移，其中却有巧拙之分，义与不义之别，分别的标准在于人民的利害。他们说：

> 夫有以饐死者，欲禁天下之食，悖。有以乘舟死者，欲禁天下之船，悖。有以用兵丧其国者，欲偃天下之兵，悖。
>
> 夫兵不可偃也。譬之若水火然，善用之则为福，不能用之则为祸。若用药者然，得良药则活人，得恶药则死人。义兵之为天下良药也亦大矣！
>
> 兵诚义，以诛暴君而振苦民，民之说也，若孝子之见慈亲也，若饥者之见美食也。民之号呼而走之也，若强弩之射于深溪也，若积大水而失其壅堤也。（《荡兵》）
>
> 攻无道而伐不义，则福莫大焉，黔首利莫厚焉。禁之者，是息

有道而伐有义也，是穷汤武之事而遂桀纣之过也。(《振乱》)

在这些话里，我们可以看出秦始皇的武力统一政策的理论。我们不要忘了吕不韦是秦始皇的丞相，秦始皇是他的儿子，将来帮助始皇做到天下统一的李斯也是吕不韦门下的舍人，也许即是当日著作《吕氏春秋》的一个人。当时秦国的兵力已无敌于中国，而武力的背后又有这种自觉的替武力辩护的理论，明白的排斥那些非攻偃兵的思想，明白的承认吊民伐罪是正当的。这是帝国统一的思想背景。看他们说：

今周室既灭，而天子已绝。(秦灭周室在始皇即位前十年，纪元前二五六。)乱莫大于无天子。无天子则强者胜弱，众者暴寡，以兵相残，不得休息。今之世当之矣。(《谨听》)

这完全是当仁不让的口气了。

*

《吕氏春秋》的政治思想虽然侧重个人的欲恶，却不主张民主的政治。“不二篇”说：

听群众人议以治国，国危无日矣。

为什么呢？因为治国是一件很繁难的事，需要很高等的知识和很谨慎的考虑，不是群众人所能为的。《察微篇》说：

使治乱存亡若高山之与深溪，若白垩之与黑漆，则无所用智，虽愚亦可矣。

可惜天下没有这样简单容易的事！

治乱存亡则不然。如可知，如不可知；如可见，如不可见。故智士贤者相与积心愁虑以求之，犹尚有管叔、蔡叔之事，与东夷八国不听之谋。故治乱存亡，其始若秋毫，察其秋毫则大物不过矣。

因为治乱存亡的枢机不容易辨别，“如可知，如不可知；如可见，如不可见”，所以有贤能政治的必要。“弩机差以米则不发”（《察微篇》语），治国之事也是如此。群众往往是短见的，眼光望不出一身一时的利害之外，故可以坐享成功，而不能深谋远虑。

禹之决江水也，民聚瓦砾。事已成，功已立，为万世剩。禹之所见者远也，而民莫之知。故民不可与虑化举始，而可以乐成功。（《乐成》）

舟车之始见也，三世然后安之。夫开善岂易哉？（同）

《乐成》一篇中历举孔子治鲁，子产治郑的故事，来说明民众的缺乏远见。最有趣的是魏襄王请史起引漳水灌邺田的故事：

史起曰：“臣恐王之不能为也。”

王曰：“子诚能为寡人为之，寡人尽听子矣。”

史起敬诺，言之于王曰：“臣为之，民必大怨臣，大者死，其次乃籍臣（籍是抄没家产）。臣虽死籍，愿王之使他人遂之也。”

王曰：“诺。”使之为邺令。史起因往为之。邺民大怨，欲籍史起，史起不敢出而避之。王乃使他人遂为之。水已行，民大得其利，相与歌之曰：

邺有圣令，时为史公，
决漳水，灌邺旁。
终古斥卤，生之稻粱。
使民知可与不可，则无所用贤矣。

治国之道，知虑固不易，施行也不易。不知固不能行，行之而草率苟且也不能有成，行之而畏难中止，或畏非议而中止，也不能有成。计虑固须专家，施行也须要贤者。这是贤能政治的理论。

《吕氏春秋》主张君主政治，其理由如下：

军必有将，所以一之也。国必有君，所以一之也。天下必有天子，所以一之也。天子必执一，所以专之也。一则治，两则乱。今御骊马者使四人人操一策，则不可以出于门间者，不一也。(《执一》)

这是当时政治思想的最普通的主张，无甚深意。墨家的尚同主义不但要一个一尊的天子，还要上同于天。儒家的孟荀都主张君主。孟子虽有民为贵之论，但也不曾主张民权，至多不过说人民可以反抗独夫而已。古代东方思想只有“民为邦本”“民为贵”之说，其实并没有什么民主民权的制度。极端左派的思想确有“无君”“无所事圣王”之说，但无政府是一件事，民主制度另是一件事。东方古代似乎没有民主的社会背景，即如古传说的尧舜禅让，也仍是一种君主制。因为没有那种历史背景，故民权的学说无从产生。西洋的政治史上是先有民权制度的背景然后有民权主义的政治学说。

但世袭的君主制究竟和贤能政治的理想不能相容。君主的威权是绝对的，而君主的贤不肖是不能预定的。以无知或不贤的人当绝对的大威权，这是绝大的危险。而名分既定，臣民又无可如何，难道只好听他虐民亡国吗？这是古代政治思想的一个中心问题。这问题便是：怎样可以防止避免世袭君主制的危险？前四世纪到三世纪之间，政治哲学对于这个问题曾有几种重要的解答。第一是提倡禅国让贤。禅让之说在这时代最风行，造作的让国神话也最多，似乎都有暗示一种新制度的作用。第二是主张人民对于暴君有反抗革命的权利。孟子所谓“君之视民如土芥，则臣视君如寇仇”，“闻诛独夫纣矣，未闻弑君也”，都是很明白的承认人民革命的权利。第三是提倡法治的虚君制度。慎到(《古代哲学史》第十二篇，第一章，一)、韩非(同书第十二篇，第二章，四)等人都主张用法治来代替人治。韩非说的最透彻：

释法术而以心治，尧不能正一国。去规矩而妄意度，奚仲不能成一轮。……使中主守法术，拙匠守规矩尺寸，则万不失矣。君

人者能去贤巧之所不能，守中拙之所万不失，则人力尽而功名立。（《韩非子·用人篇》）

这是说，若能守着标准法，则君主的贤不贤都不关重要了。这是一种立宪政体的哲学，其来源出于慎到的极端自然主义。慎到要人“弃知，去己，而缘不得已”，《庄子·天下篇》说此理最妙：

推而后行，曳而后往，若飘风之还，若羽之旋，若磨石之隧，全而无非，动静无过，未尝有罪。是何故？夫无知之物，无建己之患，无用知之累，动静不离于理，是以终身无誉。故曰至若无知之物而已，无用贤圣。夫块不失道。

这是当日的法治主义的学理的根据。慎到要人学无知之物，弃知，去己，不用主观的私见，不用一己的小聪明，而完全依着物观的标准，不得已而后动，如飘风之旋，如石头之下坠，动静皆不离于自然之理。这种无知无为的思想应用到政治上便成了法治的哲学。

《吕氏春秋》的政治哲学大概很受了这种思想的影响，故虽不主张纯粹的法治主义，却主张一种无知无为的君道论。《君守篇》说：

得道者必静，静者无知。知乃无知，可以言君道也（乃字疑当在可字上）。……天无形而万物以成，至精无象而万物已化，大圣无事而千官尽能。此乃谓不教之教，无言之诏。故有以知君之狂也，以其言之当也。有以知君之惑也，以其言之得也。君也者，以无当为当，以无得为得者也。当与得不在于君而在于臣。

故善为君者无识，其次无事。有识则有不备矣，有事则有不恢矣。

《任数篇》说：

君道无知无为，而贤于有知有为，则得之矣。

为什么要无知无为呢？因为

> 耳目心智其所以知识甚阙，其所以闻见甚浅。以浅阙博居天下，安殊俗，治万民，其说固不行。十里之间而耳不能闻，帷墙之外而目不能见，三亩之宫而心不能知。其以东至开梧，南抚多鷃，西服寿麻，北怀儋耳，若之何哉？（《任数》）

因为

> 人主好以己为，则守职者舍职而阿主之为矣。阿主之为，有过则主无以责之，则人主日侵而人臣日得。（《君守》）

因为

> 人主自智而愚人，自巧而拙人，若此则……请者愈多，且无不请也。主虽巧智，未无不知也。以“未无不知”应“无不请”，其道固穷。为人主而数穷于下，将何以君人乎？（《知度》）

因为这些理由，人主应该无知无事。

> 去听，无以闻，则聪。去视，无以见，则明。去智，无以知，则公。去三者不任则治，三者任则乱。
>
> 耳目知巧固不足恃，惟循其数，行其理，为可。（《任数》。循字旧作脩，依《序意篇》改。）

这就是上文所引《序意篇》所说“行其数，循其理，平其私。夫私视使目盲，私听使耳聋，私虑使心狂”的意思。用个人的耳目智巧，总不能无私，所以人君之道须学那无知之物，然后可以无建己之患，无用知之累。故说：

> 至智弃智，至仁忘仁，至德不德。无言无思，静以待时。时至

而应，心暇者胜。……无唱有和，无先有随。古之王者，其所为少，其所因多。因者，君术也。为者，臣道也。为则扰矣，因则静矣。因冬为寒，因夏为暑，君奚事哉？（《任数》）

无唱有和，无先有随，即是慎到所谓“推而后行，曳而后往”，即是“因”。慎到说“因”字最好：

因也者，因人之情也。人莫不自为也。……用人之自为，不用人之为我，则莫不可得而用矣。此之谓因。

人皆欲荣利，恶辱害，国家因而立赏罚，这便是因人之情，便是用人之自为（说详上文）。《分职篇》说：

先王用非其有，如己有之，通乎君道者也。夫君也者，处虚素服而无智，故能使众智也。智反无能，故能使众能也。能执无为，故能使众为也。无智，无能，无为，此君之所执也。……

武王之佐五人，武王之于五人者之事无能也，然而世皆曰取天下者武王也。故武王取非其有，如己有之，通乎君道也。……枣，棘之有；裘，狐之有也。食棘之枣，衣狐之皮，先王固用非其有而己有之。

用非其有，如己有之，也是“因”。

今召客者，酒酣歌舞，鼓瑟吹竽。明日不拜乐己者，而拜主人，主人使之也。先王之立功名，有似于此。……

譬之若为宫室必任巧匠。……巧匠之宫室已成，不知巧匠而皆曰，“善，此某君某王之宫室也。”此不可不察也。（《分职》）

我们看了这种议论，可以知道《吕氏春秋》虽然采用自然主义者的无知无为论，却仍回到一种虚君的丞相制，也可以说是虚君的责任内阁制。君主无知无事，故不负责任，所谓“块不失道”，即是虚君立宪国家所谓“君主不会做错事”。不躬亲政事，故不会做错事。政事的责任全在丞相身上。《君守篇》所谓“当与得不在于君而在于臣”是也。慎到是纯粹法治家，故说“无用贤圣，夫块不失道”。但《吕氏春秋》的作者是代一个丞相立言，故有时虽说“正名”，有时虽说“任数”，却终不能不归到信任贤相，所谓“为宫室必任巧匠，匠不巧则宫室不善”。君主是世袭的，位固定而人不必皆贤。丞相大臣是选任的，位不固定而可以选贤与能。故说：

> 凡为善难，任善易。奚以知之？人与骥俱走，则人不胜骥矣。居于车上而任骥，则骥不胜人矣。人主好治人官之事，则是与骥俱走也，必多所不及矣。夫人主亦有居车，无去车，则众善皆尽力竭能矣。（《审分》）
>
> 有司请事于齐桓公，桓公曰：“以告仲父。”有司又请，公曰：“告仲父。”若是三。习者曰：“一则仲父，二则仲父，易哉为君！”桓公曰：“吾未得仲父则难。已得仲父之后，曷为其不易也？”（《任数》）

这是虚君的丞相制。《勿躬篇》又说管仲推荐宁遫为大田，隰朋为大行，东郭牙为大谏臣，王子城父为大司马，弦章为大理，

> 桓公曰，善，令五子皆任其事，以受令于管子。十年，九合诸侯，一匡天下，皆夷吾与五子之能也。

这是虚君的责任内阁制。大臣受令于丞相，丞相对君主负责任，这种制度似乎远胜于君主独裁制了。但在事实上，谁也不能叫君主实行无知无为，这是一大困难。丞相受任于君主，谁也不能叫他必任李斯而不任赵高，这是二大困难。一切理想的虚君论终没有法子冲破这两大难关，所以没有显著的成绩可说。猫颈上挂串铃儿，固然于老鼠有大利益。但叫谁去挂这串铃呢？后世的虚君内阁制所以能有成效，都是因为实权早已不在君主手里了。

我在上文曾指出《吕氏春秋》不信任民众的知识能力，故不主

张民主政治，而主张虚君之下的贤能政治。但《吕氏春秋》的政治主张根本在于重民之生，达民之欲，要令人得欲无穷，这里确含有民主政治的精神。所以此书中极力提倡直言极谏的重要，认为宣达民人欲望的唯一方法，遂给谏官制度建立一个学理的基础。《达郁篇》说：

> 凡人三百六十节，九窍，五藏，六府，肌肤欲其比（高注，比犹致也。毕沅注，谓致密）也，血脉欲其通也，筋骨欲其固也，心志欲其和也，精气欲其行也。若此，则病无所居，而恶无由生矣。病之留，恶之生也，精气郁也。故水郁则为污，树郁则为蠹，革郁则为蒉。（毕沅引梁履绳说，《续汉书·郡国志》三注引《尔雅》"木立死曰菑"，又引此"草郁即为菑"，疑蒉本是蔷字，即菑也，因形近而讹。）国亦有郁。生德不通，民欲不达，此国之郁也。国郁处久则百恶并起而万灾丛至矣。上下之相忍也，由此出矣。故圣王之贵豪士与忠臣也，为其敢直言而决郁塞也。

此下引召公谏周厉王的话：

> 防民之口，甚于防川。川壅而溃，败人必多。夫民犹是也。是故治川者决之使导，治民者宣之使言。是故天子听政，使公卿列士正谏，好学博闻献诗，蒙箴，师诵，庶人传语，近臣尽规，亲戚补察，而后王斟酌焉。是以下无遗善，上无过举。（此文又见《国语》，文字稍不同。）

《自知篇》说：

> 欲知平直，则必准绳；欲知方圆，则必规矩。人主欲自知，则必直士。故天子立辅弼，设师保，所以举过也。夫人固不能自知，人主独甚。尧有欲谏之鼓，舜有诽谤之木，汤有司过之士，武王有戒慎之铭，独恐不能自知。今贤非尧舜汤武也，而有掩蔽之道，奚由自知哉？……范氏之亡也，百姓有得钟者，欲负而走，则钟大不可负；以椎毁之，钟况然有音。恐人闻之而夺己也，遽掩其

> 耳。恶人闻之，可也。恶己自闻之，悖矣。为人主而恶闻其过，非犹此耶？

这都是直言极谏的用处：达民欲，决郁塞，闻过失，都可以补救君主政治的缺点。中国古来本有这个直言极谏的风气，史传所记的直谏故事不可胜举，最动人的莫如《吕氏春秋》所记葆申笞责楚文王的故事：

> 荆文王得茹黄之狗，宛路之矰，以畋于云梦，三月不反；得丹之姬，淫期年不听朝。葆申曰："先王卜以臣为葆，吉。（《说苑》引此事，葆作保。保即是保傅，申是人名。）今王得茹黄之狗，宛路之矰，畋三月不反；得丹之姬，淫期年不听朝：王之罪当笞。"
>
> 王曰："不穀免衣襁褓而齿于诸侯，愿请变更而无笞。"
>
> 葆申曰："臣承先王之令，不敢废也。王不受笞，是废先王之令也。臣宁抵罪于王，毋抵罪于先王。"
>
> 王曰："敬诺。"
>
> 引席，王伏，葆申束细荆五十，跪而加之于背，如此者再。谓王"起矣"！王曰："有笞之名一也；遂致之。"（既然打了，爽性用力打罢！）
>
> 申曰："臣闻'君子，耻之；小人，痛之'。耻之不变，痛之何益？"葆申趣出，自流于渊，请死罪。
>
> 文王曰："此不谷之过也，葆申何罪？"王乃变更，召葆申，杀茹黄之狗，拆宛路之矰，放丹之姬。（《直谏》）

这一类的故事便是谏诤制度的历史背景。御史之官出于古之"史"，而巫祝史卜同是宗教的官，有宗教的尊严。《春秋》时代，齐之太史直书崔杼弑君，兄弟相继被杀而不肯改变书法；晋之太史董狐直书赵盾弑君，而赵氏不敢得罪他。史官后来分化，一边仍为记事之史，而执掌天文星占之事，仍有一点宗教的权威；一边便成为秦以下的御史，便纯粹是谏官了。葆申故事里说先王卜他为保，故他能代表先王，这里面也含有宗教的权威。古代社会中有了这种历史背景，加上自觉的理论，故谏官制度能逐渐演进，成为裁制君权的最重要制度。

*

我在前面曾说《吕氏春秋》也许有李斯的手笔，这虽是一种臆测，然而此书的政治思想有“不法先王”的议论，上承荀卿“法后王”的思想，而下合李斯当国时的政策，李斯与韩非同是荀卿的弟子，而在这一点历史进化的见解上他们的主张完全相同，这大概不是偶然的事吧？试看《吕氏春秋》说：

> 上胡不法先王之法？非不贤也，为其不可得而法。先王之法，经乎上世而来者也，人或益之，人或损之，胡可得而法？
>
> 虽人弗损益，犹若不可得而法，东夏之命（东是东部，秦在西部，故自称夏而称余国为东），古今之法，言异而典殊，故古之命多不通乎今之言者，今之法多不合乎古之法者。殊俗之民有似于此。其所为欲同，其所为异。……先王之法胡可得而法？
>
> 虽可得，犹若不可法。凡先王之法，有要于时也。时不与法俱至，法虽今而至，犹若不可法。
>
> 故择（一作释）先王之成法，而法其所以为法。先王之所以为法者，何也？先王之所以为法者，人也。而己亦人也。故察己则可以知人，察今则可以知古。古今一也，人与我同耳。有道之士贵以近知远，以今知古，以所见知所不见。故审堂下之阴而知日月之行，阴阳之变；见瓶水之冰而知天下之寒，鱼鳖之藏也。（《察今》）

这里的“古今一也”之说最近于荀子的“古今一度也，类不悖，虽久同理”。（《古代哲学史》第十一篇第二章二至三）其实此说不够说明“不法先王”的主张，并且和“时不与法俱至”的话是恰相冲突的。如果真是“古今一也，人与我同耳”，先王之法何以不可得而法呢？何以还怕“时不与法俱至”呢？大概“法后王”之说出于荀卿，但荀卿所谓“法后王”并不含有历史演化的意义，只是说“文久而灭”，不如后王制度之粲然可考，既然古今同理，何必远谈那“久则论略”的先王制度呢？韩非、李斯一辈人虽然也主张“不法先王”，但他们似受了自然演化论的影响，应用到历史上去，成为一种变法的哲学，韩非所谓“世异则事异，事异则备变”，即是此书所谓“有要于时，时不与法俱至”，这才是此书主张不法先王的真意义。(韩非的书流传入秦，史不记何年。《始皇本纪》说用李斯计攻韩在始皇十年，其时始皇已读了韩非的书了，似韩非书传入秦国或在八年吕不韦著书之前。)这里偶然杂入了一句荀卿旧说，其实不是著书者的本意。试看此篇下文云：

> 荆人欲袭宋，使人先表澭水（表是测量）。澭水暴益，荆人弗知，循表而夜涉，溺死者千有余人。……向其先表之时，可导也。今水已变而益多矣，荆人尚犹循表而导之，此所以败也。
>
> 今世之主法先王之法也，有似于此。其时已与先王之法亏矣，而曰“此先王之法也”，而法之以为治，岂不悲哉？
>
> 故治国无法则乱，守法而弗变则悖。悖乱不可以持国。世易时移，变法宜矣。譬之若良医，病万变，药亦万变。病变而药不变，向之寿民今变为殇子矣。故凡举事必循法以动，变法者因时而化。若此论则无过举矣。
>
> 夫不敢议法者，众庶也。以死守〔法〕者，有司也。因时变法者，贤主也。是故有天下七十一圣，其法皆不同，非务相反也，时势异也。(《察今》)

这种变法的哲学最像韩非的《五蠹篇》，其根据全在一种历史演进的观念。此种观念绝非荀卿一辈主张古今虽久而同理的儒家所能造出，乃是从庄子一派的自然演化论出来的，同时又是那个国际竞争最激烈的时势的产儿。其时已有商鞅、赵武灵王的变法成绩，又恰有自然演变的哲学思想，故有韩非、李斯的变法哲学。《察今篇》中的澭水表的故事，说的何等感慨恳切。此故事和同篇的“刻舟求剑”的寓言，和韩非《五蠹篇》的“守株待兔”的寓言，命意都绝相同，很可以看出他们的思想渊源。韩非不得用于韩国，又不得用于秦国，终于死在李斯、姚贾手里。韩非虽死，他的变法的哲学却在李斯手里发生了绝大的影响。李斯佐秦始皇统一中国之后，废除封建制度，分中国为郡县，统一法度，画一度量衡，同一文字，都是中国有历史以来的绝大改革。后来因为博士淳于越等的反对新政，李斯上焚书的提议，说：

> 五帝不相复，三代不相袭，各以治，非其相反，时变异也。

此与《察今篇》的“七十一圣”一段相同。议奏中又切责诸生“不师今而学古”“语皆道古以害今”，又说“三代之事何足法也”，又有“以古非今者族”的严刑。这都是《五蠹篇》和《察今篇》的口气。究竟还是《吕氏春秋》采纳了韩非的思想来做《察今篇》呢？还是李斯借了吕不韦来发挥他自己的变法哲学呢？还是李斯不过实行了韩非的哲学呢？还是李斯、韩非同是时代的产儿，同有这种很相同的思想呢？——可惜我们现在已无法解答这些疑问了。

然而这种“病万变，药亦万变”的思想，正是司马谈说的“与时迁移，应物变化，立俗施事，无所不宜”的道家的要旨。《吕氏春秋》的十二月令是阴阳家的分月宪法，其书中的五德转移论（看《应同篇》）完全是驺衍的话，其贵生重己是杨朱一派的贵己主义，其孝治之说是儒家的，其无为无知的君道论是慎到等人的思想，其尚贤主义杂采儒墨之说，其反对无欲之说颇近于荀卿，其主张不法先王，因时而化，是根据于庄子一派的自然演变论和韩非的历史演进论的。这便是《汉书》时代所谓“杂家”，这便是《史记》时代所谓“道家”。

十九，三，十四——廿初稿
十九，三，廿校改

第三章

秦汉之间的思想状态

一、统一的中国

在纪元前二三〇年到前二二一年之间，秦国的武力平定了六国，建立了第一次的统一帝国。这第一个统一帝国只有十年多（前二二二—前二一〇）的寿命，秦始皇死后（前二一〇），陈胜、吴广便起兵造反了（前二〇九）。从前二〇九年到前二〇二年，为楚汉之争的时期。从前二〇二年到前一九五年，为叛乱时期。经过这十五年的战祸之后，第二个统一帝国——汉帝国——方才站得住。从此以后，中国便上了统一帝国的轨道。

这个统一帝国继续了近四百年（约前二〇〇—纪元二〇〇）之久，中间只有十几年的暂时分裂。这四百年的统一国家的生活，在中国民族史上有莫大的重要。分开来说，至少有这几点可以特别提出：

第一，这四百年的统一生活的训练，养成了一个统一民族的意识。从前只有“齐人”“秦人”“楚人”“晋人”的意识，到这个时期才有“中国人”的意识。我们到现在还自称是“汉人”，“汉人”已成了“中国人”的同义名词了。这便是那四百年的一统生活的绝大成绩。

第二，在这四百年中，许多重要的政治制度逐渐成立，为后代所取法，故汉帝国不但造成了四百年的一统局面，并且建立了两千年统一帝国的基础。最重要的制度如郡县制，如赋税制度，如科举，都成立于这个时代。其中如郡县制虽起于秦帝国，但汉初分封子弟，疆土太大，几乎回到战国的局势。经过了贾谊、晁错、主父偃等人的计虑，才有由诸王分地与子孙的办法，“不行黜陟而藩国自析”。到后来诸侯只能食租税的一部分而已，不能与闻政事。封建的制度到这时候才算废止。又如考试任官的制度，起于汉武帝时，后世逐渐演变，遂成为统一国家的一个最重要的制度。有统一的科举制度才有同一文字的可能。那已死的古文所以能维持两千年的权威，全是这考试任官制度的功效。

第三，秦以前的各国文化虽有渐渐倾向统一的形势，但地方的色彩还是很浓厚的。秦是西戎，楚是南蛮，吴越也是南蛮。孟轲在前四世纪与前三世纪之间，还有“用夏变夷，未闻变于夷”的种族成见。秦始皇虽然用武力征服了六国，而种族畛域之见仍未能消灭，故南方民族有“楚虽三户，亡秦必楚”的口号。陈胜、项羽、刘邦都假借“楚”的名号，最后成统一帝业的刘邦便是南方的平民。但汉高祖虽是南方人，而他的眼光是很敏锐的，故能听娄敬、张良的话，定都关中。娄敬说的很露骨：“夫与人斗，不扼其肮，拊其背，未能全其胜也。今陛下入关而都，按秦之故地，此亦扼天下之肮而拊其背也。”南方人立国，而定都北方，这便有统一国家的气象。四百年中，南北的畛域渐渐泯灭，只有对外族的开拓，而没有内国的种族争战。这长期的一统帝国之下，各地的民族宗教在长安都有祠巫，各地的人才都有进用的机会：齐鲁的儒生继续传经，蜀楚的文人宣传楚声的文学，燕齐的方士高谈神仙方术，一一都成了帝国文化的一部分，在帝者庇护之下都失去了原来的地方性。故这四百年的统一生活造成了统一的中国文化；有了这个伟大的基础，中国民族才能吸收各外族的文化，才能同化许多外来的民族。

第四，这个统一的局面在思想史上的最大影响便是思想的倾向一尊。秦以前的思想虽有混合的趋势，终究因为在列国分立的局势之下，各种思想仍有自由发展的机会。在这一国不得志的思想家，在那一国也许可以受君主的拥彗先驱。各国的君王公子又争着养士，白马非马之论固有人爱听，鸡鸣狗盗之徒也有人收容。但秦汉一统之后，政治的大权集中了，思想的中心也就跟着政府的趋向改换。李斯很明白地提倡“别黑白而定一尊”的政策，焚烧诗书百家语，禁止私学，禁止以古非今，禁止批评政制。这时候虽然也有私藏的书，但在这统一的专制帝政之下，人人都有“无所逃于天地之间”的感觉。(《李斯列传》中记秦二世大杀群公子，公子高欲出奔而恐收族，乃请从葬先帝。这便是“无所逃死”的明例。)藏书的人须把书藏在壁里，传书的人须在夜半鸡鸣之间秘密约会，思想的不自由可以想见了。皇帝今天想求神仙，于是学者都得讲神仙。皇帝明天要封禅了，于是博士先生们又都得讲求封禅典礼了。秦法又很严，方术不验的便有死罪。卢生、侯生一案，诸生被坑杀的有四百六十余人。到了后来，秦始皇一死倒，连那位主张焚书的丞相李斯也不能有什么说话的自由了，他十分委屈求全，到头来终不免下在狱里，吃了一千余榜掠，还得“具五刑，腰斩东市，夷三族”。临死(前二〇八)时，他回头对他的儿子说：“我要想和你再牵着黄狗，出上蔡(他的故乡)东门去赶兔子，那种乐事如今那儿去寻呢？”他剥夺了天下人思想言论的自由，等到他自己下在狱里，想上书自辩，只落得赵高一句话：“囚安得上书！”天下人都没有自由，丞相那能独享自由呢？

司马迁说：

> 秦之季世，焚诗书，坑术士，六艺从此缺焉。陈涉之王也，而鲁诸儒持孔氏之礼器，往归陈王，于是孔甲(孔子八世孙孔鲋)为陈涉博士，卒与涉俱死。陈涉起匹夫，驱瓦合谪戍，旬月以王楚，不满半岁竟灭亡，其事至微浅，然而搢绅先生之徒负孔子礼器，往委质为臣者，何也？以秦焚其业，积怨而发愤于陈王也。(《史记》一二一)

这一件事可以写出当日学者的渴望自由，赞成革命。从前是无所逃于天地之间，现在见有革命军起来了，故他们抱着孔子的礼器，赶去赞助革命，虽与同死而不悔。

但革命成功之后，统一的专制局面又回来了，学术思想的自由仍旧无望。建国的大功臣，如韩信、彭越等皆受极惨酷的刑戮。《汉书·刑法志》说：

> 当三族者，皆先黥劓，斩左右趾，笞杀之，枭其首，菹其骨肉于市。其诽谤詈诅者，又先断舌。故谓之“具五刑”。彭越、韩信之属皆受此诛。至高后元年（前一八八），乃除三族罪、祆言令。孝文二年（前一七八），……尽除收律相坐法。其后（前一六三）新垣平谋为逆，复行三族之诛。

在这个极惨酷无人理的专制淫威之下，那有思想言论的自由？怪不得张良要辟谷学导引，弃人间事从赤松子游了。怪不得陆贾晚年要谢病辞官，每日带着歌舞琴瑟侍者十人去寻酒食欢乐了。

新垣平犯了什么罪？他不过造出了一种无稽的望气说，又做了一件假古董，几乎叫孝文帝相信而已。然而他却受了五刑三族之诛！新垣平的思想虽荒诞，然而荒诞的思想要受这样惨酷的刑戮，别人虽有正当的思想也就不敢拿出来了。景帝时，辕固生和黄生在皇帝的面前争论一个问题：

> 黄生曰：“汤武非受命，乃弑也。”
>
> 辕固生曰：“不然。夫桀纣虐乱，天下之心皆归汤武，汤武与天下之心而诛桀纣。纣桀之民不为之使而归汤武，汤武不得已而立，非受命为何？”
>
> 黄生曰：“冠虽敝，必加于首。履虽新，必关于足。何者？上下之分也。今桀纣虽失道，然君上也。汤武虽圣，臣下也。夫主有失行，臣下不能正言匡过以尊天子，反因过而诛之，代立践南面，非弑而何也？”
>
> 辕固生曰：“必若所云，是高帝代秦即天子之位非耶？”
>
> 于是景帝曰：“食肉不食马肝，不为不知味。言学者无言汤武受命，不为愚。”遂罢。是后学者莫敢明受命放杀者。（《史记》一二一）

这两个学者都是太老实了。一个要正上下之分，故说汤武是造反弑君，却忘了汉朝天下也是从造反得来的。一个要替汉高祖辩护，故赞成革命，却又忘了皇帝在面前，满肚了不愿意有人赞成革命。两个都想巴结皇帝，却都碰了一个大钉子！从此以后，这个问题遂无人敢明白讨论了。这个故事写那思想不自由的空气，写那时代的学者左右做人难的神气，多么可怕！

这一个故事写的便是专制国家里的“忌讳”问题。忌讳是君主或政府不愿意听的话，不愿意人想的思想。凡触犯忌讳的，都不许有自由，都有刑戮的危险。在专制政体之下，一般人的思想都得避免一切犯忌讳的话，还得更进一步去逢迎君主的意志。即如汤武革命的问题，后世也有相仿的例子。北宋史家司马光作《资治通鉴》，认三国时代的魏为正统；南宋史家朱熹作《通鉴纲目》，便认蜀汉为三国正统。为什么呢？北宋赵匡胤因兵士拥戴而做皇帝，很像曹魏的代汉，故宋朝的史家不敢说曹魏是非正统。南宋是偏安的局面，有点像蜀汉的偏安，故南宋的史家不敢不认蜀汉为正统了。到了满清入主中国的时候，这个问题又换了一个新样子。明朝的官吏投降清朝的，在当时都很受欢迎，但等到满洲人基础稳固之后，这班投降的大官都被收在《贰臣传》去了！前日之受降是一种实际的需要；今日之编入《贰臣传》是为清朝臣子不忠者劝。前日行的是辕固生的主张，今日行的是黄生的主义。此亦一是非，彼亦一是非，都依君主的意指为转移。

司马迁又说：

> 窦太后好老子书，召辕固生问老子书。固曰：“此是家人言耳。”太后怒曰：“安得司空城旦书乎？”（汉以司空主罪人，城旦是罚作苦工的徒刑。）乃使固入圈刺豕。景帝知太后怒，而固直言无罪，乃假固利兵，入圈刺豕，正中其心，一刺，豕应手而倒。太后默然，无以复罪。罢之。（《史记》一二一）

把罪人送进兽圈去刺野猪，这很像罗马时代的斗兽，是很野蛮的制度。辕固生不过说了一句轻视老子书的话，窦太后便大怒，罚他去刺野猪。这是何等世界？

晁错为景帝画策，削减诸王国。后来吴楚七国举兵反，以诛晁错为名，景帝慌了，就把晁错斩于东市，以谢七国。董仲舒爱谈灾异，建元六年（前一三五）辽东高庙灾，董仲舒解释天意，刺讥当日的贵戚外藩。主父偃奏上其书，皇帝把董仲舒交审判，判决他应得死罪。皇帝虽然免了他的死罪，然而从此以后，“董仲舒竟不敢复言灾异！”（《史记》一二一，参看《汉书》二七上。）

当汉武帝初年，太皇太后窦氏的势力还很大。当时有几个儒生想拥护新立的少主，推翻太皇太后的专政。领袖的人是御史大夫赵绾和郎中令王臧，他们运动武帝去请一位八十多岁的儒家大师申公来商量怎样立明堂，朝诸侯。他们又提议请一班外戚诸侯各回国，并请群臣不要向太皇太后处奏事。窦太后知道了，很生气，遂寻了赵绾、王臧的许多罪过，把他们下狱，他们都自杀在狱里。（《史记》一二一，参《史记》一〇七，《汉书》八八。）

窦太后崇拜黄老书，故她的儿子景帝和诸王诸窦都不得不读黄帝老子的书，不得不尊崇黄老之学（《史记》四九）。她当国二十多年（前一五六—前一三五），当时的儒生博士“具官待问，未有进者”（《史记》一二一）。批评老子书的，要被罚去兽圈里刺豕；提倡儒术的，如赵绾、王臧等，要下狱自杀。这便是一尊。《史记》又说：

> 及窦太后崩（前一三五），武安侯田蚡为丞相，绌黄老刑名百家之言，延文学儒者数百人，而公孙弘以《春秋》，白衣为天子三公，封以平津侯。天下之学士靡然向风矣。

这又是一尊。

当武帝征召诸儒之时，辕固生和公孙弘都在被征之数。辕固生已九十余岁了，公孙弘也有六十岁了。公孙弘有点怕这位老前辈，不敢正眼看他。辕固生对他说：

公孙子，务正学以立言，无曲学以阿世。

然而在这个学术一尊，思想不自由之下，能有几个人不“曲学以阿世”呢？

二、李斯（死于前二〇八）

在秦始皇和李斯的铁手腕之下，学术思想都遭遇很严厉的压迫。我们看始皇的泰山刻石云：

……治道运行，诸产得宜，皆有法式。
大义休明，垂于后世，顺承勿革。……

琅邪刻石云：

……普天之下，抟心壹志。
器械一量，同书文字。
日月所照，舟车所载，
皆终其命，莫不得意。
应时动事，是维皇帝。……

之罘刻石云：

……普施明法，经纬天下；永为仪则。
大矣哉！宇县之中，承顺圣意！……

在这些刻石文字里，我们可以看出始皇帝的志得意满的神气。他们第一次做到一统的大功业，确有开辟一个新局面的感觉，难怪他们在这时候起一种“一劳永逸”的梦想。普天之下既是“抟心壹志，承顺圣意”了，还有什么思想的必要呢？所以博士七十人，只有歌颂功德，鼓吹升平的用处；儒生术士几百人，也只有议封禅礼仪，求神仙，求不死奇药的用处。此外他们还有什么用处呢？

然而这般书生偏要不安本分，还妄想替始皇帝出主意。博士淳于越说：

> 事不师古而能长久者，非所闻也。

这种口气正触犯了大丞相的忌讳。李斯是荀卿的弟子，韩非的学友，吕不韦的宾客，他的政治哲学正是要人不法先王。于是他提出了他的焚书政策：

> 五帝不相复，三代不相袭，各以治。非其相反，时变异也。今陛下创大业，建万世之功，固非愚儒所知。且越言乃三代之事，何足法也？
>
> 异时诸侯并争，厚招游学。今天下已定，法令出一，百姓当家则力农工，士则学法令辟禁。今诸生不师今而学古，以非当世，惑乱黔首。
>
> 丞相臣斯昧死言：古者天下散乱，莫之能一，是以诸侯（当作儒）并作，语皆道古以害今，饰虚言以乱实，人善其所私学，以非上之所建立。今皇帝并有天下，别黑白而定一尊。而私学乃相与非法教之制（此句《始皇本纪》有误，从《李斯列传》改），人闻令下则各以其私学议之；入则心非，出则巷议；夸主以为名，异趣以为高，率群下以造谤。如此弗禁，则主势降乎上，党与成乎下。禁之便。
>
> 臣请史官非秦纪，皆烧之。非博士官所职，天下敢有藏诗书百家语者，悉诣守尉杂烧之。有敢偶语诗书，弃市。以古非今者，族。吏见知不举者，与同罪。令下三十日不烧，黥为城旦。所不去者，医药、卜筮、种树之书。若有欲学法令，以吏为师。（《史记》六，参八七。）

这一篇大文章受了两千多年的咒骂，到了今日应该可以得着比较公平冷静的估价了。我们研究中国古代思想史的人，看了这篇宣言，并不觉得有什么可以惊异的论点。古来的思想家，无论是那一派，都有压迫异己思想的倾向。儒家如孟子、荀子，都有过很明白的表示。“能言拒杨墨者，圣人之徒也”，这便是孟轲。“今圣王没，天下乱，奸言起，君子无势以临之，无刑以禁之，故辩说也”，这便是荀卿。儒家不曾造出孔子诛少正卯的故事吗？墨家也要“壹同天下之义”，他们的理想政治是“上之所是，必皆是之；所非，必皆非之：上同而不下比”。韩非也说：“言行而不轨于法令者，必禁。”所以古代思想派别虽多，在压迫异己的思想和言论一点上，他们是一致的。他们不幸“无势以临之，无刑以禁之”，故只能说说罢了，都不曾做出秦始皇、李斯的奇迹。李斯是有势有刑的帝国大丞相，故能实行当日儒墨名法所公同主张的压迫政策。这叫做“一朝权在手，便把令来行”，孔丘、墨翟，荀卿、李斯，易地则皆然，有什么奇怪？后世儒者对于孔丘杀少正卯的传说都不曾有贬辞，独要极力丑诋李斯的禁书政策，真是知二五而不知一十了。

李斯的建议中的主要思想是根本反对“以古非今”“不师今而学古”“道古以害今”。这个思想也不足奇怪。我们研究了《庄子》《荀子》《韩非子》《吕氏春秋》的思想，应该可以明白当时思想界的几个重要领袖确是相信历史演化的原则。韩非和《吕氏春秋》讲的最透切。韩非说：

> 古者丈夫不耕，草木之实足食也。妇人不织，禽兽之皮足衣也。不事力而养足，人民少而财有余，故民不争。是以厚赏不行，重罚不用，而民自治。
>
> 今人有五子不为多，子又有五子，大父未死而有二十五孙。是以人民众而货财寡，事力劳而供养薄，故民争，虽倍赏累罚而不免于乱。……
>
> 是以古之易财，非仁也，财多也。今之争夺，非鄙也，财寡也。（《五蠹》）

《五蠹》一篇全是这种历史变迁的议论，而结论归到“不期循古，不法常可；论世之事，因为之备”。《吕氏春秋》也说：

> 先王之法胡可得而法？虽可得，犹若不可法。凡先王之法，有要于时也。时不与法俱至，法虽今而至，犹若不可法。……其时已与先王之法亏矣，而曰，此先王之法也，而法之以为治，岂不悲哉？（《察今》）

《吕氏春秋》的结论也归到“时已徙矣，而法不徙，以此为治，岂不悲哉？”这种根据于历史演变的事实而主张变法的哲学，便是李斯的议案的思想背景。

韩非早已说过了：

> 今巫祝之祝人曰：“使若千秋万岁！”“千秋万岁”之声括耳，而一日之寿无征于人。此人所以简（轻慢）巫祝也。
>
> 今世儒者之说人主，不善今之所以为治，而语已治之功；不审官法之事，不察奸邪之情，而皆道上古之传，誉先王之成功。儒者饰辞曰：“听吾言则可以霸王。”此说者之巫祝，有度之主不受也。故明主举实事，去无用，不道仁义，故不听学者之言。（《显学》）

韩非要除去的《五蠹》，其中之一便是那“称先王之道以藉仁义，盛容服而饰辩说，以疑当世之法，而贰人主之心”的学者。韩非并且很明白的说：

> 故明主之国，无书简之文，以法为教；无先王之语，以吏为师。（同）

韩非的书在秦国最流行，秦始皇早已熟读了他的《孤愤》《五蠹》之书（《史记》六三）；李斯也是熟读《五蠹》《显学》之书的（《史记》六三，又八七）；连那昏庸的胡亥也能整段的征引《五蠹篇》的话（《史记》八七）。故韩非虽死，而韩非的主张却成了秦帝国的政策。李斯焚书令中的话便是《五蠹》《显学》的主张，而“若有欲学法令，以吏为师”竟是直用“显学篇”的文句了。

平心而论，这种思想可算是中国古代思想中最大胆、最彻底的部分。古代思想家谈政治往往多是内心冥想，而捏造尧舜先王的故事来作证据；内心的冥想无穷，故捏造的尧舜先王故事也无穷。这种风气有种种流弊。名为道古，其实是作伪；闭户造证据，其实全无证据，养成懒惰诈伪的思想习惯，是一弊。什么事总说古昔先王怎样好，“不善今之所以为治，而语已治之功”，养成迷古守旧的心理，是二弊。说来头头是道，而全不观察现状，全不研究制度，“不审官法之事，不察奸邪之情，而皆道上古之传，誉先王之成功”，养成以耳为目的不晓事习气，是三弊。故满地是“先王之语”，其实大都是假历史；遍地是“书简之文”，其实大都是成见与瞎说。所以韩非发愤说：

> 无参验而必之者，愚也。弗能必而据之者，诬也。故明据先王，必定尧舜者，非愚即诬也。(《显学》)

愚是不自觉的受欺，诬是有心欺骗。李斯的焚书政策只是要扫除一切“非愚即诬”的书籍，叫人回头研究现代的法律制度，上“以法为教”，下“以吏为师”。他不是有意要“愚黔首”，只是如始皇说的“收天下书不中用者尽去之”。翻成了今日的语言，这种政策不过等于废除四书五经，禁止人做八股，教人多研究一点现代的法律、经济、政治的知识。这有什么希奇呢？我们至多不过嫌李斯当日稍稍动了一点火气，遂成了一种恐怖政策，不仅是取缔那应该取缔的“以古非今”，竟取消一切“私学”的权利，摧残一切批评政治的自由了。但政治的专制固然可怕，崇古思想的专制其实更可怕。秦帝国的专制权威，不久便被陈涉、项羽推翻了。但崇古思想的专制权威复活之后，便没有第二个韩非、李斯敢起来造反了。我们在二千多年之后，看饱了二千年“道古以害今，饰虚言以乱实”的无穷毒害，我们不能不承认韩非、李斯是中国历史上极伟大的政治家。他们采取的手段虽然不能全叫我们赞同，然而他们大胆的反对“不师今而学古”的精神是永永不可埋没的，是应该受我们的敬仰的。

三、陆贾（死时约在前一七〇）

十年的秦帝国只留得一篇李斯焚书议代表那第一帝国的思想。当李斯腰斩东市之日，革命军已起来一年多了，刘邦、项羽都已成了革命军的领袖了。在刘邦的军中有一个南方辩士陆贾，可以算是楚汉时代的一个思想家。

陆贾是楚人，跟着汉高祖革命，因为他有口才，故常常被派出去当代表；后来天下既平定，他出使南越，代表汉朝去封赵佗为南越王，他的辩才居然能使赵佗称臣奉约。二十年后，孝文帝元年（前一七九），他又奉使到南越，也很有成绩。《史记》说他以寿终，死时约当前一七〇年。

陸贾在汉高祖面前时时称说诗书，高祖骂道："乃公居马上而得之，安事诗书？"陆贾回答道："居马上得之，宁可以马上治之乎？"高祖是个聪明人，懂得这话有道理，便对他说："试为我著秦所以失天下，吾所以得之者何，及古成败之国。"陆贾便著了十二篇，每奏一篇，高祖总说好，其书便叫做《新语》。

《新语》今本有十二篇，《四库全书提要》颇疑此书是后人所依托，不是陆贾的原本。《提要》举了三条证据：

> 一、《汉书·司马迁传》说司马迁取《战国策》《楚汉春秋》、陆贾《新语》作《史记》，而今本《新语》之文悉不见于《史记》。
>
> 二、王充《论衡·本性篇》引陆贾曰："天地生人也，以礼义之性；人能察己所以受命则顺，顺谓之道。"今本亦无其文。
>
> 三、《穀梁传》至汉武帝时始出，而《道基篇》末乃引"穀梁传曰"，时代尤相牴牾。

《提要》所疑三点，都不能成立。《汉书·艺文志》有陆贾的书二十七篇，王充所引未必出于《新语》，是第二点不够证明《新语》之为伪书。近人唐晏（原名震钧，瓜尔佳氏，满洲镶黄旗人，革命后改今名，生于咸丰九年，一八五九；死于民国九年，一九二〇。王重民先生有《唐晏传》）（《龙溪精舍丛书》本，《新语》跋）指出《道基篇》末所引《穀梁传》"仁者以治亲，义者以利尊，万世不乱”之语为今本《穀梁传》所无，可见他所据的《穀梁传》未必是汉武帝时代所出的，是第三点不够证明《新语》之晚出。最荒谬的是《提要》的第一条疑点。《提要》说《汉书·司马迁传》称迁取陆贾《新语》作《史记》，我检《汉书·迁传》原文，并未提及陆贾，也未提及《新语》。原文只说“司马迁据左氏《国语》，采《世本》《战国策》，述（《汉纪》引作逮）《楚汉春秋》，接其后事，讫于天汉”。四库馆臣一时误记，又不检查原书，遂据误记之文以定《新语》出于伪托，岂非大谬？我从前也颇疑此书，近年重读唐氏校刻本（《新语》没有好本子。唐氏此本用明人刻《子汇》本，参校范氏天一阁本，改正第六篇“齐夫用人若彼”以下二百二十八字的错简，移在第五篇“邑土单于强”之下，这两篇才可读了。故唐校本是《新语》的最好本子），觉得此书不是伪作之书，其思想近于荀卿、韩非，而鉴于秦帝国的急进政策的恶影响，故改向和缓的一路，遂兼采无为的治道论。此书仍是一种“杂家”之言，虽时时称引儒书，而仍不免带点左倾的色彩，故最应该放在《吕氏春秋》和《淮南王书》之间，决不是后人所能伪造的。

《吕氏春秋》的第一句话便是：

> 始生之者，天也。养成之者，人也。能养天之所生而勿撄之，谓之天子。

陆贾《新语》开卷第一句话便是：

> 天生万物，以地养之，圣人成之。功德参合而道术生焉。（一）

人功和天地参合，助成天地所生，才有道术可言。故《新语》第一篇先说天道，次说地道，然后极力演说“圣人成之”的一个主意。天道是

> 张日月，列星辰，序四时，调阴阳，布气治性，次置五行，春生夏长，秋收冬藏。……

地道是

> 封五岳，画四渎，规洿泽，通水泉，树物养类，苞植万根，暴形养精，以立群生。……

但最重要的是“圣人成之”。陆贾似乎受了韩非的历史见解的影响；韩非分古史为上古之世，中古之世，近古之世（《五蠹篇》）；陆贾也分古史为“先圣”“中圣”“后圣”三时期。他说：

> 于是先圣乃仰观天文，俯察地理，图画乾坤，以定人道。民始开悟，知有父子之亲，君臣之谊，夫妇之别，长幼之序。于是百官立，王道乃生。
>
> 民人食肉饮血，衣皮毛；至于神农，以为行虫走兽难以养民，乃求可食之物，尝百草木之实，察酸苦之味，教民食五谷。
>
> 天下人民野居穴处，未有室屋，则与禽兽同域；于是黄帝乃伐木构材，筑作宫室，上栋下宇，以避风雨。
>
> 民知室居食谷而未知功力；于是后稷乃列封疆，画畔界，以分土地之所宜；辟土植谷，以用养民；种桑麻，致丝枲，以蔽形体。
>
> 当斯之时，四渎未通，洪水为害；禹乃决江疏河，通之四渎，致之于海，大小相引，高下相受，百川顺流，各归其所，然后人民得去高险，处平土。
>
> 川谷交错，风化未通，九州隔绝，未有舟车之用以济深致远；于是奚仲乃挠曲为轮，因直为辕，驾马服牛，浮舟杖楫，以代人力；铄金镂木，分苞烧殖（埴），以备器械。
>
> 于是民知轻重，好利恶难，避劳就逸；于是皋陶乃立狱制罪，悬赏设罚，异是非，明好恶，检奸邪，消佚乱。

这都是“先圣”的制作。

> 民知畏法而无礼义，于是中圣乃设辟雍庠序之教，以正上下之仪，明父子之礼，君臣之义，使强不凌弱，众不暴寡，弃贪鄙之心，兴清洁之行。

礼义教育是“中圣”的制作。

> 礼义不行，纲纪不立，后世衰废；于是后圣乃定五经，明六艺，承天统地，穷事察微，原情立本，以绪人伦；宗诸天地，□修篇章，垂诸来世，被诸鸟兽（？），以匡衰乱。
>
> 天人合策，原道悉备，智者达其心，百工穷其巧，乃调之以管弦丝竹之音，设钟鼓歌舞之乐，以节奢侈，正风俗，通文雅。后世淫邪，增之以郑卫之音。民弃本趋末，技巧横出，用意各殊，则加雕文刻镂，傅致胶漆，丹青玄黄琦玮之色，以穷耳目之好，极工匠之巧。
>
> 夫驴骡骆驼犀象，玳瑁琥珀珊瑚翠羽珠玉，山生水藏，择地而居，洁清明朗，润泽而濡，磨而下磷，涅而不缁，天气所生，神灵所治，幽闲清净，与神浮沉，莫之（疑当作不）效力为用，尽情为器。
>
> 故曰“圣人成之”，所以能统物通变，治性情，显仁义也。（一）

美术、音乐、雕刻、工业，都是后世的制作。

这一长段的历史进化论，很可以使我们想到《周易·系辞传》中论古圣人观象制器的一段，文字也很有因袭的痕迹。《系辞传》的一段注重在“制器尚象”，却也有“易穷则变，变则通，通则久”的观念，已含有文化演进的思想。庄子、韩非以后，历史演变的思想更流行了，故韩非说古史已不取“观象”之说，只说“圣人不期循古，不法常可，论世之事，因为之备”而已。陆贾此论，更为详细清楚，可算是古人的文化起原论中最有条理的作品。看他把教育放在中世，而美术工业放在后圣之世，而统统认为“统物通变，治性情，显仁义”的事业。这种很平允的文化史观，确是很难能而可贵的。（陆贾晚年颇能享受一种美术的生活，大概他是一个有审美天才的人，故能欣赏美术音乐在文化史上的地位。）

陆贾的历史见解有点像荀卿，又有点像韩非，大概是调和这两个人之间，如说：

善言古者，合之于今；能述远者，考之于近。（参看《荀子·性恶篇》："善言古者，必有节于今；善言天者，必有征于人。"）……世俗以为自古而传之者为重，以今之作者为轻。澹于所见，甘于所闻。……道近不必出于久远，取其致要而有成。《春秋》上不及五帝，下不至三王，述齐桓、晋文之小善，鲁之十二公，至今之为政，足以知成败之效，何必于三王？故古人之所行者，亦与今世同。立事者不离道德，调弦者不失宫商。……周公与尧舜合符瑞，二世与桀纣同祸殃。文王生于东夷（？），大禹出于西羌，世殊而地绝，法合而度同。……万世不异法，古今同纪纲。（二）

这一段全是荀卿"法后王"之说，含有古今虽久而同理之意。因为古今同理，故不必远法上古，但"取其致要而有成"而已。但陆贾又说：

故制事者因其则，服药者因其良。书不必起仲尼之门，药不必出扁鹊之方。合之者善，可以为法，因世而权行。（二）

这里便超出荀卿思想之外，已有韩非的意味了。荀卿与韩非同一不法先王，而根本大不相同。荀卿信古今同理，故法后王即等于法先王。韩非、李斯都信古今时势不同，故先王之法不可得而法。古代学者不曾深切了解历史演变之理，往往不能辨别这两说的根本不同，所以《吕氏春秋·察今篇》明说时代已变换了，故不能法先王之法，但忽然又插入一句"古今一也"的旧说。所以陆贾已很详细的叙说文化演变的程序了，终不能完全丢掉"万世不异法，古今同纪纲"的荀卿思想。此种矛盾的理论多由于思想不曾有彻底的自觉。如果万世真不异法，何必又说"因世而权行"呢？

陆贾生当革命之世，人人唾骂秦始皇、李斯的急进政策，故他也不赞成这种政治。他说：

秦始皇帝设为车裂之诛以敛奸邪，筑长城于戎境以备胡……蒙恬讨乱于外，李斯治法于内；事逾烦，天下逾乱，法逾滋而奸逾炽，兵马益设而敌人逾多。秦非不欲为治，然失之者，乃举措暴众而用刑太极故也。（四）

所以他主张用柔道治国，主张无为而治。他说：

故怀刚者久而缺，恃柔者久而长。（三）

又说：

柔懦者制刚强。（三）

又说：

道莫大于无为，行莫大于谨敬。何以言之？昔虞舜治天下，弹五弦之琴，歌南风之诗，寂若无治国之意，漠若无忧民之心，然天下治。……故无为也，乃无〔不〕为也。（四）

无为而治本是先秦思想家公认的一个政治理想。陆贾的无为政治是：

虚无寂寞，通动无量，故制事因短，而动益长。以圆制规，以矩立方。（一）

说的详细点，便是：

夫形（刑？）重者则身劳，事众者则心烦。心烦者则刑罚纵横而无所立。身劳者则百端回邪而无所就。

是以君子之为治也，块然若无事，寂然若无声，官府若无吏，亭落若无民。闾里不讼于巷，老幼不愁于庭；近者无所议，远者无所听；邮亭无夜行之吏，乡闾无夜召之征。……于是赏善罚恶而润色之，兴辟雍庠序而教诲之。然后贤愚异议，廉鄙异科，长幼异节，

上下有差，强弱相扶，大小相怀，尊卑相承，雁行相随：不言而信，不怒而威。岂恃坚甲利兵，深刑刻法，朝夕切切而后行哉？（八）

这种无为的，柔道的治道论，固然是先秦思想的混合产物，却也是当时一种应时救急的良方。凡无为的治道论，大都是对于现时政治表示不满意的一种消极的抗议，好像是说："你们不配有为，不如歇歇罢；少做少错，多做多错，老百姓受不了啦，还是大家休息休息罢！"陆贾生当秦帝国大有为之后，又眼见汉家一般无赖的皇帝，屠狗卖缯的功臣，都不是配有为的人。他的无为哲学似乎不是无所为而发的罢？他对那位开国皇帝说："您骑在马上得了天下，难道还可以骑在马上统治天下吗？"所以他盼望那些马上的好汉都下马来歇歇，好让大乱之后的老百姓们也歇歇了。夷三族，具五刑的玩意儿是不好天天玩的。还是歇歇的好。

陆贾不是消极无为的人，他的人生观是主张积极进取的。他说：

君子广思而博听，进退循法，动作合度，闻见欲众而采择欲谨，学问欲□□□□欲敦。……语之以晋楚之富而志不回，谈之以乔松之寿而行不易。（"晋楚之富""乔松之寿"皆是当时成语。前者见于《孟子》；后者见于《史记·李斯传》。）……上决是非于天文，其次定狐疑于世务。废兴有所据，转移有所守。……夫舜禹因盛而治世，孔子承衰而作功。圣人不空出，贤者不虚生。……久而不弊，劳而不废。（十二）

这是何等积极的人生观！所以他很沉痛的批评当时人的消极生活：

人不能怀仁行义，分别纤微，忖度天地，乃苦身劳形，入深山，求神仙，弃二亲，捐骨肉，绝五谷，废诗书，背天地之宝，求不死之道，非所以通世防非者也。（六）

又说：

夫播（弃也）布革，乱毛发，登高山，食木实；视之无优游之容，听之无仁义之辞；忽忽若狂痴，推之不往，引之不来；当世不蒙其功，后代不见其才；君倾而不扶，国危而不持；寂寞而无邻，寥廓而独寐：可谓避世，非谓怀道者也。（六）

陆贾所讥评，很可以供我们作中国思想史的材料。古代思想里本不少消极的思想，本不少出世的人生观。左派的思想家，如老子、杨朱，思想虽然透辟，而生活的态度却趋向消极，故左派的思想的末流容易走上颓废出世的路上去。不过当时国际的竞争激烈，志行坚强的人还不甘颓废，故孔子栖栖皇皇，知其不可而为之，故墨子摩顶放踵以利天下，遗风所被，还能维持一个积极有为的人世界。但战国晚期，颓废的人生观和出世求神仙的生活都成了时髦的风尚了。燕昭王和齐威、宣王都曾奖励求神仙的事（见《史记》二八）。《吕氏春秋》说：

当今之世，求有道之士，则于四海之内，山谷之中，僻远幽闲之所。（《谨听篇》）

又说：

单豹好术，离俗弃尘，不食谷实，不衣芮（絮）温，身处山林岩堀，以全其身。（《必己篇》）

这都是中国思想逐渐走入中古时期的征象。陆贾所讥评，正是这种出世的人生观。他是主张“圣人不空出，贤者不虚生”的，故他很严厉的批评这种懒惰不长进的人生观。他在政治上虽然稍稍倾向无为，但他的人生哲学却要人努力救世，“劳而不废”；正如孔子有时也梦想无为而治，他的实际生活却是“知其不可而为之”。

陆贾的思想很可以代表我所谓左倾的中派的遗风：思想尽管透辟，而生活仍要积极，这便是左倾的中派。他又批评当时的另一种风尚，也有史料的价值。他说：

> 夫世人不学诗书，行仁义，……乃论不验之语，学不然之事，图天地之形，说灾异之变，乖先王之法，异圣人之意，惑学者之心，移众人之志；指天画地，是非世事，动人以邪变，惊人以奇怪，听之者若神，观之者如异。……事不生于法度，道不本于天地，可言而不可行也，可听而不可传也，可□玩而不可大用也。（九）

这里形容的是当时谈阴阳灾异图谶的方士儒生。陆贾这样排斥迷信派，还不失为左倾的中派思想家。

陆贾的积极的人生观，到了吕后专政的时期（前一九四—前一八〇），也就无所用之。《史记》说：

> 孝惠帝时，吕太后用事，欲王诸吕，畏大臣有口者。陆生自度不能争之，乃病免家居。以好畤田地善，往家焉。有五男，乃出所使越得橐中装，卖千金，分其子，子二百金，令为生产。（汉制，每一金直千贯。）陆生常安车驷马，从歌舞鼓琴瑟侍者十人，宝剑直百金。谓其子曰："与汝约：过汝，汝给吾人马酒食，极欲十日而更。所死家得宝剑车骑侍从者。一岁中往来过他客，率不过再三过。数见不鲜，无久溷汝为也。"（《史记》九七，参用《汉书》四三。）

这是他自已韬晦的方法。然而他后来替陈平画策，交欢周勃，遂诛诸吕，迎立文帝，使那第二帝国危而复安，这还够得上他的"贤者不虚生"的人生哲学。

四、叔孙通（死约在前一八〇）

陆贾的同事之中，有一位叔孙通，也可以代表楚汉之间思想状态的一方面。司马迁作叔孙通的传（《史记》九九），完全用小说口吻，处处用尖刻的诙谐笔墨，把这位"汉家儒宗"描写的十分淋漓尽致。虽然历史文学里少见这样绝妙的艺术，我们用这种材料时却不可不稍稍存几分戒心，不可不明白这不过是司马迁心目中的叔孙通。

叔孙通是鲁国薛人，秦始皇时时以文学征为博士待诏。后来山东革命军起来了，二世皇帝召问博士儒生，诸生或说是造反，或说是盗匪，只有叔孙通说是一些“鼠窃狗盗，何足置之齿牙间”？二世大喜，特别赏赐他，拜为博士。散出之后，诸生怪他太会巴结了，他说：“您不知道。我几乎逃不出虎口！”于是他逃跑了，先投降项梁，后来跟着楚怀王；怀王倒了，他留在项羽手下，到汉二年（前二〇五）才投降汉王。他从秦始皇到汉高帝，曾服事过这么多的主子，所以后来鲁国儒生骂他：“公所事者且十主，皆面谀以得亲贵！”

司马迁这样形容他的圆滑手段：

> 叔孙通儒服，汉王憎之，乃变其服，服短衣楚制，汉王喜。
>
> 叔孙通之降汉，从儒生弟子百余人（这一点似乎不近事实罢？），然通无所言进，专言诸故群盗壮士进之。弟子皆窃骂。……叔孙通闻之，乃谓曰：“……诸生宁能斗乎？……诸生且待我，我不忘矣。”

汉王即皇帝位时（前二〇二），称号和礼仪都是叔孙通定的。刘邦虽然做了皇帝，他却感觉他那一班屠狗卖缯的老朋友不容易对付。

> 高帝悉去秦苛仪，法为简易。群臣饮酒争功，醉或妄呼，拔剑击柱。高帝患之。叔孙通知上益厌之也，说上曰：“夫儒者难与进取，可与守成。臣愿征鲁诸生与臣弟子共起朝仪。”
>
> 高帝曰：“得无难乎？”
>
> 叔孙通曰：“五帝异乐，三王不同礼。礼者，因时世人情为之节文者也。故夏殷周之礼所因损益可知者，谓不相复也。臣愿颇采古礼与秦仪，杂就之。”
>
> 上曰：“可试为之，令易知。度吾所能行为之。”

这一段谈话里也可以看出荀卿、韩非、李斯的影响。

> 于是叔孙通使征鲁诸生三十余人。鲁有两生不肯行，曰：“公所

事且十主，皆面谀以得亲贵。今天下初定，死者未葬，伤者未起，又欲起礼乐！礼乐所由起，积德百年而后可兴也。吾不忍为公所为，公所为不合古。公往矣，无污我。”

叔孙通笑曰：“若真鄙儒也，不知时变。”遂与所征三十人西，及上左右为学者，与其弟子百余人，为绵蕞（引绳为绵，立表为蕞，定表位标准），野外习之。

月余，叔孙通曰：“上可试观。”上即观，使行礼，曰：“吾能为此。”乃令群臣习肄。

《史记》记第一次行新朝仪，最有意味：

会十月，汉七年，长乐宫成，诸侯群臣皆朝十月。（此时以十月为岁首）

仪：先平明，谒者治礼（皆官名）引以次入殿门。廷中陈车骑步卒卫官，设兵（兵是兵器），张旗帜。传曰：“趋！”殿下郎中挟陛，陛数百人。功臣列侯诸将军军吏以次陈西方，东乡。文官丞侯以下陈东方，西乡。大行（官名）设九宾胪句传。（旧说，上传语告下为胪，下传语告上为句。）

于是皇帝辇出房，百官执职（帜？《汉书》作戟）传警。引诸侯王以下至吏六百石，以次奉贺。自诸侯王以下，莫不振恐肃敬。至礼毕，尽伏。（此依《汉书》。《史记》伏作复。）

置法酒，诸侍坐殿上，皆伏，抑首。以尊卑次起上寿。觞九行，谒者言，“罢酒！”御史执法，举不如仪者，辄引去。竟朝置酒，无敢欢哗失礼者。

于是高帝曰：“吾乃今日知为皇帝之贵也！”乃拜叔孙通为太常，赐金五百斤。叔孙通因进曰：“诸弟子儒生随臣久矣，与臣共为仪，愿陛下官之。”高帝悉以为郎。叔孙通出，皆以五百斤金赐诸生，诸生乃皆喜曰：“叔孙生诚圣人也，知当世之要务！”

这个定朝仪的故事是很有重大意义的。第一，这是儒生在汉帝国之下开始大批进用的历史。第二，这是那在马上得天下的帝国开始文治化的历史。第三，这是平民革命推翻秦国帝制之后又从头建立专制政体的历史。这三层都有莫大的历史意义。刘邦本是一个无赖，最看不起文士儒生，甚至于“诸客冠儒冠来者，沛公辄解其冠，溲溺其中，与人言常大骂”（《史记》九七）。叔孙通用他的圆滑委屈的手段，居然能巴结上那位无赖的皇帝，叫他心悦诚服的喊出来：“吾乃今日知为皇帝之贵也！”五年之后（前一九五），高帝征英布回来，过鲁，以太牢祠孔子。（《汉书》一，《史记》八不记此事。）这个以太牢祠孔子的皇帝，就是当年解儒冠溲溺其中的无赖。他如今明白了儒生的好处，也就彬彬有礼了，也就成了孔子的信徒了。司马迁评论叔孙通道：

> 叔孙通希世度务制礼，进退与时变化，卒为汉家儒宗。大直若诎，道固委蛇，盖谓是乎？

从马上搬到马下，从军政搬到文治，从一个溲溺儒冠的无赖变成一个孔子信徒，这固然是一大进步。然而叔孙通的成绩只够使功臣诸侯王伏席震恐，只够使刘邦知道做皇帝的尊严，这却算不得什么大成绩。叔孙通见惯了始皇和二世的殿陛威严，故他的把戏很可以震吓那一群屠狗卖缯的乡下流氓。然而这一群山东儒生眼见韩信、彭越等人具五刑，夷三族，眼见那位穷凶极恶的乡下老太婆——吕雉——把人当猪狗，他们毫不作一声，他们的圣贤教训丢在那儿去了！所谓“汉家儒宗”，他的绝大贡献不过能教汉高祖学秦始皇学的更像一点而已！

叔孙通做了太子太傅，后来孝惠帝即位，便请他定汉家宗庙仪法。惠帝不久就死了（前一八八），谥法上加个“孝”字，后来诸帝也都带个“孝”字，表示“以孝治天下”之意。这一个制度，史家虽没有明文，我们很可以归功于那位叔孙太常。这便是儒教成为国教的第一声。儒家讲孝道，本重在尊重先人之遗体，其中含有重视个人的意义，未可厚非。但自从汉朝儒生行出以孝治天下的国教，用来巴结那穷凶极恶的吕雉，叔孙通教惠帝“人主无过举”，惠帝见了那惨无人理的“人彘”，也只能说“此非人所为，臣为太后子，终不能治天下”而已。从此以后，专制帝主便成了民之父母，“人主无过举”，故后世便有“天下无不是的父母”的荒谬议论，于是双层的专制便永永不能摆脱了。

十九，三，廿六初稿成。

第四章
道　家

一、道家的来源与宗旨

战国晚年以后，中国思想多倾向于折衷混合，无论什么学派，都可以叫做“杂家”。总括起来，这时候有三个大思想集团，都可以称为“杂家”：

> 一、秦学，可用《吕氏春秋》和李斯作代表。
> 二、鲁学，即儒家。
> 三、齐学，即“黄老”之学，又叫做“道家”。

秦学已在前面详细说过了，鲁学在下文另有专篇，在本章里我要讨论齐学的道家。

秦学与齐学同是复合学派，同用自然主义的思想作中心，而其中颇有根本的不同。秦是一个得志的强国，有吞并天下的野心，故凡可以有为的人才，凡可以实行的思想，在秦国都有受欢迎的机会。故吕不韦、李斯的思想里很少玄想的成分，而很多实用的政论。秦学也侧重自然主义，也提倡无知无为的君道，而同时又特别反对偃兵，又特别提倡变法的哲学；他注重个人主义，提倡贵生重己，却还没有出世的意味；燕齐海上的阴阳家言已在混合之中了，但神仙方术之说还不见称述。（秦始皇统一之后，大信神仙之事，此是齐学的胜利。）故秦学还不失为一个有为的国家的政术，虽然称道无为，而韩非、李斯的成分很浓厚，故见于政治便成为秦帝国的急进政策。

齐学便不然。燕齐海上之士多空想，故迂怪大胆的议论往往出于其间。司马迁说：

> 齐带山海，膏壤千里，宜桑麻，人民多文彩布帛鱼盐。……其俗宽缓阔达而足智，好议论。（《史记》一二九）

齐民族的原始宗教有八神将：天主、地主、兵主、阴主、阳主、月主、日主、四时主（《史记》二八）。阴阳五德之说，神仙之说，都起于这个民族，毫不足奇怪。《封禅书》说：

> 蓬莱，方丈，瀛洲，此三神山者，其传在勃海中，去人不远。患且至，则船风引而去。盖尝有至者，诸仙人及不死之药皆在焉。其物禽兽尽白，而黄金银为宫阙。未至，望之如云；及到，三神山反居水下。临之，风辄引去，终莫能至云。世主莫不甘心焉。（《史记》二八）

《史记》记阴阳家和神仙方术的混合，很值得我们的注意。《封禅书》说：

> 自齐威、宣时，驺子之徒论著终始五德之运，……而宋毋忌，正伯侨，充尚（《汉书》二五作元尚），羡门子高最后，皆燕人，为方仙道，形解销化，依于鬼神之事。驺衍以阴阳主运显于诸侯，而燕齐海上之士传其术，不能通，然则（则字疑衍）怪迂阿谀苟合之徒自此兴，不可胜数也。

这个齐系的思想和别的思想一样有“托古改制”的必要。儒墨都称道尧舜，尧舜成了滥套，不足借重了，故后起的齐系思想用老子一系的哲学思想作底子，造出了无数半历史半神话的古人的伪书。其中最古最尊的便是那骑龙上天的仙人黄帝。他们讲神仙，必须归到清静寡欲，适性养神；他们讲治术，必须归到自然无为的天道。阴阳的运行，五行的终始，本是一种自然主义的宇宙论；但他们又注重机祥灾异，便已染上了墨教的色彩了。大概民间宗教迷信的影响太大，古代不甚自觉的自然主义抵抗不住民族迷信的势力，于是自然主义的阴阳五行遂和机祥灾异的阴阳五行混在一处了。又如清静适性也本是自然主义的人生观。但他们又去寻种种丹药和方术来求长生不死，形解尸化，这便不是自然主义的本意了。然而当日的学者却没有这种自觉，于是这些思想也就混成一家了。老子太简单了，不能用作混合学派的基础，故不能不抬出黄帝等人来；正如儒家孔子之外不能不有周公、尧、舜等人一样。于是这一个大混合的思想集团就叫做“黄老之学”。因为这一系思想都自附于那个自然变化的天道观念，故后来又叫做“道家”。

秦以前没有“道家”之名，“道家”只是指那战国末年以至秦汉之间新起来的黄老之学。汉朝学者也知道这个学派起来甚晚。《汉书・艺文志》道家有《黄帝四经》四篇、《黄帝铭》六篇、《黄帝君臣》六篇，原注云：

> 起六国时，与《老子》相似也。

又《杂黄帝》五十八篇，原注云：

> 六国时贤者所作。

又《力牧》二十二篇，原注云：

> 六国时所作，托之力牧。力牧，黄帝相。

司马迁也说：

百家言黄帝，其文不雅驯，荐绅先生难言之。(《史记》一)

《汉书·艺文志》很明白的说黄帝、力牧之书出于六国时。其实此派起于六国末年，成于秦汉之际。司马迁在《乐毅传》末说的最明白：

乐氏之族有乐瑕公，乐巨公(今本作乐臣公，《集解》与《索隐》皆云，臣一作巨。《汉书》三七“田叔传”作乐钜公，可证原本作巨，讹作臣。今改正)，赵且为秦所灭(在始皇十八九年，前二三九—前二三八)，亡之齐高密。乐巨公善修黄帝、老子之言，显闻于齐，称贤师。

太史公曰：……乐巨公学黄帝、老子，其本师号曰河上丈人，不知其所出。河上丈人教安期生，安期生教毛翕公，毛翕公教乐瑕公，乐瑕公教乐巨公，乐巨公教盖公。盖公教于齐高密、胶西，为曹相国师。

安期生在《封禅书》里称为“仙者”，大概河上丈人也是乌有先生一流的仙人。毛翕公以下，大概是黄老之学的初期大师。他们的地域不出于高密、胶西一带，时代不过秦始皇到汉高祖时，三四十年而已。在这时期里，热中的人便跑出去宣传“方仙道”，替秦始皇帝候星气，求神仙去了。一些冷淡的学者，亡国的遗民，如乐瑕、乐巨之流，他们不愿在新朝献媚求荣，便在高密、胶西一带编造古书，讲述黄帝、老子。这便是“黄老之学”的起原。

在秦始皇时代，齐学曾得着皇帝的宠用。齐人徐市(即徐福)说动了始皇，带了童男女数千人入海求仙。卢生、韩终、侯公、石生(皆燕齐之士)等都被派入海求神仙，求不死之药。但这一位皇帝是不容易服事的，他是要求实效的，“不验辄死”。后来徐市入海不返，韩终去不报，卢生、侯生也逃走了。始皇大怒，于是有坑杀术士儒生四百六十人的惨剧。不久天下又大乱了。大乱之后，直到汉武帝时，七八十年中，求神仙的风气因为没有热心的君主提倡，故稍稍衰歇。而齐学之中的黄老清静无为的思想却因为时势的需要，得着有力的提倡，成为西汉初期的“显学”。韩非在前三世纪中叶说“世之显学”，只举儒墨二家，其时齐学还不够称为显学。黄老之学成为显学，始于汉初，而第一个黄老学者受尊崇的，便是高密乐巨公的弟子胶西盖公。盖公是汉相国曹参的老师。（详见下节）

这一个学派本来只叫做“黄老之学”。“道家”之名不知起于何时。陈平晚年曾有“我多阴谋，是道家之所禁”的话（《史记》五六）。后来武帝初年有儒道争政权的一案，司马迁记此事，有云：

> 窦太后好黄老之言，而魏其、武安、赵绾、王臧等务隆推儒术，贬道家言。（《史记》一〇七）

这里上文说“黄老之言”，而下文说“道家言”，可见这两个名词是同义的了。

从秦始皇到汉武帝，这一百多年的道家学者可考见的，略如下表：

> 毛翕公
>
> 乐瑕公
>
> 乐巨公
>
> 田叔（学黄老术于乐巨公，至景帝时尚生存，见《汉书》三七本传。）
>
> 盖公（当前二〇〇尚生存）
>
> 曹参（前一九〇死）
>
> 陈平（《史记》传赞说他学黄老）
>
> 王生（见《张释之传》，“善为黄老言”，至景帝初年尚生存。《邹阳传》有“齐人王先生，年八十余，多奇计”，似同是一个人。）
>
> 黄生（景帝时，约当前二世纪中叶。）
>
> 邓章（凡晁错传之末，约当武帝时，“以修黄老言，显诸公间”。）
>
> 邻氏（有《老子经传》四篇）
>
> 傅氏（有《老子经说》三十七篇）
>
> 徐氏（字少季，临淮人，有《老子经说》六篇。以上三人时代不明，见《艺文志》。）
>
> 捷子（齐人，有《捷子》二篇，《艺文志》云，武帝时说。）
>
> 曹羽（有书二篇，《艺文志》云：“楚人，武帝时说于齐王。”）
>
> 郎中婴齐（有书十二篇，《艺文志》云，武帝时。）

司马谈（前一一〇死；“学道论于黄生”。）

汲黯（前一一二死；《史记》百二十说他“学黄老之言”。）

郑当时（约前一〇〇死；《史记》百二十说他“好黄老之言”。）

杨王孙（武帝时人，学黄老之术，家颇富，厚自奉养，实行“养生”的主义。后来他有病，先立遗嘱，说：“吾欲赢葬，以反吾真。死则为布囊盛尸，入地七尺，既下，从足引脱其囊，以身亲土。”他的朋友劝沮他，他说：“吾赢葬，将以矫世也。”《汉书》六七有传。据《西京杂记》，王孙名贵，京兆人。）

在秦始皇坑术士之后，汉武帝大求神仙丹药之前，这七八十年中的道家似乎经过了一番刷清作用，神仙迂怪之说退居不重要的地位，而清静无为的思想特别被尊崇，故这时期的道家思想差不多完全等于清静无为的政术。故曹参师事盖公，治齐治汉，都用黄老术，清静无为，以不扰民为主。故窦太后信黄老之言，而“孝景即位十六年，祠官各以岁时祠如故，无有所兴”（《史记》二八）。故汲黯“学黄老之言，治官理民好清静，择丞史而任之，其治责大指而已，不苛小。黯多病，卧闺阁内不出，岁余，东海大治，称之。上闻，召以为主爵都尉，列于九卿，治务在无为而已，弘大体，不拘文法。天子方招文学儒者，上曰，吾欲云云，黯对曰：‘陛下内多欲而外施仁义，奈何欲效唐虞之治乎？’”（《史记》百二十）这都是道家的政治思想，重在清静无为，重在不扰民，与民休息。

司马谈学天文于方士唐都，受《易》于杨何，习道论于黄生，可算是一个杂博的学者。他在建元、元封之间（前一四〇—前一一〇）做太史令，也不得不跟着一班方士儒生议祠后土，议泰畤坛（均见《史记》二八）。但他的《论六家之要指》（《史记》百三十）述道家的宗旨仍是这自然无为的治道。他说：

《易》“大传”曰，“天下一致而百虑，同归而殊涂。”夫阴阳儒墨名法道德，此务为治者也，直所从言之异路，有省不省耳。

他把一切学派的思想都看作“务为治”的政术，不过出发点有不同——“所从言之异路”——有省不省的分别，故主张也有不同。

他从这个论点观察各家，指出他们各有长处，也各有短处。只有道家是“无所不宜”的一种治道。他说：

道家使人精神专一，动合无形，赡足万物。其为术也，因阴阳之大顺，采儒墨之善，撮名法之要，与时迁移，应物变化，立俗施事，无所不宜。指约而易操，事少而功多。

这是说道家无所不包，无所不宜。他又说：

道家无为，又曰无不为。其实易行，其辞难知。其术以虚无为本，以因循为用。无成势，无常形，故能究万物之情。不为物先，不为物后，故能为万物主。有法无法，因时为业。有度无度，因物与合。故曰，圣人不朽，时变是守。

道家承认一个无为而无不为的天道，道是自然流动变迁的，故“无成势，无常形”。一切依着自然变迁的趋势，便是“因循”，便是守“时变”。时机未成熟，不能勉强，故“不为物先”。时机已成熟了，便须因时而动，故“不为物后”。在政治上的态度便是既不顽固，也不革命，只顺着时变走。这是道家的无为主义。无为并不是不做事，只是“不为物先”，只是“因时为业”。这便是《淮南王》所谓：

漠然无为而无不为也。澹然无治而无不治也。所谓无为者，不先物为也。所谓无不为者，因物之所为也。所谓无治者，不易自然也。所谓无不治者，因物之相然也。（《原道训》）

大凡无为的政治思想，本意只是说人君的聪明有限，本领有限，容易做错事情，倒不如装呆偷懒，少闹些乱子罢。（《吕氏春秋·任数篇》说：“耳目心智其所以知识甚阙，其所以闻见甚浅。”《君守篇》说：“有识则有不备矣，有事则有不恢矣。”）然而直说人君知识能力不够，究竟有点难为情，所以只好说：“您老人家的贵体非同小可，请您保养精神，少操点心罢。”司马谈也有这样一种养神保形的政术，他说：

> 儒者则不然，以为人主天下之仪表也，主倡而臣和，主先而臣随。如此，则主劳而臣逸。至于大道之要，去健羡，（健羡似是古时一种成语，有贪欲之意。《荀子·哀公篇》，孔子曰，无取健。杨倞注："健羡之人。"下文孔子曰，健，贪也。杨注："健羡之人多贪欲。"）黜聪明。释此而任术，夫神大用则竭，形大劳则敝。神形早衰，欲与天地长久，非所闻也。

他又说：

> 凡人所生者神也，所托者形也。神大用则竭，形大劳则敝，形神离则死。死者不可复生，离者不可复反，故圣人重之。由是观之，神者生之本也，形者生之具也。不先定其神，而曰"我有以治天下"，何由哉？

他这样反复叮咛，很像嘱付小孩子一样，在我们今日看了似乎好笑，但在当日为此说者自有一番苦心。道家主张无为，实含有虚君政治之意，慎到所谓"块不失道"，《吕氏春秋》所谓"无唱有和，无先有随；其所为少，其所因多；因者，君术也，为者，臣道也"，都是这个意思（看第二章）。司马谈也主张"无唱有和，无先有随"，故他反对儒家"主倡而臣和，主先而臣随"的治道论。但君主之权既已积重难返了，学者不敢明说限制君权，更不敢明说虚君，故只好说请人君保养精形，贵生而定神。人君能"精神专一"，则能"动合无形，赡足万物"了。这是他们不得已的说法。

试看司马迁记汲黯的事：

> 天子方招文学儒者，上曰吾欲云云，黯对曰："陛下内多欲而外施仁义，奈何欲效唐虞之治乎？"上默然怒，变色而罢朝。公卿皆为黯惧。上退，谓左右曰，"甚矣汲黯之戆也！"（《史记》百二十）

这样一句话便使皇帝气的变色而罢朝，使满朝公卿都震惧。怪不得那些和平的道家学者只好委婉的提出保养精神的论调了。

无为的政治思想是弱者的哲学，是无力的主张。根本的缺陷只在于没有办法，没有制裁的能力。他们说："你们知识不够，不如无知罢。你们不配有为，不如无为罢。"但是君主愚而偏好自用，他们有什么办法呢？不配有为而偏要有为，他们又有什么办法呢？他们只好说："您老人家歇歇罢，不要主劳而臣逸。"但是君主偏不肯歇，偏爱骚动形神，他们又有什么办法呢？

汉初七十年的政治，可算是有点无为的意味，也不能说是没有成效。但我们仔细想想，汉初的无为政治都是由君主丞相发动：孝惠的"垂拱"是因为他无权无能；吕后的"政不出房户"是因为她本来没有多大见识，又怕别人有为；曹参、窦太后的行黄老术都是强有力者的自动。等到汉武帝立志要有为，于是七十年的无为政治全推翻了。

二、七十年的道家政治

汉帝国的创立者都是平民。刘邦是个不事生产的无赖，萧何是个刀笔吏，樊哙是屠狗的，夏侯婴是个马夫，灌婴是个卖缯的，周勃是为人吹箫送丧的，彭越是打鱼的，黥布是个黥了面的囚徒，韩信是个"贫无行"的流氓。其中只有极少数的人，如张良、陈平，是受过教育的。这一群人起来参加革命，在几年之中，统一中国，建立了第二次的统一帝国。刘邦做了皇帝，这一群人都做了新朝的王侯将相。他们的妻妾也都成了新朝的贵妇人。刘邦的兄弟子侄也都封王建国。这一班乡下人统治之下的政治，确实有点可怕。彭越、韩信都死在一个残忍妇人之手。高祖死后，吕后当国，至十五年之久（前一九四—前一八〇），政治的污秽昏乱，人所共知。高帝在日，韩信曾冷笑自己竟同樊哙等为伍；高帝死后，樊哙和他的老婆吕媭便成了最有权势的人。吕后的一班兄弟诸侄都封王封侯。她的嬖幸审食其也封辟阳侯，拜左丞相，住在宫里，百官皆因而决事。右丞相陈平没有事可做，只能“日饮醇酒，戏妇女”。这样的做法，才能得吕后的欢心，才可避免吕媭的谗害（《史记》五六）。吕后的行为是最不人道的，她鸩杀的人，如赵王如意、赵王友、赵王恢等，不可胜计。她吃戚夫人的醋，“遂断戚夫人手足，去眼、煇耳，饮喑药，使居厕中，命曰‘人彘’。”（《史记》九）

在这样的黑暗时代，一班稍有头脑的人都感觉多一事不如少一事，有为不如无为，良法美制都无用处，不如少出主意，少生事端。只要能维持国内的太平，使人民可以休息，可以恢复十几年兵祸毁坏的生产力，这便是大幸事了。《汉书·食货志》说：

> 汉兴，接秦之敝，诸侯并起，民失作业而大饥馑，凡米石五千。（《史记·平准书》作“米至石万钱”。）人相食，死者过半。高祖乃令民得卖子就食蜀汉。天下既定，民亡盖藏，自天子不能具醇驷（四匹马一色），而将相或乘牛车。

经济的状况如此，也不是可以有为的时势。所以鲁国的儒生对叔孙通说：

> 今天下初定，死者未葬，伤者未起，又欲起礼乐！礼乐所由起，积德百年而后可兴也。吾不忍为公所为。

所以陆贾也主张无为的政治（见上章）。最奇怪的是当日的武将，“身被七十创，攻城略地功最多”的平阳侯曹参，也极力主张无为的政治。曹参和韩信平定了齐地，高祖把韩信调开了，封他的长子肥为齐王，用曹参做齐相国（前二〇二年）。曹参以战功第一的人，做韩信的继任者，他岂不明白高祖的用意？司马迁说：

> 参之相齐，齐七十城，天下初定，悼惠王富于春秋。参尽召长老诸生，问所以安集百姓如齐故俗。诸儒以百数，言人人殊，参未知所定。闻胶西有盖公，善治黄老言，使人厚币请之。既见盖公，

盖公为言治道贵清静而民自定，推此类具言之。

参于是避正堂，舍盖公焉。其治要用黄老术，故相齐九年（前二〇二—前一九三），齐国安集，大称贤相。

惠帝二年（前一九三）……参去，嘱其后相曰："以齐狱市为寄，慎勿扰也。"后相曰："治无大于此者乎？"参曰："不然。夫狱市者，所以并容也。今君扰之，奸人安所容也？吾是以先之。"（《史记》五四）

曹参在齐相国任内，行了九年的清静无为的政治，已有成效了，故他到了中央做相国，也抱定这个无为不扰民的主义。

参代萧何为汉相国，举事无所变更，一遵萧何约束。择郡国吏，木（《汉书》三九木字作"长大"二字，孟康说，年长大者）诎于文辞，谨厚长者，即召除为丞相史；吏言文刻深，欲务声名，辄斥去之。日夜饮醇酒。卿大夫以下吏及宾客，见参不事事，来者皆欲有言。至者，参辄饮以醇酒；间之，欲有所言，复饮之，醉而后去，终莫得开说。

相舍后园近吏舍。吏舍日饮歌呼，从吏恶之，无如之何，乃请参游园中，闻吏醉歌呼，从吏幸（希冀）相国召按之。乃反取酒张坐饮，亦歌呼与相应和。参见人之有细过，专掩匿覆盖之。府中无事。

惠帝看了曹参的行为，有点奇怪，叫他的儿子曹窋去规谏他。曹窋回去问他父亲为什么"日饮，无所请事"。曹参大怒，打了他二百下，说："天下事不是你应该说的！"第二天，惠帝只好老实说是他叫曹窋去说的，

参免冠谢，曰："陛下自察圣武孰与高帝？"

上曰："朕乃安敢望先帝乎？"

曰："陛下观臣能孰与萧何贤？"

上曰："君似不及也。"

参曰："陛下言之是也。高帝与萧何定天下，法令既明，今陛下垂拱，参等守职，遵而勿失，不亦可乎？"

惠帝曰："善，君休矣。"

这里明明说出他的无为政治的意义是："我们都不配有为，还是安分点，少做点罢。"其实惠帝自己在吕后的淫威之下，也只能"日饮为淫乐，不听政，故有病"（《史记》九），不久即短命而死，只有二十三岁。后来王陵作右丞相，因为反对诸吕封王的事，就做不成丞相了。陈平和审食其做左右丞相，陈平也只能喝酒玩妇人，然而还免不了谗害。

> 吕媭……数谗曰："陈平为相，非治事，日饮醇酒，戏妇女。"
>
> 陈平闻，日益甚。吕太后闻之，私独喜，面质吕媭于陈平曰："鄙语曰：'儿妇人口不可用。'顾君与我何如耳。无畏吕媭之谗也。"（《史记》五六）

吕太后听说陈平喝酒玩妇人不治事，为什么私心独欢喜呢？这就是说，当权的人不但自己不配有为，并且都不愿意谁有为。最庸碌的人如萧何，尚且时时受他的老朋友刘邦的猜忌。故萧何不能不"多买田地，贱贳贷，以自污"，高祖知道了便"大悦"。但萧何提议许百姓入上林空地去种田，高祖便大怒，把他"下廷尉，械系之！"（《史记》五三）吕后的喜，和她丈夫的大悦大怒，正是同一种心理作用，都是不愿人做有益的事功。这都是无为政治的背景。

但无为的政治却也有很好的效果。司马迁论曹参道：

> 参为汉相国，清静，极言合道。然百姓离秦之酷后，参与休息无为，故天下俱称其美矣。（《史记》五四）

他在《吕后本纪》的后面也说：

> 孝惠皇帝、高后之时，黎民得离战国之苦，君臣俱欲休息乎无为，故惠帝垂拱，高后女主称制，政不出房户，天下晏然，刑罚罕用，罪人是希，民务稼穑，衣食滋殖。（《史记》九）

班固《汉书·高后纪》的赞（《汉书》三），全抄此段；班固又在“食货志”里说：

> 孝惠、高后之间，衣食滋殖。（《汉书》二四）

可见当时的政治尽管龌龊，而“政不出房户”；人民便受惠不少。几十年的无为，有这样大成效：

> 至今上（武帝）即位数岁，汉兴七十余年（前二〇二—前一三〇》之间，国家无事，非遇水旱之灾，民则人给家足，都鄙廪庾皆满，而府库余货财。京师之钱累百巨万（万万为巨万），贯朽而不可校。太仓之粟陈陈相因，充溢露积于外，至腐败不可食。众庶街巷有马，阡陌之间成群，而乘字牝者摈而不得聚会。守闾阎者食粱肉，为吏者长子孙（吏不时时更换，至生长子孙而不转职），居官者以为姓号。故人人自爱而重犯法，先行义而后绌耻辱焉。（《史记》三十）

孝惠、吕后之时的无为政治，如曹参的尊重盖公，实行黄老的思想，便已是有意的试行无为主义了。孝文、孝景二帝的政治也都含有一点自觉的无为政策。史家虽不明说文帝是黄老信徒，但他在位二十三年，所行政策，如除肉刑，除父母妻子同产相坐律，减赋税，劝农桑，以及对南越及匈奴的和平政策，都像是有意的与民休息。他的皇后窦氏便是一个尊信黄老的妇人。她做了二十三年的皇后，十六年的皇太后，六年的太皇太后，先后共四十五年（前一七九—前一三五）。《史记》（四九）说：

> 窦太后好黄帝、老子言，帝（景帝）及太子（即武帝）诸窦不得不读黄帝、老子，尊其术。

窦后当文帝时，便因病把眼睛瞎了（《史记》四九）。故她的读老子、黄帝书应该在她早年。我们虽不知道文帝曾否受她影响，也不知道是否因文帝尊崇黄老而影响到她。但我们至少可以说，这位瞎眼太后是十分尊崇黄老哲学的，而她的权势足够影响汉家政治至几十年之久。当景帝时代，儒生辕固生说《老子》是“家人言”，得罪了窦太后，便被送到兽圈里去刺野猪（《史记》一二一）。武帝初年的赵绾、王臧的大狱，也是一件儒家与道家斗争的案子，值得史家的注意。《史记》说：

> 建元元年（前一四〇），……魏其侯（窦婴）为丞相，武安侯（田蚡）为太尉。……魏其、武安俱好儒术，推毂赵绾为御史大夫，王臧为郎中令，迎鲁申公，欲设明堂，令列侯就国，除关（除关门之税），以礼为服制，以兴太平。举谪诸窦宗室无节行者，除其属籍。

这是儒家、赵绾、王臧的变法政纲。

> 时诸外家为列侯，列侯多尚公主，皆不欲就国。以故，毁日至窦太后。太后好黄老之言，而魏其、武安、赵绾、王臧等务隆推儒术，贬道家言。是以窦太后滋不说魏其等。（《史记》一〇七）
>
> 二年（前一三九），御史大夫赵绾请毋奏事东宫。（《汉书·武帝纪》作“请毋奏事太皇太后”。）窦太后大怒曰：“此欲复为新垣平耶？”（以上用《汉书》五二）使人微伺得赵绾等奸利事，召案绾、臧，绾、臧自杀。诸所兴为皆废（以上用《史记》二八）。免丞相婴，太尉蚡。以许昌为丞相，庄青翟为御史大夫。（《汉书》五二）

《史记·万石君列传》也说：

> 建元二年，郎中令王臧以文学获罪。皇太后以为儒者文多质少，今万石君（石奋）家不言而躬行，乃以长子建为郎中令，少子庆为内史。（《史记》一一〇三）

这也是有意排斥儒生的一个例子。

但这位瞎眼的太皇太后不久就死了（前一三五）。七十年与民休息的政治，已造成了一个人给家足的中国，可以大有为了。于是武安侯田蚡为丞相，“绌黄老刑名百家之言，延文学儒者数百人，而公孙弘以《春秋》布衣为天子三公，封以平津侯。天下之学士靡然向风矣。”(《史记》一二一)

十九，三，卅一夜初稿成。

十九，四，一— 四，四，重写定。

第五章

淮南王书

一、淮南王和他的著书

淮南王刘安是汉高祖的私生子淮南厉王长的儿子。厉王在文帝时谋反，发觉后定了死罪，文帝不忍杀他，把他流徙到蜀郡严道邛邮安置。厉王坐在槛车里绝食而死。文帝封他的四个儿子为列侯，后来（前一六四）又封安为淮南王，勃为衡山王，赐为庐江王，分王厉王的旧封地。

刘安为淮南王凡四十二年（前一六四—前一二二）。他在武帝时，很受朝廷的优礼。但他不忘他父亲迁死的仇恨，群臣宾客又时时用此事激动他，故他时时想要造反。《史记》说：

> 淮南王安为人好读书鼓琴，不喜弋猎狗马驰骋；亦欲以行阴德拊循百姓，流誉天下。(《史记》百十八)

但他没有坚决的意志，不能决心举事，却被人告发了，汉廷穷治此案，

> 所连引与淮南王谋反列侯二千石豪杰数千人，皆以罪轻重受诛。……

淮南王安自到杀（前一二二），王后荼，太子迁，诸所与谋反者，皆族。……国除为九江郡。

同年，衡山王赐（衡山王勃已死，庐江王赐徙封衡山）也因被人告他谋反，自杀。国除为郡。

《汉书》（卷四四）说淮南王安

招致宾客方术之士数千人，作为《内书》二十一篇，《外书》甚众。又有《中篇》八卷，言神仙黄白之术，亦二十余万言。时武帝方好艺文，以安属为诸父，辩博善为文辞，甚尊重之；每为报书及赐，常召司马相如等视草（草稿），乃遣。初安入朝，献所作《内篇》新出，上爱秘之。使为《离骚》传，旦受诏，日食时上。又献颂德，及长安都国颂。每宴见，谈说得失及方技赋颂，昏莫然后罢。

据此可见淮南王是很能作文辞的，故他的书虽有宾客的帮助，我们不能说其书没有他自己的手笔。《汉书》说他入朝献书时，《内篇》新出。他入朝时田蚡方为太尉，则是建元元年至二年之间（前一四〇—前一三九）的事，故《内篇》之著作约在纪元前一四〇年。

《汉书·艺文志》杂家下收

《淮南·内》二十一篇

《淮南·外》三十三篇

《易》下收

《淮南道训》二篇

赋下收

《淮南王赋》八十二篇

《淮南王群臣赋》四十四篇

天文下收

《淮南杂子星》十九篇

现今所传只有《内书》二十一篇，其余各书都失传了。《汉书》(三六)说：

淮南有《枕中鸿宝苑秘书》，书言神仙使鬼物为金之术，及邹衍《重道延命方》，世人莫见。而更生(刘向原名)父德，武帝时治淮南狱，得其书。

这大概即是所谓《中篇》的一部分。《苑秘》也写作《万毕》，《史记·龟筴传》褚先生说：

臣为郎时，见《万毕石朱方》。

葛洪《神仙传》说：

汉淮南王……作《内书》二十二(?)篇，又《中篇》八章言神仙黄白之事，名为《鸿宝万毕》，三章论变化之道，凡十万言。

此处文理不甚明白，似是说八章之中有三章专论变化之道，而《中篇》全书有十万言。这十万言之书，现已失传了，近世有高邮茆泮林从《初学记》《艺文类聚》《太平御览》等书辑为《淮南万毕术》一卷，刻在《梅瑞轩十种古逸书》内。又有长沙叶德辉的辑本，刻在《观古堂所著书》内。

当日的淮南是南部的一个文化中心，各种方术之士都聚集在这里。在窦太后、景帝之下不得志的术士都跑来淮南。淮南王是一个多方面的文人，对于神仙变化之说似乎很热心提倡。王充在纪元后第一世纪中曾说：

淮南王……怀反逆之心，招会术人，欲为大事。伍被之属充满殿堂。作道术之书，发怪奇之文，合景乱首（一本作齐首，然仍不可懂，疑有误）八公之传，欲示神奇若得道之状。道终不成，效验不立，乃与伍被谋为反事。（《论衡·道虚篇》）

此说若确，淮南王的提倡神仙方术颇有假借此事号召革命之意。革命虽不成，然淮南王好神仙的名誉却流传很久远。他曾拊循百姓，颇得人心，故民间传说他不曾诛死，乃是得道升天去了。王充记载这传说如下：

儒书言淮南王学道，招会天下有道之人，倾一国之尊下道术之士，是以道术之士并会淮南，奇方异术莫不争出。王遂得道，举家升天，畜产皆仙，犬吠于天上，鸡鸣于云中。（同上）

这种神话的背景，参以《淮南万毕术》的残卷，可以使我们格外明了《淮南王书》的性质。《淮南王书》的《内书》已是洗刷的很干净的了，然而我们不要忘了此书是那《淮南枕中鸿宝苑秘》的伴侣书，不要忘了他是那许多神仙黄白方术之士的集团的产儿，不要忘了此书的总主纂便是民间传说里那得道升天鸡犬皆仙的刘安。

*

《淮南内书》二十篇，又有《要略》一篇是全书的自序。《要略》中说明各家学术的产生都有他的特殊的地理和时势做背景，例如

申子者，韩昭釐之佐。韩，晋别国也，地墽民险，而介于大国之间。晋国之故礼未灭，韩国之新法重出；先君之令未收，后君之令又下；新故相反，前后相缪，百官背乱不知所用。故刑名之书生焉。

从太公之阴谋，以至商鞅之法，都是如此的。但

> 若刘氏之书，观天地之象，通古今之事，权事而立制，度形而施宜，原道之心，合三王之风以储与扈冶。玄眇之中，精摇靡览（高诱注：楚人谓精进为精摇。靡小皆览之），弃其畛挈，斟其淑静（高注：楚人谓泽浊为畛挈），以统天下，理万物，应变化，通殊类；非循一迹之路，守一隅之指，拘系牵连于物而不与世推移也。

这是说淮南之书是一个大混合折衷的思想集团。这就是司马谈说的“道家”。“弃其畛挈，斟其淑静”便是司马谈说的“因阴阳之大顺，采儒墨之善，撮名法之要”。“权事而立制，度形而施宜”，“理万物，应变化”，“与世推移”，即是司马谈说的“与时迁移，应物变化，立俗施事，无所不宜”。（参看第四章）

《要略》又解释这大混合的意义如下：

> 夫江河之腐胔不可胜数，然祭者汲焉，大也。一杯白酒，蝇渍其中，匹夫弗尝者，小也。诚通乎二十篇之论，睹凡得要，以通九野（八方加中央为九野），径十门（八方加上下为十门），外天地，捭山川，其于逍遥一世之间，宰匠万物之形，亦优游矣。

所谓“大”，所谓“通”，便是这混合折衷运动的意义。明知道那江河里有不可胜数的腐胔，然而虔诚祭祀的人仍向江河里汲水，岂不是因为那长江大河的伟大水供里有给我们“斟其淑静”的余地吗？

《淮南王书》旧有许慎、高诱两家注本，许注本今已散失，高注本颇流行。通行本有《四部丛刊》影印影写北宋本，浙江书局翻庄逵吉校刊本；近年刘文典的《淮南鸿烈集解》（商务印书馆排印本）收罗清代学者的校注最完备，为最方便适用的本子。（我在本章引《淮南》，文字多依刘氏《集解》本；有刘氏所引诸家校勘不能从者，则我另加校注。）

《淮南王书》与《吕氏春秋》性质最相似，取材于吕书之处也最多。但淮南之书编制更精审，文字也更用气力，端的是后来居上了。又有《文子》一书，相传是老子的弟子所作，内容往往与《淮南王书》相同，故清代学者多用来校正《淮南》。但《文子》实是伪书，只可算是一种《淮南》节本，不过因为节钞还在前汉时代，故往往可供学者校勘之用。

二、论“道”

道家集古代思想的大成，而《淮南王书》又集道家的大成。道家兼收并蓄，但其中心思想终是那自然无为而无不为的“道”。《韩非子》有《解老》《喻老》两篇（不是韩非所作，大概出于西汉），也是道家的著作，其中《解老篇》说“道”的观念最明白，原文说：

> 道者，万物之所然也，万理之所稽也。理者，成物之文也。道者，万物之所以成也。故曰，道，理之者也。物有理不可以相薄。物有理不可以相薄，故理之为物之制。万物各异理，而道尽稽万物之理，故不得不化。不得不化，故无常操。无常操，故死生气禀焉，万智斟酌焉，万事废兴焉。……以为近乎，游于四极；以为远乎，常在吾侧。以为暗乎，其光昭昭；以为明乎，其物冥冥。而功成天地，和化雷霆。宇内之物，恃之以成。凡道之情，不制不形，柔弱随时，与理相应。

理是条理文理，故说理是“成物之文”，即是每一物成形之后的条理特性，即是《解老篇》下文说的“理者，方圆短长粗靡坚脆之分也”。物各有其特别条理，不可以相混乱，故可以求得各物的条理，制为通则，如水之就下，火之炎上，即是“理之为物之制”。但道家哲学假定“万物各异理，而道尽稽万物之理”；理是成物之文，而道是万物之所以成；故说“道，理之者也”，这就是说，道即是一切理之理。这是一个极大的假设。《解老篇》也不讳这只是一个假设，故下文说：

> 人希见生象也，而得死象之骨，案其图以想其生也。故诸人之所以意想者皆谓之“象”也。今道虽不可得闻见，圣人执其见功，以处（虚？）见其形，故曰“无状之状，无物之象”。

> 凡理者，方圆短长粗靡坚脆之分也。故理定而后可得道也。故定理有存亡，有死生，有盛衰。夫物之一存一亡，乍死乍生，初盛而后衰者，不可谓常。唯夫与天地之剖判也俱生，至天地之消散也不死不衰者，谓常。而常者无攸易，无定理。无定理，非在于常所，是以不可道也。圣人观其玄虚，用其周行，强字之曰“道”。然而（后？）可论。

这是明白承认“道”的观念不过是一个假设的解释。人见一块死象骨头而案图想像其全形，因为有图可案，故还可靠。地质学者得着古生物的一片骨头，而想像其全形，因为此生物久已绝种，无人曾见其全形，这便不能免错误了。然而这究竟还有块骨头作证据。哲学家见物物各有理，因而悬想一个“与天地俱生，至天地之消散也不死不衰”的道，这便是很大胆的假设，没有法子可以证实的了。至多只可以说“执其见功，以虚见其形”；或者说“观其玄虚，用其周行，强字之曰道，然后可论”。悬想一切理必有一个不死不衰而无定理的原理，勉强叫他做“道”，以便讨论而已。故道的观念只是一个极大胆的悬想，只是一个无从证实的假设。（参看《古代哲学史》第三篇，四。）

究竟一切物理之上是否必须假定一个道？这个问题，道家学者似乎都不曾细细想过。他们不但认定这个假设是必不可少的，并且相信这个假设是满意的，是真实的，故他们便大胆的咬定那个“无常操”而常存，“不得不化”而自身“无攸易”的道，便是“万物之所以成，万物之所以然，得之以死，得之以生，得之以败，得之以成”。

《淮南王书》的作者便这样默认了那“道”的假设，作为基本思想。全书开篇便武断的说：

> 夫道者，覆天载地，廓四方，柝八极，高不可际，深不可测，包裹天地，禀授无形；原流泉浡，冲而徐盈；混混滑滑，浊而徐清。故植之而塞于天地，横之而弥于四海，施之无穷而无所朝夕，舒之幎于六合，卷之不盈于一握。约而能张，幽而能明，弱而能强，柔

> 而能刚。横四维而含阴阳，纮宇宙而章三光。甚淖而滒，甚纤而微。山以之高，渊以之深，兽以之走，鸟以之飞，日月以之明，星历以之行。(《原道》；参看《庄子·大宗师篇》“夫道有情有信”一节，又《韩非子·解老篇》也有这样的一段。)

这便不但是把“道”看作实有的存在，并且明白规定了他的特性：一是无往而不在；一是万物所以成的原因，一是纤微至于无形，柔弱至于无为，而无不为，无不成。

道是无法证明的，只可以用比喻来形容他。世间有形像之物，只有水勉强可以比喻。《原道训》说：

> 天下之物，莫柔弱于水，然而大不可极，深不可测，修（淮南王父名长，故长字皆作修）极于无穷，远沦于无涯，息耗减益，通于不訾（不訾，无量也）。上天则为雨露，下地则为润泽。万物弗得不生，百事不得不成。大包群生而无好憎，泽及蚑蛲而不求报，富赡天下而不既，德施百姓而不费。行而不可得穷极也，微而不可得把握也。击之无创，刺之不伤，渐之不断，焚之不然。淖溺流遁，错缪相纷，而不可靡散。利贯金石，强济天下。……无所私而无所公，靡滥振荡，与天地鸿洞；无所左而无所右，蟠委错紾，与万物终始。是谓至德。

我们试用此段说“水”的文字和上文说“道”的一段相比较，便可以看出《淮南书》形容“道”的话都是譬喻的，有些话可以形容水，有些可以形容气，有些可以形容光。正如《解老篇》所谓“观其玄虚，用其周行，强字之曰道”。正如老子说的，

> 有物混成，先天地生，寂兮寥兮，独立而不改，周行而不殆，可以为天下母。吾不知其名，字之曰道，强为之名曰大。

老子和后来道家的大贡献在此，他们的大错也在此。他们的大贡献在于超出天地万物之外，别假设一个“独立而不改，周行而不殆”

的道，使中国思想从此可以脱离鬼神主宰的迷信思想。然而他们忘了这“道”的观念不过是一个假设，他们把自己的假设认作了有真实的存在，遂以为已寻得了宇宙万物的最后原理，“万物各异理，而道总稽万物之理”，有了这总稽万物之理的原理，便可以不必寻求那各个的理了。故道的观念在哲学史上有破除迷信的功用，而其结果也可以阻碍科学的发达。人人自谓知“道”，而不用求知物物之“理”，这是最大的害处。

况且他们又悬想出这个“道”有某种某种的特别德性，如“清静”“柔弱”“无为”“虚无”等等。这些德性还等不到证实，就被应用到人生观和政治观上去了！这些观念的本身意义还不曾弄清楚，却早已被一种似是而非的逻辑建立为人生哲学和政治思想的基本原则了。这也是早期的道家思想的最大害处。

即如上文说水的“至德”，下文便接着说：

> 夫水所以能成其至德于天下者，以其淖溺润滑也。故老聃之言曰：“天下至柔驰骋天下之至坚，出于无有，入于无间，吾是以知无为之有益。”……是故清静者，德之至也，而柔弱者，道之要也。

水所以能“利贯金石，强济天下”，并非因为水的柔弱无为，正因为水是一种勇猛的，继续不断的大力。高诱注说的好：

> 水流缺石，是其利（锋利）也。舟船所载无有重，是其强也。

这是柔弱清静吗？然而道家的哲学家却深信老子的话，以为水的譬喻真可以证明柔弱无为之有益了。

又如“虚无”也只是一种假设的德性，“有生于无”更是一个不曾证明的悬想。然而道家学者却一口咬定“无中生有”为真理了，从这上面想出一种“无中生有”的宇宙观来，又把这宇宙观应用到人生观上去，因而建立一种重虚无而轻实有的人生哲学。这种宇宙观在《淮南书》里说的最详细。《天文训》说：

天地未形，冯冯翼翼，洞洞灟灟，故曰太始（今本作太昭，从王念孙校改）。道始于虚廓，虚廓生宇宙（宇是空间，宙是时间），宇宙生气。气有涯垠，清阳者薄靡而为天，重浊者凝滞而为地。清妙之合专（抟）易，重浊之凝竭难，故天先成而地后定。天地之袭精（高注，袭，合也。精，气也）为阴阳，阴阳之专精为四时，四时之散为万物。……

《精神训》有一段稍稍不同的说法：

古未有天地之时，惟像无形。（这是说，那时只有象，而无形。惟字不误。后人不解此意，故高诱说："惟，思也。念天地未成形之时，无有形生。"俞樾又以为惟字是惘字之误。这都由于他们不讲"象"字之义。老子明说"无物之象"，是象在形先；有物然后有形，而无物不妨有象也。《易·系辞》说："在天成象，在地成形。"）窈窈冥冥，芒芠漠闵，澒蒙鸿洞，莫知其门。有二神（阴阳）混生，经天营地，孔乎莫知其所终极，滔乎莫知其所止息。

于是乃别为阴阳，离为八极，刚柔相成，万物乃形。烦气为虫，精气为人。……

但是说的比较最详细而有趣味的，要算《俶真训》：

有"始"者，有未始有"有始"者，有未始有夫"未始有有始"者。有"有"者，有"无"者，有未始有"有无"者，有未始有夫"未始有有无"者。（未始即是未尝，即是今日白话的"还没有"。）

这七个层次是原出于《庄子·齐物论》的，但《淮南书》把这七个层次都加上一个内容，作为一个宇宙观的间架。最初的时代是"未始有夫未始有有无"的时代，那时

天地未剖，阴阳未判，四时未分，万物未生，汪然平静，寂然清澄，莫见其形。

其次是那“未始有夫未始有有始”的时代，那时代

> 天含和而未降，地怀气而未扬，虚无寂寞，萧条霄窕，无有仿佛，气遂而大通冥冥者也。

这时代已有气了。接着便是那“未始有有无”的时代，那时还只有气：

> 包裹天地，陶冶万物，大通混冥！深闳广大，不可为外；析豪剖芒，不可为内；无环堵之宇，而生有无之根。

其次是那“未始有有始”的时代，那时

> 天气始下，地气始上。阴阳错合，相与优游竞畅于宇宙之间，被德含和，缤纷茏苁，欲与物接而未成兆朕。

这时代天地已判了，阴阳也已分了，而万物还未生。其次是那“有始”的时代，那时

> 繁愤未发，萌兆牙蘖，未有形埒垠堮，无无蠕蠕，将欲生兴而未成物类。

虽未成物类，而已有兆朕了，故说是“有始”。其次便是那“有有无”的时代了，那时

> 万物掺落：根茎枝叶，青葱苓茏，萑扈炫煌；蠉飞，蠕动，蚑行，哙息：可切循把握而有数量。

这是“有”。有之外，便是“无”：

> 视之不见其形，听之不闻其声，扪之不可得也，望之不可极也。储与扈冶，浩浩瀚瀚，不可隐仪揆度，而通光耀者。

“无”即是那浩浩瀚瀚，不可揆度，而可通光耀的空间。

这是道家的宇宙论。这个宇宙论的最大长处在于纯粹用自然演变的见解来说明宇宙万物的起源。一切全是万物的自己逐渐演化，自己如此，故说是“自然”。在这个自然演化的过程里，“莫见其为者而功既成矣”，正用不着什么有意志知识的上帝鬼神作主宰。这是中国古代思想的左派的最大特色。

然而这里面也用不着一个先天地生而可以为天下母的“道”。道即是路，古人用这“道”字本取其“周行”之义。严格说来，这个自然演变的历程才是道。道是这演变的历程的总名，而不是一个什么东西。老子以来，这一系的思想多误认“道”是一个什么东西，是《淮南》说的那“覆天载地，高不可际，深不可测，弱而能强，柔而能刚……”的东西。道既是一个什么，在一般人的心里便和“皇天”“上帝”没有多大分别了。道家哲人往往说“造化者”，其实严格的自然主义只能认一个“化”，而不能认有什么“造化者”。

这个自然演变的历程是个什么样子？天地万物是怎样自然演变出来的？这些问题都不容易解答。二千年来的科学家的努力还不曾给我们一个完全的答案。然而二千多年前的道家已断定这历程是“无中生有”的历程，“道始于虚廓，虚廓生宇宙”，“古未有天地之时，惟像无形”。这都是大胆的假设。其实他们所谓“虚廓”“无形”，在今日看来，不过是两种：一是那浩瀚的空间，一是那“甚淖而滒，甚纤而微”当时人的肉眼所不能见的物质。即使有形之物真是出于那些无形之物，这也不过是一个先后的次序，其中并没有什么优劣高下的分别。然而道家却把先后认作优劣高下的标准：有生于无，故无贵于有；有形生于无形，故无形贵于有形。《原道训》说：

> 夫无形者，物之大祖也。无音者，声之大宗也。其子为光，其孙为水，皆生于无形乎？夫光可见而不可握，水可循而不可毁，故有像之类，莫尊于水。出生入死，自无跖有；自无跖有（此句今本皆

作“自有跖无”，高诱所见本已如此，故注云：“自有形适无形，不能复得，道家所弃。”我以为依全文语气，此句当作“自无跖有”，后人不明其义，妄依《精神训》改其文，今校正。）而以衰贱矣。

如《俶真训》说：

若光耀之间（陈观楼云，间当依《庄子》作问。适按，在此地不改更通）于无有，退而自失也，曰，予能有无而未能无无也。及其为无无，至妙何从及此哉？（此文又见《庄子·知北游篇》）

无形为太祖，其子为光，其孙为水。光在有无之间，能有而无，不能无而无，已不是“至妙”了。水已有形可循，故又低一代。以下“自无跖有”，一代不如一代，“而以衰贱矣”。这种主观的推论遂造成崇虚无而轻实有的人生观，流毒无穷，其实全没有根据，又不合逻辑。即使无形是太祖而光与水真是子与孙，难道子必不如父吗，孙必不如祖吗？有什么客观的证据可以证明无形贵于有形呢？

三、无为与有为

道家哲学先建立一个“道”是一切理之理，并且明白规定“道”的特性是无形而无不在，无为而无不为。道家的学者从来不问问这些假设是否必要，也不问问这些假设是否可从成立。他们很坚决的认定这些话都是不待证明的原理了。他们就用这些原理作出发点，建设起他们的无为主义的人生观和政治思想来了。

无为主义只是把自然演变的宇宙论应用到人生和政治上去。《原道训》说：

万物固以自然，圣人又何事焉？

上半句是宇宙观，下半句就把这个宇宙自然的原理轻轻的应用到人生和政治上去了。从那“未始有夫未始有有无”的时代起，一直到天地万物的形成，都只是自然的演化，没有安排，也没有主宰。人生和政治又何尝不可听他自然变化呢？

> 是故圣人内修其本而不外饰其末，保其精神，偃其智故；漠然无为而无不为也，澹然无治而无不治也。所谓无为者，不先物为也。所谓无不为者，因物之所为也。所谓无治者，不易自然也。所谓无不治者，因物之相然也。（《原道训》）

道家承认万物都是“无动而不变，无时而不移”，守旧固不可能，革新也大可不必，只须跟着时变走就得了。这便是“不为物先”。万物各有自然的适应，尊重这自然的适应，不去勉强变换他，不扰动自然的趋势，便是“不易自然”，便是“因”。《原道训》说：

> 九疑之南，陆事寡而水事众，于是民人被发文身以像鳞虫，短绻不绔以便涉游，短袂攘卷以便刺舟，因之也。雁门之北，狄不谷食，贱长贵壮，各尚气力，人不弛弓，马不解勒，便之也。故禹之倮国，解衣而入，衣带而出，因之也。
>
> 今夫徙树者失其阴阳之性，则莫不枯槁。故橘树之江北则化而为枳，鸲鹆不过济，貈渡汶而死，形性不可易，势居不可移也。
>
> 是故达于道者反于清静，究于物者终于无为。

无为政治的意义是尊重外境的特殊情形，所谓“形性不可易，胜居不可移”的个别情形，以放任为政策，以“不易自然”为原则。《原道训》又说：

> 故达于道者不以人易天。

不以人易天，便是“不易自然”。

什么叫做“人”呢？什么叫做“天”呢？《原道训》说：

> 所谓“天”者，纯粹朴素，质直皓白，未始有与杂糅者也。所谓“人”者，偶䁟（䁟字今不见于字书，疑与“丛脞”之脞同音义。脞字从目，今从肉，非也。偶脞即上文杂糅之意）智故，曲巧伪诈，所以俯仰于世人而与俗交者也。故牛歧蹄而戴角，马被髦而全足者，天也。络马之口，穿牛之鼻者，人也。（《庄子·秋水篇》：“牛马四足是谓天，落马首，穿牛鼻，是谓人。”）

这是极端的自然主义。如果他们严格的主张这样的天人之别，那么，“不以人易天”竟是要回到最原始的状态，一切人造的文明都应该在被排斥之列了。（《庄子·马蹄篇》便是这样的主张。）他们也知道这种极端的自然主义是不能行的，故让一步说：

> 循天者，与道游者也。随人者，与俗交者也。

他们也知道生在人世不能不“俯仰于世人而与俗交”，故不能完全抹杀文化。然而这重天然而轻人功的思想究竟因道家的提倡而成为中古的重要思想，几千年中，工业美术都受其影响。反对“奇技淫巧”的喊声便是道家思想的一种表现。老子早已反对一切文化了，“虽有舟舆，无所用之；使民复结绳而用之”，岂但奇技淫巧吗？

《淮南书》承认不能不“与俗交”，故有《修务训》一篇，专说有为的必要。如云：

> 或曰：“无为者，寂然无声，漠然不动，引之不来，推之不往，如此者，乃得道之像。”吾以为不然。尝试问之矣。若夫神农尧舜禹汤，可谓圣人乎？……以五圣观之，则莫得无为明矣。……（以下历叙五圣的功业）……此五圣者，天下之盛主，劳形尽虑，为民兴利除害而不懈。……不耻身之贱而愧道之不行，不忧命之短而忧百姓之穷。……圣人忧民如此其明也，而称以无为，岂不悖哉？
>
> 且古之立帝王者，非以奉养其欲也；圣人践位者，非以逸乐其身也。为天下强掩弱，众暴寡，诈欺愚，勇侵怯，怀知而不以相救，

积财而不以相分，故立天子以齐一之。为一人聪明不足以遍照海内，故立三公以辅翼之。……盖闻传书曰，“神农憔悴，尧瘦臞，舜霉黑，禹胼胝。”由此观之，则圣人之忧劳百姓甚矣。故自天子以下至于庶人，四肢不动，思虑不用，事治求赡者，未之闻也。

这是很明白的有为主义了。但他们终不肯轻易放弃他们的无为论，故又说：

夫地势水东流，人必事焉，然后水潦得谷行。禾稼春生，人必加功焉，故五谷得遂长。听其自流，待其自生，则鲧、禹之功不立，而后稷之智不用。若吾所谓无为者，私志不得入公道，嗜欲不得枉正术，循理而举事，因资而立功，推自然之势，而曲故不得容者。故事成而身弗伐，功立而名弗有。非谓其“感而不应，攻而不动”者。

若夫以火熯井，以淮灌山。此用己而背自然，故谓之“有为”。若夫水之用舟，沙之用鸠，泥之用辒，山之用蔂，夏渎而冬陂，因高为山，因下为池，此非吾所谓“为之”。（此一节文字依王念孙校改）

依这种说法，《淮南书》所谓“无为”，并非“引之不来，推之不往”，只是慎到所谓“推而后行，曳而后往”；并非“感而不应，攻而不动”，只是“感而后应，攻而后动”。这便是司马谈所谓不为物先，又不为物后。《原道训》说：

时之反侧，间不容息，先之则太过，后之则不逮。夫日回而月周，时不与人游，故圣人不贵尺之璧而重寸之阴，时难得而易失也。

然而道家的哲学其实是很情愿落后。凡不为物先，便已是落后了。《原道训》说：

先唱者，穷之路也。后动者，达之原也。……先者难为知，而后者易为攻也。先者上高，则后者攀之。先者逾下，则后者蹙（同蹍，履也）之。先者隤陷，则后者以谋。先者败绩，则后者违之。由此观之，先者则后者之弓矢质的也。犹镎之与刃，刃犯难而镎无患者，何也？以其托于后位也。……

是故圣人守清道而抱雌节，因循应变，常后而不先。

这是很老实的自认不敢犯难冒险，情愿“托于后位”；前面的人上去了，我可以攀援上去；前面的人跌下坑了，我可以不上当；前面的人失败了，我可以学点乖。这真是“抱雌节”的人生观！老子所谓“守其雌”，正是此意。二千五百年的“雌”哲学，养成了一国的“雌”民族，岂是偶然的事吗？

凡“推而后行，曳而后往”“感而后应，攻而后动”，都是“常后而不先”。然而他们又要特别声明：

所谓“后”者，非谓其底滞而不发，凝竭（竭即结）而不流，贵其周于数而合于时也。（《原道训》）

这就是说，我们也不反对变动，只要等到万不得已的时候方才肯动。“先之则太过，后之则不逮”。虽然落后，只须不太落后，就得了！

这是无为与有为之间的一种调和论调。自然的宇宙论含有两种意义：一是纯粹自然的演变，而一切生物只能随顺自然；一是在自然演进的历程上，生物——尤其是人类——可以自动的适应变迁，甚至于促进变迁。庄子说的“无动而不变，无时而不移，何为乎？何不为乎？夫固将自化”，这便是完全崇拜自然的变化，故结论只有随顺自然，只有“因”。慎到等人也有此弊。荀子批评他们道：

庄子蔽于天而不知人。慎子蔽于法而不知贤。由天谓之，道尽因矣。由法谓之，道尽数矣。

因即是因任自然；数也是自然之数。荀子自己深信“天行有常，不为尧存，不为桀亡”，但他极力主张人治而“不求知天”：

大天而思之，孰与物畜而制裁之？

从天而颂之，孰与制天命而用之？
望时而待之，孰与应时而使之？
因物而多之，孰与骋能而化之？

这是何等伟大的征服自然的战歌！所以荀子明明是针对那崇拜自然的思想作战，明明的宣言："错人而思天，则失万物之情。"这个庄、荀之分，最可注意。左系思想到庄子而右倾，中系思想到荀卿而左倾更甚。荀卿门下出了韩非、李斯，充分容纳时代变迁的观念，同时又极力主张用人功变更法制以应付时变，于是向来的中系便成为极左派了。《淮南》颇因袭《吕氏春秋》，两书都显出荀卿、韩非的影响，故尽管高谈无为，而都不能不顾到这种人为主义与变法哲学。但从无为跳到积极有为的变法，这是很不可能的事，故不能不有一种调和的说法。故说不为物先，又不为物后；先之则太过，后之则不逮。变是要变的，但不可不先看看时机是否成熟。时机未成熟，却勉强要改革，便是"先之"，先之必须冒险犯难，这是"抱雌节"的哲学所不为的。别人冒了险，犯了难，造成了时势，时机已熟了，我来顺水推船，便"指约而易操，事少而功多"了。

但这种调和论终是很勉强的。他们一面要主张无为，一面又承认人功的必要，故把一切行得通的事都归到"无为"，只留那"用己而背自然"的事如"以火熯井"之类叫做"有为"。这不过是在名词上变把戏，终究遮不住两种不同的哲学的相违性。例如老子的理想国里，"虽有舟车，无所用之"，这是彻底的不以人易天。《庄子》书里的汉阴丈人反对用桔槔汲水(《天地篇》),《马蹄篇》反对用羁勒驾马，这也是彻底的不以人易天。《淮南书》便不同了。《修务训》里明说，水之用舟，泥之用辅等事，不算是有为，仍算是无为。用心思造舟楫，已是"用己"了；顺水行舟，还算是不易自然；逆水行船，用篙，用纤，这不是"用己而背自然"吗？如果撑船逆流，用篙用纤，都是无为，那么，用蒸汽机行驶轮船，用重于空气的机器行驶飞机，也都是无为了。究竟"自然"与"背自然"的界线画在那一点呢？

须知人类所以能生存，所以能创造文明，全靠能用“智故”改造自然，全靠能“用己而背自然”。“自然”是不容易认识的，只有用最精细的观察和试验，才可以窥见自然的秘密，发现自然的法则。往往有表面上像是“背自然”，而其实是“因任自然”。一块木片浮在水上是自然，造一只五百斤重的舢板船是因任自然，造一只两万吨的铁汽船也是因任自然。鸟用两翼飞行是自然，儿童放纸鸢是因任自然，轻气球是因任自然，用重于空气的机器驾驶载重万斤的飞船也是因任自然。自然是个最狡猾的妖魔，最不肯轻易现原形，最不肯轻易吐露真情。人类必须打的她现出原形来，必须拷的她吐出真情来，才可以用她的秘密来驾御她，才可以用她的法则来“因任”她。无为的懒人尽管说因任自然，其实只是崇拜自然，其实只是束手受自然的征服。荀卿高唱着：

> 大天而思之，孰与物畜而制裁之？
> 从天而颂之，孰与制天命而用之？

“大天”便是崇拜自然，“从天”便是不易自然。“物畜而制裁之，制天命而用之”便是用人的智力征服天行，以利人用，以厚人生。中国古代哲人发现自然的宇宙论最早，在思想解放上有绝大的功效。然而二千五百年的自然主义的哲学所以不能产生自然科学者，只因为崇拜自然太过，信“道”太笃，蔽于天而不知人，妄想无为而可以因任自然，排斥智故，不敢用己而背自然，终于不晓得自然是什么。

*

其实《淮南书》论自然演变很可以得一种积极有为的人生观与政治哲学。如《原道训》说：

> 木处榛巢，水居窟穴，禽兽有艽，人民有室。陆处宜牛马，舟行宜多水。匈奴出秽裘，干、越生葛絺。各生所急，以备燥湿，各因所处，以御寒暑。并得其宜，物便其所。

这是自然的适应环境。《修务训》说的更清楚：

> 夫天之所覆，地之所载，包于六合之内，托于宇宙之间，阴阳之所生，血气之精，含牙戴角，前爪后距，奋翼攫肆，蚑行蛲动之虫，喜而合，怒而斗，见利而就，避害而去，其情一也。虽其所好恶与人无以异，然其爪牙虽利，筋骨虽强，不免制于人者，知不能相通，才力不能相一也。各有其自然之势，无禀受于外，故力竭功沮。夫雁顺风而飞，以爱气力；衔芦而翔，以备矰弋。蚁知为垤，獾貉为曲穴，虎豹有茂草，野彘有艽莦，槎栉堀虚连比以像宫室，阴以防雨，晏（原作景，从王引之校改；《说文》，晏，天清也）以蔽日。此亦鸟兽之以所知（原作所以知）求合于其所利。

这两段说的都颇近于近世生物学者所谓适应环境的道理。这里面有三层涵义：第一，各种生物都有“见利而就，避害而去”的天性，生物学者叫做自卫的本能。第二，在种种不同的环境之下，某种生物若不能随外境变化，便不能应付外境的困难。所谓“各有其自然之势，无禀受于外，故力竭功沮”。自然之势是本能，禀受于外是外境影响某种生物而起的变化，即是适应新环境的能力。不能如此适应，便力竭功沮。第三，生物用他的本能，随外境而起形体机能上或生活状态上的变化，便是“以所知求合于其所利”。一切生物进化，都由于此。

这种见解是健全的，可以应用到人类进化的历史上，可以得一种很有现代性的进化论。如《泛论训》说：

> 古者民泽处复穴（《太平御览》一七四引注云：“凿崖岸之腹，以为密室。”据此，似原文“复”本作“腹”），冬日则不胜霜雪雾露，夏日则不胜暑热蚊虻。圣人乃作为之筑上构木，以为室屋，上栋下宇，以蔽风雨，以避寒暑，而百姓安之。
>
> 伯余之初作衣也，緂麻索缕，手经指挂，其成犹网罗。后世为之机杼胜复以便其用，而民得以掩形御寒。
>
> 古者剡耜而耕，摩蜃而耨，木钩而樵，抱甀而汲，民劳而利薄。

> 后世为之耒耜櫌锄，斧柯而樵，桔槔而汲，民逸而利民焉。
>
> 古者大川名谷冲绝道路，不通往来也，乃为窬木方版，以为舟航，故地势有无得相委输。
>
> 为靼跻而超千里，肩负儋之勤也，而作为之楺轮建舆，驾马服牛，民以致远而不劳。为鸷禽猛兽之害伤人而无以禁御也，而作为之铸金锻铁，以为兵刃，猛兽不能为害。
>
> 故民迫其难则求其便，困其患则造其备。人各以其所知，去其所害，就其所利。常故不可循，器械不可因也。

这是自动的适应环境，是一种积极有为的人生观。《泛论训》又说：

> 故忤而后合者，谓之知权。合而后忤者，谓之不知权。不知权者，善反丑矣。

忤是不适合。在新的环境之中，能以所知趋利避害，先忤而后合，这才是知权。本来适合的，环境变了，合的变成不合了，有利的变成有害了，这便是“合而后忤”。先合而后不合，便是不能适应那变迁的环境。必须要跟着外界的需要，自己变化，“各以其所知，去其所害，就其所利”，才可以生存，才可以胜利。

这样主张自动的适应环境，便成了一种积极有为的变法论，所以说“常故不可循，器械不可因”。这便不是《原道训》所说“不易自然”“因物之所为”所能包括的了。《原道训》是从庄周、慎到一系的思想出来的，故说的是一个“因”字。《修务》《泛论》诸篇却受了荀卿、韩非的影响很大，故发挥“常故不可循，器械不可因”的变法论。一切器械，一切法度，都必须跟着时变革新。《泛论训》说的最痛快：

> 先王之制，不宜则废之。末世之事，善则著之。是故礼乐未始有常也。故圣人制礼乐而不制于礼乐。治国有常，而利民为本；政教有经，而令行为上。苟利于民，不必法古；苟周于事，不必循旧。夫夏商之衰也，不变法而亡；三代之起也，不相袭而王。故圣人法

与时变，礼与俗化；衣服器械各便其用，法度制令各因其宜。故变古未足非，而循俗未足多也。……

古者人醇工庞；商朴女重，是以政教易化，风俗易移也。今世德益衰，民俗益薄，欲以朴重之法治既弊之民，是犹无镝衔策錣而御馯马也。

昔者神农无制令而民从，……逮至当今之世，忍询而轻辱，贪得而寡羞，欲以神农之道治之，则其乱必矣。……古之所以为治者，今之所以为乱也。……由此观之，法度者，所以论民俗而节缓急也。器械者，因时变而制宜适也。夫圣人作法而万民制焉，贤者立礼而不肖者拘焉。……

今夫图工好画鬼魅而憎图狗马者，何也？鬼魅不世出，而狗马可日见也。夫存危治乱，非智不能；而道先称古，虽愚有余。故不用之法，圣王弗行，不验之言，圣王弗听。

这全是韩非、李斯的变法哲学。“论民俗而节缓急，因时变而制宜适”，这岂是不用“智故”所能办到的吗？

《修务训》又极力提倡修学，立论最近于荀卿，和老子“绝学无忧”的主张也距离很远了。篇中有云：

世俗废衰而非学者多。〔曰〕，“人性各有所修短，若鱼之跃，若鹊之驳，此自然者，不可损益。”

吾以为不然。夫鱼者跃，鹊者驳也，犹人马之为人马，筋骨形体所受于天不可变。以此论之，则不类矣。夫马之为草驹之时，跳跃扬蹄，翘尾而走，人不能制，龁咋足以噆肌碎骨，蹶蹄足以破颅陷胸。及至圉人扰之，良御教之，掩以衡扼，连以辔衔，则虽历险超堑弗敢辞。故其形之为马，马不可化；其可驾御，教之所为也。马，聋虫也，而可以通气志，犹待教而成，又况人乎？

我们试用此论比较《庄子·马蹄篇》，便知汉代道家所受荀卿一派的影响之大了。《修务训》又说：

夫纯钩（原作钧，从王念孙校）、鱼肠（皆剑名）之始下型，击则不能断，刺则不能入。及加之砥砺，摩其锋锷，则水断龙舟，陆剸犀甲。明镜之始下型，蒙然未见形容。及其扢（摩也）以玄锡，摩以白旃，鬓眉微毫可得而察。夫学亦人之砥锡也。而谓学无益者，所以论之过。知者之所短，不若愚者之所修。贤者之所不足，不若众人之有余。何以知其然？夫宋画吴冶，刻刑镂法（刑同型，亦法也），乱修曲出，其为微妙，尧舜之圣不能及。蔡之幼女，卫之稚质，纂组奇彩，抑黑质，扬赤文（此从刘文典据《御览》三八一引之文，较今本可读），禹汤之智不能逮。……

今夫盲者，目不能别昼夜，分白黑，然而搏琴抚弦，参弹复徽，攫援摽拂，手若蔑蒙，不失一弦。使未尝鼓瑟者，虽有离朱之明，攫掇之捷，犹不能屈伸其指。何则？服习积贯之所致。

服习积贯，便是以人功改造自然，便是根本不承认“自然者不可损益”了。荀卿最重“习”与“积”两个观念;《淮南》论习学之益，很接近荀卿，但不明说“性恶”，只说服习积贯之能有成。性恶之说本是荀卿的偏见，道家注重自然，不能认人性是恶的。《修务训》说：

夫上不及尧舜，下不若商均，美不及西施，恶不若嫫母，此教训之所谕，而芳泽之所施也。……良马不待策錣而行，驽马虽两錣之不能进。为此不用策錣而御，则愚矣。

这已是承认上智与下愚之不可移，近于后世所谓性有三品之说了。

《要略篇》总论《修务训》云：

“修务”者，所以为人之于道未淹，味论未深，见其文辞，反之以清静为常，恬淡为本，则懈堕分学，纵欲适情，欲以偷自佚而塞于大道也。今夫狂者无忧，圣人亦无忧。圣人无忧，和以德也。狂者无忧，不知祸福也。故通而无为也，与塞而无为也同，其无为则同，其所以无为则异。故为之浮称流说其所以能听，所以使学者孳孳以自几也。

这就是说，清静无为是一种理想的境界，不是人人能到的。聪明睿智的人，天才与学力都到了很高的境界，有聪明而掩其聪明，有智故而不设智故，这样的人，

> 小大修短各有其具；万物之至，腾踊肴乱，而不失其数。漠然无为而无不为也。澹然无治而无不治也。(《原道训》)

这才是"通而无为"。至于一般的人们只可以努力修务，努力有为，方才可望有所成就。若普通的人也妄想无为，也高谈"不设智故""绝学无忧""无为而无不为"，那便是懒人的"塞而无为"，只成其为不可救药的懒鬼而已。

那么，我们对于道家的无为哲学，也可以用《修务训》的话来下批评：

> 所谓言者，齐于众而同于俗。今不称九天之顶，则言黄泉之底，是两端之末议，何可以公论乎？

理想的无为境界，只等于悬想九天之顶；而"以火熯井"一类的笨例又等于虚设黄泉之底。这都是两个极端的末议，何可以公论乎？

四、政治思想

《淮南书》的政治思想，虽然处处号称"无为"，其实很有许多精义，不是"无为"一个名词所能包括。约而言之，此书的政治思想有三个要义：一是虚君的法治，一是充分的用众智众力，一是变法而不拘守故常。

虚君的政治是无为主义的意义，我在前几章已屡次说过了。《主术训》说：

君人之道，其犹零星之尸也。俨然玄默，而吉祥受福。……是故重为惠，若重为暴，则治道通矣。（重为惠，是不轻于施恩惠。要不轻施惠，如不轻为暴一样。）

为惠者，尚布施也。无功而厚赏，无劳而高爵，则守职者懈于官而游居者亟于进矣。为暴者，妄诛也。无罪而死亡，行直而被刑，则修身者不劝善，而为邪者轻犯上矣。故为惠者生奸，而为暴者生乱。奸乱之俗，亡国之风。

是故明主之治，国有诛者而主无怨（原作怒，依下文改）焉，朝有赏者而君无与焉。诛者不怨君，罪之所当也。赏者不德上，功之所致也。……故太上，下知有之。

“尸”是祭祀时扮作受祭的人。他扮作祖宗的样子，俨然玄默，寂然无为，而受大众的祭祷。《诠言训》说此意更明白：

处尊位者如尸，守官者如祝宰。尸虽能剥狗烧彘，弗为也；弗能，无亏也。俎豆之列次，黍稷之先后，虽知，弗教也；弗能，无害也。不能祝者不可以为祝，无害于为尸。不能御者不可以为仆，无害于为左。（古时车上有三人，君在左，仆御在中，勇士在右。）故位愈尊而身愈佚，身愈大而事愈少。

尸的比喻，最可写出虚君的意义。虚君之政治，君主不但不轻于为暴，并且要不轻于施恩惠。必须能“重为惠，若重为暴”，然后可以做到慎到所谓“动静无过，未尝有罪”，立宪国家所谓君主不会做错事，即是此意。老子所谓“太上，下知有之”，也正如那扮作“尸”的祭主，受祭受福而已。

老子说无为，还没有想出一个可以实行的办法。后世始有法治之说起来，主张虚君的法治。《主术训》说：

夫权衡规矩，一定而不易，不为秦楚变节，不为胡越改容，常一而不邪，方行而不流，一日刑（型）之，万世传之，而以无为为之。……

法者，天下之度量，而人主之准绳也。……法定之后，中程者赏，缺绳者诛；尊贵者不轻其罚，而卑贱者不重其刑；犯法者虽贤必诛，中度者虽不肖必无罪，故公道通而私道塞矣。

古之置有司也，所以禁民使不得自恣也。其立君也，所以剬有司使无专行也。法籍礼义者，所以禁君使无擅断也。人莫得自恣而道胜，道胜而理达矣。故反于无为。无为者，非谓其凝滞而不动也，以言其莫从己出也。

有了这样纯粹客观的法制，贵贱贤不肖都受绝对平等的待遇，诛赏予夺皆依客观的标准，皆不从君心出，这才是“莫从己出”。莫从己出，故“诛者不怨君，而赏者不德上”，这才是“以无为为之”。

虚君的法治，意义如此。

无为的政治还有一个意义，就是说，君主的知识有限，能力有限，必须靠全国的耳目为耳目，靠全国的手足为手足。这便是“众智众力”的政治，颇含有民治的意味。《主术训》说：

汤武，圣主也，而不能与越人乘舲舟而浮于江湖。伊尹，贤相也，而不能与胡人骑骡马而服駒骖。孔墨博通，而不能与山居者入榛薄，出险阻也。由此观之，则人知之于物也浅矣。……故智不足以治天下也。

桀之力制觡伸钩，……然汤革车三百乘，困之鸣条，擒之焦门。由此观之，勇力不足以持天下矣。……

积力之所举，则无不胜也。众智之所为，则无不成也。埳井之无鼋鼍，隘也。园中之无修木，小也。夫举重鼎者，力少而不能胜也。及至其移徙之，不待其多力者。故千人之群无绝梁，万人之聚无废功。……

夫人主之听治也，清明而不暗，虚心而弱志，是故群臣辐凑并进，无愚智贤不肖，莫不尽其能。于是乃始陈其礼，建以为基。是乘众势以为车，御众智以为马，虽幽野险涂，则无由惑矣。……

乘众人之智，则天下不足有也。专用其心，则独身不能守也。……文王智而好问，故圣。武王勇而好问，故胜。夫乘众人之智则无不任也。用众人之力则无不胜也。千钧之重，乌获不能举也。众人相一，则百人有余力矣。

这些议论里很有民治主义的精神。《吕氏春秋》不主张民主政治的理由是因为治乱存亡“如可知，如不可知；如可见，如不可见”，群众人的知识必不如少数贤智之士。《淮南王书》出于百年之后，封建社会已完全崩溃了，屠狗卖缯的无赖都可以建国作将相了，故此书对于群众人的知识能力，比较有进一步的认识。群众人的势力可以推翻秦始皇的帝国，群众人是不可轻侮的。故此书中屡屡指出“积力之所举无不胜也，而众智之所为无不成也”一条很重要的原则。这便是民治主义的基本理论。况且人各有所长，各有所短；圣智之所不知，不如小儿女之所素习，所以说：

> 天下之物莫凶于奚毒（高注，乌头也。许慎注，附子也），然而良医橐而藏之，有所用也。是故林莽之材犹无可弃者，而况人乎？（《主术训》）

故此书又屡屡指出“无愚智贤不肖，莫不尽其能”的原则，这也是民治主义的一个基本理论。《主术训》说：

> 是故贤主之用人也，犹巧工之制木也。大者以为舟航柱梁，小者以为楫楔，修者以为榈榱，短者以为朱儒枅栌。无小大修短，各得其所宜，规矩方圆各有所施。……
>
> 今夫朝廷之所不举，乡曲之所不誉，非其人不肖也，其所以官之者非其职也。鹿之上山，獐不能跂也；及其下，牧竖能追之：才有所修短也。是故有大略者，不可责以捷巧；有小智者，不可任以大功。人有其才，物有其形；有任一而太重，或任百而尚轻。

这都是说明“无愚智贤不肖，莫不尽其能”的原则。民治的精神不在有无君主，而在能否使全国的人有各尽其能的平等机会。

民治的第三个基本要义是要尊重人民的舆论。《主术训》说：

> 人主者，以天下之目视，以天下之耳听，以天下之智虑，以天

> 下之力争。是故号令能下究，而臣情得上闻。……聪明光而不弊，法令察而不苛，耳目达而不暗。善否之情日陈于前而无所逆。是故贤者尽其智而不肖者竭其力。

“善否之情日陈于前而无所逆”，便是言论的自由。

民治主义的第四个要义是承认统治者与被治者是对等的，只有相互的报施，而没有绝对服从的义务。《主术训》说：

> 夫臣主之相与也，非有父子之厚，骨肉之亲也，而竭力殊死不辞其躯者，何也？势有使之然也。昔者豫让，中行文子之臣；智伯伐中行氏，并吞其地；豫让背其主而臣智伯。智伯与赵襄子战于晋阳之下，身死为戮，国分为三。豫让欲报赵襄子，漆身为厉，吞炭变音，擿齿易貌。夫以一人之心而事两主，或背而去，或欲身徇之，岂其趋舍厚薄之势异哉？人之恩泽使之然也。……夫风疾而波兴，木茂而鸟集，相生之气也。是故臣不得其所欲于君者，君亦不能得其所求于臣也。君臣之施者，相报之势也。……是故君不能赏无功之臣，臣亦不能死无德之君。君德不下流于民，而欲用之，如鞭蹄马矣。是犹不待雨而求稼，必不可之数也。

“相报”的关系即是孟轲说的“君之视民如土芥，则臣视君如寇仇”。这就是承认人民有反抗君主的权利，有革命的权利。

这是《淮南王书》的民治主义的思想。

道家承认“无动而不变，无时而不移”，故应该有“与时迁移，应物变化”的论调。不幸他们太看重了自然的变化，遂以为可以不用人功的促进，只要能跟上自然变化的趋势，就很够了，故有“常后而不先”的雌性哲学（说详上节论有为与无为）。但《淮南》之书出于韩非、李斯之后，终不能避免战国晚期变法论的影响，故《泛论》《修务》诸篇多有很明白主张变法的议论（引见上两节）。自然变迁固是事实，但人类的行为最容易习惯化，人类的制作最容易制度化。行为成了习惯，则不喜改革；创作成了制度，则不易变动。外境虽然变迁了，而人类的守旧性往往不能跟着时变走；跟不上时变，便不能适应外境，名为不为物后，其实早已落后了。故“与时推移，应物变化”的一个理想，决不是漠然无为所能做到，必须时时有自觉的改革，自觉的与时推移。故庄子的自然变化论必须有韩非、李斯的变法论相辅而行，方才可以无弊。《淮南·齐俗训》说：

> 夫以一世之变，欲以耦化应时，譬犹冬被葛而夏被裘。夫一仪（仪如今言“描准”）不可以百发，一衣不可以出岁；仪必应乎高下，衣必适乎寒暑。是故世异则事变，时移则俗异。故圣人论世而立法，随时而举事。尚古之王封于泰山禅于梁父七十余圣，法度不同，非务相反也，时世异也。是故不法其已成之法，而法其所以为法。所以为法者，与化推移者也。夫能与化推移，为人者至贵在焉尔。（王念孙不明此文之意，妄以“为人”二字为衍文，大误。）

“与化推移”全靠有“人”能明白时势已变换了，而又能制作以适应那变换的局面，才够得上称为“与化推移”。故下文又说：

> 五帝三王轻天下，细万物，齐死生，同变化，抱大圣之心以镜万物之情。……今欲学其道，不得其清明玄圣，而守其法籍宪令，不能为治，亦明矣。故曰，得十利剑不若得欧冶之巧，得百走马不若得伯乐之数。

这都是说“人”的重要。变化是自然的，而“与时推移，应物变化”却全靠人的努力。

《齐俗训》又说：

> 义者，循理而行宜也。礼者，体情而制文者也。义者，宜也。礼者，体也。昔有扈氏为义而亡，知义而不知宜也。鲁治礼而削，知礼而不知体也。……
>
> 世之明事者，多离道德之本，曰“礼义足以治天下”。此未可与言术也。所谓礼义者，五帝三王之法籍风俗，一世之迹也。譬若刍狗土龙之始成，文以青黄，绢以绮绣，缠以朱丝。尸祝袀袨（黑色衣），大夫端冕，以送迎之。（刍狗以谢过，土龙以求雨。）及其已用之后，则壤土草芥而已，夫有（又）孰贵之？

礼义法籍，各有当时之用，时过境迁，便如刍狗土龙用过之后，不过是一块土，一束草而已。此即是《泛论训》说的“圣人制礼乐而不制于礼乐。治国有常，而利民为本”。《主术训》也说：

法生于义，义生于众适，众适合于人心。此治之要也。

变法的哲学自然反对崇古的迷信，《修务训》说：

世俗之人多尊古而贱今，故为道者必托之于神农、黄帝而后能入说。乱世暗主高远其所从来，因而贵之。为学者蔽于论而尊其所闻，相与危坐而称之，正领而诵之。此见是非之分不明。……

楚人有烹猴而召其邻人，邻人以为狗羹也，而甘之。后闻其猴也，据地而吐之，尽写其所食。此未始知味者也。邯郸师有出新曲者，托之李奇，诸人皆争学之。后知其非也，而皆弃其曲。此未始知音者也。……故有符（符，验也）于中，则贵是而同今古。无以听其说，则所从来者远而贵之耳。

这里讥笑那些假托神农、黄帝的人和那些迷信假古董的人，最近于韩非、李斯的议论。《泛论训》说：

夫存亡治乱（亡者使之存，乱者使之治），非智不能；而道先称古，虽愚有余。故不用之法，圣王弗行；不验之言，圣王弗听。

这完全是韩非的口吻了。

*

《淮南》之书虽然这样攻击“道先称古”的恶习，却又时时自己犯这种毛病。道家本称“黄老之学”，而黄帝便是完全假托的。“修务训”明白嘲笑那些假托神农、黄帝的人，然而《淮南书》里几乎篇篇有太古圣王的奇迹，无一不是信口开河的假造古史。试举《俶真训》作例：

> 至德之世，甘瞑于溷澖之域，而徙倚于汗漫之宇。……当此之时，……浑浑苍苍，纯朴未散，旁薄为一，而万物大优。……
>
> 及世之衰也，至伏羲氏，……而知乃始，昧昧楙楙，皆欲离其童蒙之心，而觉视于天地之间，是故其德烦而不能一。
>
> 乃至神农、黄帝，剖判大宗，……枝解叶贯，万物百族，使各有经纪条贯。于此万民睢睢盱盱然，莫不竦身而载听视，是故治而不能和。
>
> 下栖迟至于昆吾、夏桀之世，嗜欲连于物，聪明诱于外，而性命失其得。……
>
> 夫世之所以丧性命，有衰渐以然，所由来者久矣。是故圣人之学也，欲以返性于初而游心于虚也；达人之学也，欲以通性于辽廓而觉于寂漠也。

这正是“尊古而贱今”，正是“道先称古”。道家认定一切有皆生于无，故先造为无中生有的宇宙论，以为无形贵于有形；又造为“有衰（等衰之衰）渐以然”的古史观，以为无知胜于有知，浑沌胜于文明，故今不如古，于是有“返性于初而游心于虚”的人生哲学了。其实是他们先有了这种懒惰消极的人生哲学，然后捏造一种古史观来作根据。这是古代学者文人的普通习惯，风气已成，人人信口开河，全不知道这是可耻的说诳了。

这样假造的上古史观，人名可以随便捏造，时代可以随便倒置，内容也不妨彼此矛盾冲突，决没有人去追求考证。学者试检《览冥训》说女娲、伏羲、黄帝、力牧一段，《本经训》说容成氏、尧、舜一段，《泛论训》说古圣制作的一段，《泛论训》说五圣制作的一段，和上文引的《俶真训》的一段，同是说古史，而全不相照应，最可以想见当日假造古事的虚妄风气，司马迁所谓“荐绅先生难言之”者，其实是荐绅先生所乐道而毫不以为耻的呵！

五、出世的思想

道家思想是齐学，受神仙出世之说和阴阳机祥之说的影响都很大。《淮南王书》中，这两种思想都占很重要的地位，我们现在分两节叙述他们。

《汉书·艺文志》有神仙十家，二百五卷：

《宓戏（伏羲）杂子道》二十篇
《上圣杂子道》二十六卷
《道要杂子》十八卷
《黄帝杂子步引》十二卷
《黄帝岐伯按摩》十卷
《黄帝杂子芝菌》十八卷
《黄帝杂子十九家方》二十一卷
《泰壹杂子十五家方》二十二卷
《神农杂子技道》二十三卷
《泰壹杂子黄冶》三十一卷

叙曰：

> 神仙者，所以保性命之真，而游求（疑当作求游）于其外者也。聊以荡意平心，同死生之域，而无怵惕于胸中。然而或者专以为务，则诞欺怪迂之文，弥以益多。非圣王之所以教也。孔子曰："索隐行怪，后世有述焉，吾不为之矣。"

这些书名可表现神仙家的书都是假托于伏羲、神农、黄帝、岐伯等人的；其方术有步引，按摩，服食芝菌，冶炼黄白，以及其他技道；而其要义在于"保性命之真（真即"天"，古真天同音同训，真即天然，而伪是人为），而求游于其外"。

淮南王最提倡道术，他的《内书》叫做"鸿烈"，而《中篇》叫做"鸿宝"，两书本是相辅翼的伴侣书，《鸿宝万毕》之书多说神仙黄白变化的方术，而《鸿烈》之书虽包罗天文、地形以及齐俗治国之道，然而主旨所在实是神仙出世的理论。《要略篇》总括《原道训》的主旨云：

> 欲一言而寤，则尊天而保真。欲再言而通，则贱物而贵身。欲参言而究，则外物而反情。

这样特别反复叮咛，可以想见著作的主旨所在。《要略》又总括《精神训》的要义云：

> "精神"者，所以原本人之所由生，而晓寤其形骸九窍取象与天合同，其血气与雷霆风雨比类，其喜怒与昼宵寒暑并明；审死生之分，别同异之迹，节动静之机，以反其性命之宗：所以使人爱养其精神，抚静其魂魄，不以物易己，而坚守虚无之宅者也。

这也正是神仙家的人生观。我们可用《原道》《精神》等篇作材料，看看那后来风靡中古时代的神仙出世的思想的大致。

《原道训》说：

> 大丈夫恬然无思，澹然无虑；以天为盖，以地为舆，四时为马，阴阳为御，乘云陵霄，与造化者俱；纵志舒节，以驰大区，可以步而步，可以骤而骤；令雨师洒道，使风伯扫尘，电以为鞭策，雷以为车轮；上游于霄雿之野，下出于无垠之门。

这里很明显的提出一个出世的理想。这种理想境界，在《淮南书》中有种种说法。如说：

> 圣人不以人滑（汩乱）天，不以欲乱情；不谋而当，不言而信，不虑而得，不为而成；精通于灵府，与造化者为人。（王念孙说：人者，偶也。"与造化者为人"，即上文"与造化者俱"之意。）（《原道训》）

如说：

得道者穷而不慑，达而不穷；……新而不朗，久而不渝；入火不焦，入水不濡。是故不待势而尊，不待财而富，不待力而强；平虚下流，与化翱翔。……是故不以康为乐，不以慊为悲，不以贵为安，不以贱为危。形神气志各居其宜，以随天地之所为。(《原道训》)

又如说：

是故圣人之学也，欲以返性于初而游心于虚也。达人之学也，欲以通性于辽廓而觉于寂漠也。……是故举世而誉之不加劝，举世而非之不加沮；定于死生之境，而通于荣辱之理；虽有炎火洪水弥靡于天下，神无亏缺于胸臆之中矣。若然者，视天下之间，犹飞羽浮芥也。孰肯分分然以物为事也？(《俶真训》)

又如说：

所谓真人者，性合于道也。故有而若无，实而若虚；处其一不知其二，治其内不识其外。明白太素，无为复璞，体本抱神，以游于天地之樊；芒然仿佯于尘垢之外，而消摇于无事之业。浩浩荡荡乎，机械智巧弗载于心。是故死生亦大矣，而不为变；虽天地覆育，亦不与之抮抱矣。……

若然者，亡肝胆，遗耳目；心志专于内，通达耦于一；居不知所为，行不知所之；浑然而往，逯然而来；形若槁木，心若死灰；忘其五藏，损其形骸。不学而知，不视而见，不为而成，不治而辩。感而应，迫而动，不得已而往；如光之耀，如景之放。……廓惝而虚，清靖而无思虑。大泽焚而不能热，河汉涸而不能寒也。……以死生为一化，以万物为一方，……体息于无委曲之隅，而游遨于无形埒之野。居而无容，处而无所；其动无形，其静无体；存而若亡，生而若死。出入无间，役使鬼神。……以不同形相嬗也，终始若环，莫得其伦。(此语出于《庄子》，但在此处似有变化易形之意义。)此精神之所以能登假（至）于道也。——是真人之所游也（此句依俞樾校改）。

> 若吹呴呼吸，吐故纳新，熊经鸟伸，凫浴猿躩，鸱视虎顾（此皆当时神仙家所行导引之术）是养形之人也，不以滑心。（《精神训》）

这都是出世的人生观的理想境界。“入火不焦，入水不濡”，“出入无间，役使鬼神”，更是承认此种真人可以有超自然的神力，并且能役使鬼神了。故此种境界，实是神仙家的理想境界。其中稍稍不同之点，只是神仙方术之士重在服食药物，导引形气，吐故纳新等等方术，期于长生久视，或形解尸化，以成仙人。此种方术皆是外功，所谓“养形之人也”。道家学者受此种思想的影响，而不满意于此种纯用外功的养形方术，故依附老庄的思想，演成一种内功的神仙家言。彼向外而此向内，彼养形而此养神，于是神仙的方术遂一跳而为神仙出世的哲学。

服食养形，冶炼黄金，按摩导引一类的神仙方术，虽然含有不少的幼稚迷信，然而其中事事都含有自然科学的种子，都可说是医学、生理学、物理学、化学、冶金学的祖宗。我们试翻《淮南万毕术》（茆泮林辑本）的残章断句，都可以想见此种方术之士确是在那里寻求自然界的秘密，搜集民间的经验知识，作物理的试探。此种向外的寻求，尽管幼稚荒谬，往往可以走上科学发明的道路。不但阿剌伯与欧洲的学术史可以证明比义，即论中国古来的一点医术药物学冶金术的知识，其中大部分何尝不是这班方术之士的遗赐？不幸这种向外的寻求一变而成为向内的冥想，幼稚的物理试探一变而为暮气的出世哲学，这才是走上万劫不复的死路上去了。试问“恬然无思，澹然无虑”，“不学而知，不为而成”，“形若槁木，心若死灰，忘其五藏，损其形骸”，“存而若亡，生而若死”——试问这种理想能带我们走到那里去？为什么不做活泼泼的人，却要歆羡那“存而若亡，生而若死”的槁木死灰境界？为什么不住这现实的人世界却要梦想“休息于无委曲之隅，而游遨于无形埒之野”，“上游于霄雿之野，下出于无垠之门”？

故这种暮气的出世哲学的完成，乃是中国民族的思想大踏步走入中古世界的信号。这时候印度的宗教还不曾开始征服中国，然而中国人已自己投入中古的暮气里去了。中国人已表示不愿做人而要做神仙了，不愿生活而愿意“存而若亡，生而若死”了！

*

这种哲学可叫做精神哲学，其主旨有二：在天地万物之中，则贱物而贵身；在一身之中，则贱形而贵神。凡恶动主静之学，厌世无生之论，都附属于这两点。

贵生重己之论，本是古代思想的一个重要贡献；杨朱之书虽不可考了，但我们在《吕氏春秋》里可以看见古代确曾有一种很健全的贵生重己的思想。神仙家到处访求芝菌丹药，研究导引养生之法，也可以算是贵生重己的一个方面。道家“贱物而贵身”的思想也可以说是从古代的贵生重己的个人主义变出来的，但越变越远了。《原道训》说：

> 天下之要不在于彼而在于我，不在于人而在于我身。身得则万物备矣。彻于心术之论，则嗜欲好憎外矣。是故无所喜而无所怒，无所乐而无所苦；万物玄同，无非无是；化育玄耀，生而如死。夫天下者亦吾有也，吾亦天下之有也，天下之与我岂有间哉？
>
> 夫有天下者，岂必摄权持势，操杀生之柄，而以行其号令耶？吾所谓有天下者，非谓此也，自得而已。自得，则天下亦得我矣。吾与天下相得，则常相有已，又焉有不得容其间者乎？所谓自得者，全其身者也。全其身则与道为一矣。
>
> 故虽游于江浔海裔，驰要褭（马名），建翠盖，目观掉羽武象之乐，耳听滔朗奇丽激抮之音，……射沼滨之高鸟，逐苑囿之走兽，此齐民之所以淫泆流湎，圣人处之不足以营其精神，乱其气志，使心怵然失其情性。
>
> 处穷僻之乡，侧溪谷之间，隐于榛薄之中；环堵之室，茨之以生茅；蓬户瓮牖，揉桑为枢；上漏下湿，……雪霜滾灖，……此齐民之所为形植黎黑而不得志也。圣人处之不为愁悴怨怼，而不失其所以自乐也。
>
> 是何也？则内有以通于天机，而不以贵贱贫富劳逸失其志德者也。故夫乌之哑哑，鹊之唶唶，岂尝为寒暑燥湿变其声哉？是故夫得道（疑脱“者”字）已定而不待万物之推移也，非以一时之变化而定吾所以自得也。

同篇又说：

> 吾所谓乐者，人得其得者也。夫得其得者，不以奢为乐，不以廉为悲。……圣人不以身役（《御览》引作“徇”）物，不以欲滑和，是故其为欢不忻忻，其为悲不惙惙，万方百变消摇而无所定，吾独慷慨遗物而与道同出。
>
> 是故有以自得之也，乔木之下，空穴之中，足以适情。无以自得之也，虽以天下为家，万民为臣妾，不足以养生也。能至于无乐者，则无不乐。无不乐则至乐极矣。

这是“贱物而贵身”的理想。我们试用这种思想和《吕氏春秋》的贵生重己的思想相比较，便可以看出中古所谓“贵身”已不是百年前所谓贵生重己了。《吕氏春秋》的“贵生”“尊生”“全生”，只是要人“六欲各得其宜”，“虽贵富，不以养伤身；虽贫贱，不以利累形”。故不欲不能全得其宜，便是“亏生”；六欲莫得其宜，而反得其所甚恶，便是“迫生”，迫生便不如死（看第二章）。这还是近人情的人生观。《淮南王书》的“贵身”却是教人排除“嗜欲好憎”，教人“无所喜而无所怒，无所乐而无所苦”：“能至于无乐者，则无不乐”。这才是“自得”。故《原道训》说：

> 喜怒者，道之邪也。忧乐者，德之失也。好憎者，心之过也。嗜欲者，性之累也。……故心不忧乐，德之至也。性（今本作通，依《御览》改）而不变，静之至也。嗜欲不载，虚之至也。无所好憎，平之至也。不与物散，粹之至也。能此五者，则通于神明。通于神明者，得其内者也。

故他们所谓“自得”，只是要“得其内”而不问外境是何等样子。无嗜欲，无好憎，故能“万方百变消摇而无所定，吾独慷慨遗物而与道同出”。他们说：

夫乌之哑哑，鹊之唶唶，岂尝为寒暑燥湿变其声哉？

他们所谓“通于神明”，原来不过希望“同于乌鹊”而已！其实乌鹊与其他鸟兽也不能没有嗜欲好憎喜怒，也不能不为寒暑燥湿改变其生活状态。《淮南书》不曾说吗？

含牙戴角，前爪后距，奋翼攫肆，蚑行蛲动之虫，喜而合，怒而斗，见利而就，避害而去，其情一也。（《修务训》）

故他们那种无所喜怒苦乐的理想境界，其实还够不上说“同于禽兽”，只是槁木而已，死灰而已。乌之哑哑，鹊之唶唶，比这强多啦！名为“贵身”，乃至不能下比乌鹊，只可自比于槁木死灰，岂非“非生人之行，而至死人之理”（《庄子》“天下篇”语）吗？

*

他们所谓“贵身”，其实是“贱身”，因为他们所贵的不是身的全体，只是他们所认为“精神”的部分；精神以外的部分都是不重要的。《精神训》说：

精神，天之有也。而骨骸者，地之有也。

又说：

精神者，所受于天也。而形体者，所禀于地也。

“精神”是什么呢？是一是二呢？这个问题似乎不曾引起多少人的注意。高诱注《淮南·精神训》说：

精者，人之气。神者，人之守也。

又《天文训》“天地之袭精为阴阳”，高注云：

精，气也。

又《精神训》云：

烦气为虫（高注，烦，乱也），精气为人。

此语是高注“精者人之气”的根据。精有微细之意，《庄子·秋水篇》所谓“精，小之微也”。古人相信人得天地之精气，故说精是人之气。《管子·内业篇》也说：“精也者，气之精者也。”班固《白虎通》的《情性》章说：

精神者何谓也？精者，静也，太阴施化之气也。象火之化任生也。神者，恍惚，太阴（今本作阳，此依徐乃昌翻元大德本）之气也。

神也是气。《大戴记·曾子天圆篇》说：“阳之精气曰神。”《礼记·聘义》郑玄注：“精神，亦谓精气也。”《诗·楚茨》郑笺：“言其精气谓之神，神者魂魄之气。”《越绝书·内传》说神是“主生气之精”。精与神同是气；气的精微的，叫做“精”；其中又好像有一种主宰制裁的能力，便叫做“神”。古人对于人身只有模糊混沌的知识，故用名词多不正确，多不耐分析。《淮南书》用“精神”，有时似一物，有时又似二物。如《精神训》首段用“精神”和“形体”对举，则精神似是一物。但《原道训》说：

形者，生之舍也；气者，生之充也；神者，生之制也。一失位，则二者伤矣。……故夫形者非其所安也而处之，则废；气不当其所充而用之，则泄；神非其所宜而行之，则昧。此三者不可不慎守也。

据此，则形与神之间还有第三者，叫做“气”。这气是不是“精”呢？平常说“精神”，是不是包括这“气”呢？总观《淮南》全书，“气”似乎可以分作两事：一面是血气之气，近于形体；一面是气志之气，稍近于精神，而不即是精神。试看《原道训》接着又说道：

> 今人之所以眭然能视，营然能听，形体能抗，而百节可屈伸，察能分白黑，视丑美，而知能别同异，明是非者，何也？气为之充而神为之使也？何以知其然也？凡人之志各有所在；而神有所系者，其行也足蹪趎坎，头抵植木，而不自知也；招之而不能见也，呼之而不能闻也。耳目非去之也，然而不能应者，神失其守也。故在于小则忘于大，在于中则忘于外，在于上则忘于下，在于左则忘于右。无所不充则无所不在。是故贵虚者，以豪末为宅也。
>
> 今夫狂者，……岂无形神气志哉？然而用之异也，失其所守之位，而离其外内之舍，……虽生与人钧，然而不免为人戮笑者，形神相失也。

气志有所在，即是“神有所系”；“神为之使”而必须“气为之充”。“在于小则忘于大，在于中则忘于外，无所不充则无所不在”。《俶真训》也说：

> 夫目察秋豪之末，耳不闻雷霆之音；耳调玉石之声，目不见太山之高。何则？小有所志而大有所忘也。

这样看来，精神虽是主使，而神之所注即是气志之所充。所以我们可以说，当时的人把精神确看作一种精气；因为有主使制裁的作用，故尊为“神”；因为无形体，故认为一种精气，故又称“精神”；精神之所系，也认作精气之所贯注，故叫做“气志”，也可称为“精”。《白虎通》说神是“太阴之气”，而精是“太阴施化之气”，同是一气，其本体是神，其施化之作用是精，合而言之，叫做“精神”。

因为认精神是一种精气，故神仙家有按摩导引之术，以为养气可以养神。玄学化的道家嫌此等方术为太粗，故说：

> 若吹呴呼吸，吐故纳新，熊经鸟伸，凫浴猿躩，鸱视虎顾，是养形之人也，不以滑心。

他们不满意于“养形”的神仙家，而主张要养神。养神之道只在排斥嗜欲，无所好憎。他们造出一种很武断的心理学作根据。

> 人生而静，天之性也。感而后动，性之害也。物至而神应，知之动也。知与物接，而好憎生焉。好憎成形，而知诱于外，不能反己，而天理灭矣。(《原道训》)

“人生而静”，开口便错。此等论断，全无事实的根据，并且和事实绝对相违反，全是主观成见的武断。然而此语因为混入了《礼记》的《乐记》，成为儒生的经典，二千年来不但无人指斥，并且成为理学的一个基本思想，岂非绝可怪异的事！以静为天性，自然要主静无欲了。《精神训》说的更彻底了：

> 五色乱目，使目不明；五声哗耳，使耳不聪；五味乱口，使口爽伤；趣舍滑心，使行飞扬：此四者，天下之所〔以〕养性（高注，性，生也）也，然皆人累也。故曰：嗜欲者，使人之气越；而好憎者，使人之心劳。弗疾去则志气日耗。夫人之所以不能终其寿命而中道夭于刑戮者，何也？以其生生之厚。夫惟能无以生为者，则所以得修（长）生也。

一切所以养生之具，都认为“人累”了；并且很明白的说得长生之道在于“无以生为”了。这都是出世的人生观。

他们以为这样排除一切“人累”，可以得长生，还可以知道过去未来。《精神训》说：

> 使耳目精明玄达而无诱慕，气志虚静恬愉而省嗜欲，五藏定宁充盈而不泄，精神内守形骸而不外越，则望于往世之前，而视于来事之后，犹未足为也。岂直祸福之间哉？

这是妄想作未卜先知的仙人了。此种前知的妄想，与上文所引

“入火不焦，入水不濡”“出入无间，役使鬼神”的梦想，都是这出世的人生观的理想境界。

这种人生观不想做人而妄想做“真人”；名为“贵身”，而其实是要谢绝“人累”而做到“无以生为”的境界。《精神训》说的最沉痛：

> 吾处于天下也，亦为一物矣。不识天下之以我备其物欤？且惟（虽）无我而物无不备者乎？……其生我也将以何益？其杀我也将以何损？

这是“贵身”呢？还是“贱身”呢？又说：

> 夫造化者既以我为坯矣，将无所违之矣。吾安知夫刺灸而欲生者之非惑也？又安知夫绞经而求死者之非福也？或者生乃徭役也，而死乃休息也？……
>
> 吾生也有七尺之形，吾死也有一棺之土。吾生之比于有形之类，犹吾死之沦于无形之中也。然则吾生也，物不以益众；吾死也，土不以加厚。吾又安知所喜憎利害〔于〕其间者乎？
>
> 夫造化者之攫援物也，譬犹陶人之埏埴也。其取之地而已为盆盎也，与其未离于地也无以异。其已成器而破碎漫澜而复归其故也，与其为盆盎也，亦无以异矣！

这样哀艳的文章，发挥一个最悲观的人生观，而出于一个安富尊荣的王者的书里，这是何等重要的时代象征！我们试回想几百年前的儒者教人“知其不可而为之”，教人“士不可以不弘毅，任重而道远”，教人“舜何人也，予何人也，有为者亦若是”；试回想不过一百年前的《吕氏春秋》“天下莫贵于生”的人生观——我们试一比较，便不能不感觉这一百年之中世界真大变了，中国真已深入中古时代了。

六、阴阳感应的宗教

《淮南·泛论训》有一段论宗教迷忌的起原，很有趣味，我们全钞在这里，作为本节的引论：

> 天下之怪物，圣人之所独见；利害之反覆，知者之所独明达也。同异嫌疑者，世俗之所眩惑也。夫见不可布于海内，闻不可明于百姓，是故因鬼神机祥而为之立禁，总形推类而为之变象。
>
> 何以知其然也？世俗言曰："飨大高者而彘为上牲"，"葬死人者裘不可以藏"，"相戏以刃者太祖軵（挤也）其肘"，"枕户橉而卧者鬼神蹠其首"。此皆不着于法令，而圣人之所不口传也。
>
> 夫"飨大高（高诱注，大高，祖也。一曰上帝）而彘为上牲"者，非彘能贤于野兽麋鹿也，而神明独飨之，何也？以为彘者家人所常畜而易得之物也，故因其便以尊之。"裘不可以藏"者，……世以为裘者难得贵贾（价）之物也，而可传于后世，无益于死者而足以养生，故因其资（用）以詟之。"相戏以刃，太祖軵其肘"者，夫以刃相戏，必为过失；过失相伤，其患必大；无涉血之仇争忿斗，而以小事自内于形戮，愚者所不知忌也，故因太祖以累其心。"枕户橉而卧，鬼神蹠其首"者，使鬼神能玄化，则不待户牖而行；若循虚出入，则亦无能履也。夫户牖者，风气之所从来，而风气者阴阳相捔者也，离（罹）者必病，故托鬼神以伸诫之也。
>
> 凡此之属，皆不可胜著于书策竹帛而藏于官府者也。（《韩非·难三》："法者，编著之图籍，设之于官府，而布之于百姓者也。"）故以机祥明之。为愚者之不知其害，乃借鬼神之威以声其教。所由来者远矣。而愚者以为机祥，而狠者以为非，唯有道者能通其志。

此一段把民间的宗教迷忌都解作有实用的意义，因为这些禁忌都不能成为法律的禁条，故只能"因鬼神机祥而为之立禁"。高诱注，"机祥：吉凶也。"《史记·五宗世家》集解引服虔云："机祥，求福也。"《广雅·释天》："机，祭也。"《汉书·赵王彭祖传》注："机祥，总谓鬼神之事。"《易·象传》曾有"以神道设教"的话，《泛论》之文便是"以神道设教"的理论。"愚者以为机祥"，便是迷信宗教；“狠者以为非”，便是反对迷信；“唯有道者能通其志”，便是承认迷忌都有实际的用处，而愿意假借鬼神机祥来维持此类民间禁忌。

道家自附于老子，老子提出一个自然的天道观念，本可以扫除不少的宗教迷信。但这个自然的天道论是很抽象的，一般人士未必能了解，故自然主义在人生哲学上只有命定论还能引起一部分人的注意，和一部分人的反抗。孔孟都是信命定论的，知“死生有命，富贵在天”，便不肯去求神媚灶了。墨子一派是拥护传统的天鬼宗教的，故极力反对有命之说，非命即是反对自然主义了。古代的宗教有三个主要成分：一是一个鉴临下民而赏善罚恶的天，一是无数能作威福的鬼神，一是天鬼与人之间有感应的关系，故福可求而祸可避，敬有益而暴有灾（用《墨子·非命上》的语意）。这个民间宗教，势力最大，决不是几个自然主义的哲学家所能完全扫灭。何况左倾的中系思想（儒家）从不敢明白反对他呢？何况右派的思想（墨家）又极力替他主持作战呢？何况又有君主的提倡，国家的尊崇呢？所以几百年之间，不但民间宗教迷信渐渐成为国教，并且连那左系的思想家也都不知不觉的宗教化了。老子变到庄子，天道已成了“造化者”了，宗教的意味已很浓厚了。战国晚年，老子之外，又跳出了个黄帝；黄帝是上海话所谓“垃圾马车”，什么荒谬的迷忌都可以向这里装塞进去。试看《汉书·艺文志》所收：

道家有黄帝书七十八篇。
阴阳家有《黄帝泰素》二十篇。
小说家有《黄帝说》四十篇。
兵家的“阴阳”类有《黄帝》十六篇。
天文有《黄帝杂子气》三十三篇。
历谱有《黄帝五家历》三十三卷。
五行有《黄帝阴阳》二十五卷，《黄帝诸子论阴阳》二十五卷。
杂占有《黄帝长柳占梦》十一卷。
医经有《黄帝内经》十八卷，《外经》三十九卷。
经方有《秦始黄帝扁鹊俞拊方》二十三卷。
房中有《黄帝三王养阳方》二十卷。
神仙有黄帝书四种，凡六十一卷。

黄帝一个人名下有十二类，四百二十四卷书，真可算是一部极大的垃圾马车了！这里画什么乌烟瘴气的迷忌都包罗在内，而神仙与阴阳最占大势力。神仙与阴阳都假托于黄帝，于是老子加上黄帝便等于自然主义加上神仙阴阳的宗教，这便是所谓“道家”。道家再一变，便成中古的道教了。

神仙出世的人生观使道家成为“非生人之行而至死人之理”的悲观宗教；阴阳机祥的迷信使道家放弃传统的自然主义的宇宙观，而成为机祥感应的迷忌的宗教。驺衍之学虽然上天下地，闳大不经，然而结果总归到“机祥制度”与“符应”，这便是一种迷忌的宗教。司马谈说“阴阳家之术，大祥而众忌讳，使人拘而多所畏”，也是指出这种宗教的迷忌性质。（我用“迷忌”一个名词来翻译近世人类学者所谓magic；“迷忌”的界说是“用某种物件，或行某种仪式，以图影响〔即感应〕自然界或超自然界的势力，以为自身或团体求福禳灾”。）《汉书·艺文志》也说阴阳家的流弊“牵于禁忌，泥于小数，合人事而任鬼神”，这更明显了。道家出于齐学，齐学之神仙阴阳都挂着黄帝的招牌，故号称黄老的道家吸收了阴阳家的许多禁忌思想，这是不可避免的。

我们须要知道，阴阳家的迷忌所以能在中国哲学思想发达之后风靡一世者，正因为阴阳家的学说颇能利用当日的哲学思想，表面上颇能挂出一面薄薄的自然主义的幌子，用阴阳五行等等自然界的势力来重新说明“感应”的道理。他们并不说那些幼稚的天鬼宗教了，他们竟可以说天是气，地是气，鬼神也是气，这岂不是自然主义的解释吗？《淮南·天文训》说：

> 虚廓生宇宙，宇宙生气，气有涯垠，清阳者薄靡而为天，重浊者凝滞而为地。……天地之袭精为阴阳，阴阳之专精为四时，四时之散精为万物。……

这样的说法，纯是自然主义的，纯是唯物的，岂不能令自然主义者点头赞同吗？好了！阴阳家又说，阴阳之气分为五行，阴阳相推，而五

行相生相胜，相为终始。这岂不也是纯粹自然的，唯物的吗？于是五德终始之说可以得哲学家的承认了。如《淮南·地形训》说的，

> 木胜土，土胜水，水胜火，火胜金，金胜木。（参看《吕氏春秋·应同篇》）

这岂不是常识和哲学都可以公认的吗？好了！阴阳家又说："我们现在可以来谈旧宗教里的'感应'了。感应并不是我在地下叩个头，就可以感动天上的上帝老头子。那是迷信，我们不要睬他。我们现在要谈谈科学的感应论！也可以说是哲学的感应论！你爱听吗？"你当然爱听了。这种半科学半哲学的感应论，叫做"气类相感论"。如《吕氏春秋·应同篇》说：

> 类固相召：气同则合，声比则应。鼓宫而宫动，鼓角而角动。平地注水，水流湿；均薪施火，火就燥。

这种新感应论，秦学的《吕氏春秋》已连同五德终始之说接受了。齐鲁的儒家道家也都接受了。《淮南王书》中的《天文》《地形》《时则》（即《月令》）、《览冥》《人间》《泰族》诸篇，都充分承认了这种感应论，作为一个基本原则。《天文训》说：

> 物类相动，本标相应。故阳燧见日则燃而为火，方诸见月则津而为水。（高注："阳燧，金也。取金杯无缘者，熟摩令热，日中时以当日下，以艾承之，则燃得火也。方诸，阴燧，大蛤也。熟摩令热，月盛时以向月下，以铜盘受之，下水数滴。先师说然也。"）虎啸而谷风至，龙举而景云属，麒麟斗而日月食，鲸鱼死而彗星出，蚕咡丝而商弦绝，贲星坠而勃海决。人主之情上通于天，故诛暴则多飘风，法苛则多虫螟，杀不辜则国赤地，令不收则多淫雨。

《览冥训》说：

> 夫物类之相应，玄妙深微，知不能论，辩不能解。故东风至而

> 酒淇溢，蚕咡丝而商弦绝，或感之也。画随灰而月运阙，鲸鱼死而彗星出，或动之也。故……君臣乖心，则背谲见于天，神气相应征矣。……夫燧取火于日，方诸取露于月。天地之间，巧历不能举其数，手征忽恍不能览其光，然以掌握之中，引类于太极之上，而水火可立致者，阴阳同气相动也。

《泰族训》说：

> 夫湿之至也，莫见其形，而炭已重矣。风之至也，莫见其象，而木已动矣。……故天之且风，草木未动，而鸟已翔矣；其且雨也，阴曀未集，而鱼已噞矣。以阴阳之气相动也。故寒暑燥湿，以类相从；声响疾徐，以音相应也。……圣人者，怀天心，声然能动化天下者也。故精诚感于内，形气动于天，则景星见，黄龙下，祥凤至，醴泉出，嘉谷生，河不满溢，海不溶（动）波。故《诗》云："怀柔百神，及河峤岳。"逆天暴物，则日月薄蚀，五星失行，四时干乖，昼冥宵光，山崩川涸，冬雷夏霜。《诗》曰："正月繁霜，我心忧伤。"
>
> 天之与人，有以相通也。故国危亡而天文变，世惑乱而虹蜺见，万物有以相连，精祲有以相荡也。

以上引的都是《淮南书》里的气类相感说。在表面上看去，这种新感应论全是根据在一个自然界的通则之上，与初民迷信的感应论大不相同了。人受天地的精气，人的精神也是一种精气，物类能以阴阳同气相感动，人与天地也能以阴阳同气相感召。在这个"像煞有介事"的通则之上，遂建立起天人感应的宗教。这本是阴阳家的根本理论，却渐渐成为道家与儒教公认的原则，成为中国的中古宗教的基本教条。在这一层薄薄的自然主义的理论幌子之下，古代民间的感应宗教便得着哲学的承认而公然大活动，不久便成为国教了。《览冥训》说：

> 昔者师旷奏"白雪"之音，而神物为之下降，风雨暴至，平公癃病，晋国赤地。庶女（齐国的寡妇）叫天，而雷电下击景公台陨，

> 支体伤折，海水大出。夫瞽师庶女，位贱尚枲，权轻飞羽，然而专精厉意，委务积神，上通九天，激厉至精。由此观之，上天之诛也，虽在圹虚幽闲，辽远隐匿，重袭石室，界障险阻，其无所逃之亦明矣。
>
> 武王伐纣，渡于孟津，阳侯之波逆流而击，疾风晦冥，人马不相见。于是武王左操黄钺，右秉白旄，瞋目而㧑之曰："余任天下，谁敢害吾意者！"于是风济（霁）而波罢。鲁阳公与韩构难，战酣日暮，援戈而㧑之，日为之反三舍。夫全性保真，不亏其身，遭急迫难，精通于天，若乃未始出其宗者，何为而不成？

终日谈"自然"，而忽然说鲁阳公援戈㧑日，可以使"日为反三舍"！而又相信"全性保真，不亏其身"的真人也可以有超越自然的神通，"何为而不成"！于是我们可以说，古代左系的思想到此完全右倾了，自然主义的哲学到此完全成了妄想超越自然的道教了。

*

道家是一个杂家，吸收的成分太多，"因阴阳之大顺，采儒墨之善，撮名法之要"，遂成了一部垃圾马车；垃圾堆积的太高了，遂把自己的中心思想自然主义的宇宙观埋没了。直到二百年后伟大的王充出来，自然主义才得从那阴阳灾异符瑞感应的垃圾堆里被爬梳出来，刷清整理，成为中古思想界的唯一炬光。

十九，四，十六写起；十九，四，三十写完，计费半个月。

廿年，三，十，改定第（二）（三）节。

第六章

统一帝国的宗教

一、统一以前的民族宗教

在秦始皇统一中国以前，各国各有他们的宗教习惯，散见于古记载之中。古人所谓“天子祀上帝，诸侯祀先王先公”(《国语》四)；所谓“天子祭天下名山大川，诸侯祭其疆内名山大川”(《史记·封禅书》)，都暗示那地方性的宗教。战国时代的中国只剩得几个大国了，跨地既大，吸收的人民既杂，各地的宗教迷信也渐渐趋于混合杂糅。但各地民族的主要宗教仍有很明显的地方个性，很容易辨别。如西部的秦民族，东部的齐民族，南部的楚吴越诸民族，皆各有特殊的宗教习惯。南部楚民族的宗教习惯，如《楚辞》所记，便与北方民族的宗教大不相同。如《九歌》说：

> 蕙蒸肴兮兰藉，奠桂酒兮椒浆。
> 扬枹兮拊鼓，疏后节兮安歌，陈竽瑟兮浩倡。
> 灵（灵巫）偃蹇兮姣服，芳菲菲兮满堂。
> 五音纷兮繁会，君欣欣兮乐康！

又说：

浴兰汤兮沐芳华，采衣兮若英。
灵连蜷兮既留，烂昭昭兮未央。

又说：

成礼兮会鼓，
传芭兮代舞，
姱女倡兮容与。
春兰兮秋菊，长无绝兮终古！

这样的宗教仪节，清洁优美，有美人香草的风趣而无牛羊血腥的牺牲，自是一种特殊的民族宗教。

秦民族本是西戎民族，故他们的宗教也和中国不同。他们来自西方，

自以为主少皞之神，作西畤，祠白帝，其牲用骝驹、黄牛、羝羊各一云。(《史记》二八，以下参用《汉书》二五。)

沈钦韩说："《周礼》正祭皆无用马牲之事。……古礼仅用之沉辜祈禳。……至匈奴杀马以祭天，戎狄皆然。《魏书·礼志》：'神尊者以马，次以牛。'……然则秦乃循西戎之俗也。"(王先谦《汉书补注》引。)秦民族本是游猎的民族，故非子以养马得封地。秦文公徙居非子故地，在汧渭之间。

文公梦黄蛇自天下属地，其口止于鄜衍。文公问史敦，敦曰："此上帝之征，君其祠之。"于是作鄜畤，用三牲，郊祭白帝焉。

这可见他们的上帝观念是很幼稚的。最有趣的是他们的"陈宝"的祭祀：

> 作鄜畤后九年（依《史记·十二诸侯年表》，是前七四七），文公获若石云（若石是一块像石头的物事；旧注云："质如石，似肝。"），于陈仓北阪城祠之。其神或岁不至，或岁数来，来也常以夜，光辉若流星，从东南来，集于祠城，则若雄鸡，其声殷殷云，野鸡夜雊。（《汉书》二五注："陈宝若来而有声，则野鸡皆鸣以应之。"）以一牢祠之，名曰"陈宝"，作陈宝祠。

陈宝祠的崇拜，历秦汉而不衰，其来源只是一种很幼稚的拜物教。

> 后七十一年（前六七六），秦德公立，卜居雍，子孙饮马于河，遂都雍。雍之诸祠自此兴。用三百牢于鄜畤，作伏祠，磔狗邑四门，以御蛊灾。
>
> 后四年（前六七二），秦宣公作密畤于渭南，祭青帝。…
>
> 自秦宣公作密畤后二百五十年（前四二二），而秦灵公于吴阳作上畤，祭黄帝；作下畤，祭炎帝。

于是"五帝"有了四帝了。又过了二百多年，汉高祖二次入关（前二〇五），

> 问：故秦时上帝祠何帝也？对曰："四帝，有白、青、黄、赤帝之称。"高祖曰："吾闻天有五帝，而四何也？"莫知其说。于是高祖曰："吾知之矣。乃待我而具五也。"乃立黑帝祠，名曰北畤，有司进祠，上不亲往。

五帝之祠，起于秦民族的多神教。起初只有白帝，大概是他们的部落的尊神。青帝之立，大概是为秦民族以外的民族设一尊神，以别于他们自己的白帝。以后同化日久，这个部落尊神的本意渐渐失掉了，又受了那半神话的古史传说的影响，于是添上了黄帝、炎帝两个。到了前三世纪与二世纪之间，东方的五德终始说已很有势力，于是秦始皇自命为"得水德，色尚黑"，俨然自居于"黑帝"，故不立黑帝之祠。（何焯说如此。）但白帝是秦民族的尊神，这是有很长期历史的宗教迷信，故民间仍旧记得秦是"白帝子"，而不懂得那新

起的“黑帝”说。故刘邦起兵革命之前，造出斩蛇的神话，说他斩蛇之后，

> 人来至蛇所，有老妪夜哭。人问何哭，妪曰：“人杀吾子，故哭之。”人曰：“妪子何为见杀？”妪曰：“吾子，白帝子也，化为蛇当道，今为赤帝子斩之，故哭。”

这个神话里，我们还可以看出西部民族宗教的遗影。秦文公梦见黄蛇，而史敦以为是上帝，故文公作鄜畤郊祭白帝。高祖斩蛇的神话里也含有这个拜蛇的民族迷信的残影。

东部的海上民族，齐民族，本是东夷，也有他们的民族宗教，有所谓“八神将”的崇拜。八神将之中，“天齐”为最尊，是齐民族的最尊神。《封禅书》说：

> 八神将自古而有之。或曰，太公以来作之。齐所以为齐，以天齐也。其祀绝莫知起时。

山东的地质有一种最奇特的现象，就是涌泉之多，至今还是如此。初民的迷信因此以为齐地是天的腹脐，故其大神为“天齐”，而民族之名也便叫做“齐”。《史记索隐》引解道彪《齐记》云：

> 临菑城南有天齐泉，五泉并出，有异于常，言如天之腹脐也。

八神将是：

> 一曰天主，祠天齐。天齐渊水，居临菑南郊山下者。
>
> 二曰地主，祠太山梁父。盖天好阴，祠之必于高山之下，小山之上，命曰畤。地贵阳，祭之必于泽中圆丘。
>
> 三曰兵主，祠蚩尤。蚩尤在东平陆监乡，齐之西境也。
>
> 四曰阴主，祠三山。
>
> 五曰阳主，祠之罘。

> 六曰月主，祠莱山：皆在齐北并勃海。
>
> 七曰日主，祠成山，成山斗入海，最居齐东北隅，以迎日出云。
>
> 八曰四时主，祠琅邪，琅邪在齐东方，盖岁之所始。
>
> 皆各用一牢具祠，而巫祝所损益圭币杂异焉。

以上是齐民族的宗教。大概“天齐”起来最早，故说“其祀绝莫知起时”。后年民族进步了，故宗教迷信也经过一种整理，把各地的拜物拜自然的迷信，加上一点统系，便成了天地日月阴阳兵与四时的系统的宗教了。在初期只有拜天脐，拜某山某山而已。八神的系统已属于后期，其中乃有阴阳二主，可见已在理智化的时代了。到了后来，神仙、阴阳之说起于海上的燕齐；大概阴阳家言纯是齐学，而神仙家言起于燕国，故《封禅书》说宋毋忌等“皆燕人，为方仙道，形解销化，依于鬼神之事”。因为燕齐地相近，思想容易互相影响，而齐威王、宣王又都提倡神仙，“使人入海求蓬莱、方丈、瀛洲”，故方仙道成为燕齐海上方士的共同信仰。

*

以上举了南部、西部、东部三个民族的宗教迷信，略示当日的民族宗教或地方宗教的性质。《列子》书中有“楚人鬼而越人机”的话，这也是地方宗教不同的一例。

二、秦帝国的宗教

在那个游说盛行的时代，在那个贵族卿相争招宾客的时代，学术思想的传播是很快的。在吕不韦的宾客著书时，阴阳家的《月令》已收在《吕氏春秋》里了；“五德终始论”也收进去了（见《应同篇》）。《封禅书》说：

> 自齐威、宣之时，驺子之徒论著终始五德之运，及秦帝，而齐人奏之，故始皇采用之。

这话是错的。《始皇本纪》说：

> 始皇推终始五德之传，以为周得火德，秦代周，德从所不胜，方今水德之始。

又《封禅书》说：

> 秦始皇既并天下而帝，或曰："黄帝得土德，黄龙地螾见。夏得木德，青龙止于郊，草木畅茂。殷得金德，银自山溢。周得火德，有赤乌之符。今秦变周，水德之时。昔秦文公出猎，获黑龙，此其水德之瑞。"于是秦更命河曰德水，以冬十月为年首，色尚黑，度以六为名。

或曰以下的话，全是《吕氏春秋·应同篇》之文，不过文字稍有不同罢了。故始皇用五德终始之说，不是齐人所奏，乃是间接采自吕不韦的书。这可见六国晚年思想传播的快捷。到秦并天下之后，这种思想便成为帝国的宗教信仰的一部分了。

齐国北接燕，西接鲁，故齐学一面称"燕齐方士"，一面又称"齐鲁儒生"。从前鲁国的圣人曾说："齐一变至于鲁，鲁一变至于道。"但后来的变化却正和圣人的预料相反。拘迂的鲁国儒生那能不受那时代的"怪迂阿谀苟合之徒"的同化！于是鲁一变至于齐鲁儒生，又一变便至于燕齐方士了。

秦始皇统一中国之后，便巡游四方，西巡陇西，东至于海上，南至于湘江、浙江。他受东部民族迷信和方士思想的影响最大。始皇二十八年（前二一九），

> 东巡郡县，祠邹峄山，颂秦功业。于是征从齐鲁之儒生博士七十人至于泰山下。诸儒生或议曰："古者封禅为蒲车，恶伤山之土石草木；扫地而祠，席用苴秸，言其易遵也。"始皇闻此议各乖异，难施用，由此黜儒生，而遂除车道，上自泰山阳，至巅，立石颂秦

> 始皇帝德，明其得封也。从阴道下，禅于梁父。其礼颇采太祝之祀雍上帝所用，而封藏皆秘之，世不得而记也。

封泰山，禅梁父，都是齐鲁民族的宗教的一部分。八神将之地主即祠于泰山、梁父；后人造出古帝王封泰山禅亭亭，或禅梁父的神话，于一个民族的祠祭便变成后世帝王歆羡的宗教仪式了。封是“为坛于泰山以祭天”，禅是“为墠于梁父以祭地”。积土为封，阐广土地为墠，墠又改为禅，故称为“封禅”。封禅本是八神之祀的一部分，而帝王封禅则仅有伪造的神话而实无典礼可遵从，故齐鲁的儒生博士只能纷纷揑造典礼，遂各乖异。始皇厌恶他们的争议，故杂采西方民族祀上帝的典礼来行东方封禅的祭祀。从此以后，封禅遂成了帝国宗教的一部分。

同年（前二一九），始皇在海上时，

> 齐人徐市（即徐福）等上书，言“海上有三神山，名曰蓬莱、方丈、瀛州，仙人居之。诸得斋戒与童男女求之”。于是遣徐市发童男女数千人入海求仙人。

徐市到海外殖民去了，而始皇求神仙的兴致却有加无减，燕齐的方士也越来越多。始皇派燕人卢生入海求神仙；又派韩终、侯公、石生求仙人不死之药。卢生从海上回来，奏录图书说“亡秦者胡也”，始皇便派蒙恬发十万兵往北方去击胡。过了几年，卢生又说：“方中，人主时为微行，以辟恶鬼。恶鬼辟，真人至。……愿上所居宫毋令人知，然后不死之药殆可得也。”始皇也便听他的话，说：“吾慕真人。”于是自称真人，又使咸阳之旁二百里内二百七十处宫观，复道甬道相连，不许人说他行幸何处，言者罪死。当时博士七十人，都备员不用，而候星气者多至三百人！于是神仙方术也成了帝国宗教的一部分。（此节用《始皇本纪》）

以上说东部海上民族的宗教成为秦帝国宗教的部分。但秦帝国的宗教的主体究竟还是秦民族从西方带来的遗风，不过统一之后，四方的民族祠祀都被充分保留，充分吸收，故成为规模更大的帝国宗教。《封禅书》总记秦帝国的祠祀如下：

> 秦并天下，令祠官所常奉天地名山大川鬼神可得而序也：
>
> 自崤以东，名山五，大川祠二：曰太室、恒山、泰山、会稽、湘山；水曰泲、曰淮。春以脯酒为岁祷，因泮冻；秋涸冻；冬赛祷祠，其牲用牛犊各一，牢具珪币各异。
>
> 自华以西，名山七，名川四：曰华山、薄山（襄山）、岳山、岐山、吴山、鸿冢、渎山（岷山）。水曰河，祠临晋；沔，祠汉中：秋渊，祠朝那；江水，祠蜀。亦春秋泮涸祷塞，如东方山川，而牲亦牛犊，牢具珪币各异。
>
> 而四大冢（《尔雅》，山顶曰冢），鸿、岐、吴、岳，皆有尝禾。陈宝节来祠（陈宝来无定时，神来则祭）。其河加有尝醪。此皆在雍州之域，近天子之都，故加车一乘，骝驹四。灞、产，长水，沣、涝、泾、渭，皆非大川，以近咸阳，尽得比山川祠，而无诸加。汧、洛二渊，鸣泽、蒲山、岳崤山之属，为小山川，亦皆岁祷赛泮涸，祠礼不必同。
>
> 而雍有日、月、参、辰、南北斗、荧惑、太白、岁星、填星、〔辰星〕、二十八宿、风伯、雨师、四海、九臣、十四臣、诸布（《尔雅》，“祭星曰布”。《淮南·氾论》，“羿除天下之害，死而为宗布。”高注：“祭田为宗布谓出也。一曰，今人室中所祀之宗布是也。或曰，司命傍布也。”高注第一句不可解，但第二说使我们知道当日汉人有宗布之祀）、诸严（叶德辉说，严当作庄，汉人避明帝讳改字。《尔雅》，“道六达曰庄”）、诸遂（《史记》作述，《汉书》作遂。叶德辉说，遂者小沟。此诸严、诸遂谓路神耳）之属，百有余庙。西亦有数十祠。
>
> 于湖有周天子祠。于下邽有天神。丰淳有昭明（旧注引《河图》云，荧惑星散为昭明），天子辟池。于杜、亳有五杜主之祠，寿星祠。而雍、菅庙祠亦有杜主。杜主，故周之右将军，其在秦中，最小鬼之神者也。各以岁时奉祠。
>
> 唯雍四畤上帝为尊。其光景动人民，唯陈宝。故雍四畤，春以为岁祠祷，因泮冻；秋涸冻，冬赛祠，五月尝驹，及四仲之月祠，若月祠。若陈宝节来一祠。春夏用骍，秋冬用骝，畤驹四匹，木禺（偶）龙栾车一驷，木禺车马一驷，各如其帝色。黄犊羔各四，圭币

各有数，皆生瘗埋，无俎豆之数。

三年一郊。秦以十月为岁首，故常以十月上宿郊见，通权火（张晏说，权火，烽火也，状若井挈皋，其法类称，故谓之权火），拜于咸阳之旁，衣尚白。（秦帝国改尚黑，而郊天仍尚白，还是旧日崇拜白帝时的遗风。）

诸此祠，皆太祝常主，以岁时奉祠之。至如他名山川诸鬼及八神之属，上过则祠，去则已。郡县远方神祠者，民各自奉祠，不领于天子之祝官。

祝官有秘祝，即有灾祥，辄祝祠，移过于下。

这是秦帝国的宗教。其中最尊的大神仍是秦民族的上帝四畤，最时髦的仍是秦民族的“陈宝”；而地方旧祠祀，如齐之八神，周之杜主，以及各地的名山大川，都成为这国教的一部分。天地，日月，星宿，山川，都是自然界的实物；杜主等是人鬼；陈宝是物神。故秦的国教是一种拜物，拜自然，拜人鬼的宗教。

在这样的宗教之下的人，自然有许多很幼稚的迷信。如秘祝之官遇灾祥则祷祠，想移过于臣下，这便是很可笑的迷信，然而这个制度直到汉文帝十三年（前一六七）方才除去。又如秦始皇到湘山，遇大风，他便大怒，使刑徒三千人去斫尽湘山的树！这也可代表这时代的迷信心理。他的儿子胡亥

梦白虎啮其左骖马，杀之，心不乐，怪问占梦。卜曰：“泾水为祟。”二世乃斋于望夷宫，欲祠泾，沉四白马。

这正是拜物拜自然的宗教心理。秦帝国的大将蒙恬被二世皇帝赐死，

蒙恬喟然太息曰：“我何罪于天？无过而死乎？”良久，徐曰：“恬罪固当死矣。起临洮属，之辽东，城堑万余里，此其中不能无绝地脉哉？此乃恬之罪也。”乃吞药自杀。（《史记》八八）

这也正是这时代的宗教心理。（看司马迁于《蒙恬传》末评论此语，不以绝地脉为罪，却以“轻百姓力”为兄弟遇诛之故。这又可代表司马迁的宗教见解。再看王

充《论衡·祸虚篇》论此事，说蒙恬固然错了，太史公也错了。这又可见王充的宗教见解。即此一句话，可以看出三百年的宗教思想的变迁了。）

三、汉帝国初期的宗教

秦帝国的宗教迷信的空气之下，起来革命的也不能不假借迷信的势力。陈涉起兵之前，先有鱼肚里的帛书，后有丛祠里的篝火狐鸣。刘邦起兵之前，也有醉卧龙现的传说，有所居常有云气的妖言，有赤帝子斩白帝子的神话。刘邦起兵之日，

> 祠黄帝，祭蚩尤于沛庭而衅鼓。旗帜皆赤，由所杀蛇白帝子，杀者赤帝子，故上赤。（《史记》八）

这不是五德终始论的影响，却是民间的一种厌胜思想。在平民的心眼里，秦民族的大神是白帝，东南民族起来和他们对抗，总得抬出黄帝、赤帝来镇压西方的白帝。刘邦第二次入关，方才明白秦帝国祠祭的是四个上帝，他也不懂得为什么不立黑帝，于是添上了黑帝，凑成五帝之数。他起兵时，曾祷于丰县的枌榆社，又曾祠黄帝，祭蚩尤；故他入关时，便令每县作公社，这便是把东南民间的宗教风俗输入关中了。过了几年，

> 天下已定（前二〇二），诏御史令丰谨治枌榆社，常以时；春以羊彘祠之。令祝官立蚩尤祠于长安。（《史记·封禅书》）

这都是一个丰沛无赖带来的宗教。

汉高祖对于秦帝国的宗教，很表示尊重。他回到咸阳，便

> 悉召故秦祝官，复置太祝太宰，如其故仪礼。……下诏曰："吾甚重祠而敬祭。今上帝之祭及山川诸神当祠者，各以其时礼祠

之如故。”

这便是建立帝国的远大政策。项羽入关时，兵威震天下，但他引兵屠咸阳，杀秦降王子婴，烧秦宫室，火三月不灭，收其货宝妇女而东去。有人劝他留都关中，他说：

> 富贵不归故乡，如衣绣夜行，谁知之者？

这便是无远志的强盗行为，所以献策的人说：

> 人言楚人沐猴而冠耳，果然。

刘邦便不然。他知道要得天下，必须得人心；要得人心，必不可扰动人民的宗教习惯。故他第二次入关，战事还正紧急，他便先下诏恢复故秦的宗教，这真是这位无赖皇帝的最扼要手段。

天下既定之后，他更进一步，不但继续保存秦帝国的宗教制度，还要在长安设立帝国之内各种民族的宗教祠祀和女巫，使各地的人在帝都时都能有个祠祭的所在，都能不觉得他身在异乡异地。《封禅书》说：

> 后四岁（前二〇二），天下已定，……长安置祠祀官、女巫。
> 其梁巫祠天地、天社、天水、房中、堂上之属。
> 晋坐祠五帝、东君、云中、司命、巫社、巫祠、族人先炊之属。
> 秦巫祠杜主、巫保、族累之属。
> 荆巫祠堂下、巫先、司命、施糜之属。
> 九天巫祠九天。
> 皆以岁时祠宫中。
> 其河巫祠河于临晋；而南山巫祠南山、秦中，秦中（中同仲）者，二世皇帝。各有时日。
> 其后二岁（前二〇〇），或曰：“周兴而邰邑立后稷之祠，至今血食天下。”于是高祖制诏御史：其令郡国县立灵星祠，常以岁时祠以

牛。（以上参用《汉书·郊祀志》）

于是各地的祭祀祠巫都聚集在长安，各成为帝国宗教的一部分。这种政策也许不是自觉的怀柔政策，也许是因为跟随高帝转战立功的将领兵士有各地的人民，故不能不这样安顿他们。无论如何，这种办法确有怀柔人心的功效，而帝国的宗教也就因此更吸收了无数的地方祠祀和民族迷忌。

四、汉文帝与景帝

汉文帝和他的窦后都是倾向道家的人。道家的思想虽然也有许多荒谬的成分，但其中有个自然无为的观念，有时也可以排除不少的无意识的动作。但文帝“信道不笃”，几乎上了方士的当。当时有个少年人贾谊（前二〇三—前一六九），以为汉兴已二十余年. 应该改正朔，易服色，定官名，兴礼乐。他起草改革的仪法，以为汉家得土德，色尚黄，数用五，应该改定秦朝的制度。这时候，文帝新即位，谦逊不敢大改革。当时有权的大臣周勃、灌婴、冯敬之等都不愿意这个二十几岁的少年人来大出风头，故贾谊不能得志。文帝派他到长沙去作长沙王太傅，他感觉这是迁谪，郁郁不得志。过了几年，文帝叫他回长安，

> 上方受厘（厘是祭祀的胙肉），坐宣室。上因感鬼神事，而问鬼神之本。谊具道所以然之故。至夜半，文帝前席（移近他，好听他的谈话）。既罢，曰：“吾久不见贾生，自以为过之，今不及也。”

文帝叫他去做他的少子梁王的太傅。梁王坠马跌死，后岁余贾谊也病死，年三十三。

这时候，天下太平，一班齐鲁儒生都想上封事，出主意，自求进用。贾谊已进汉得土德之说，贾谊死后，又有齐人公孙臣推五德

终始之说，以为汉得土德，应有黄龙出现，宜改正朔，改服色上黄。那时丞相张苍也是一个迷信五德终始论的人，他以为秦的水德还未完了，汉仍是水德，有河决金堤的证验（河是德水），故反对公孙臣的建议。但过了一年（前一六五），成纪地方传说有黄龙出现，文帝以为公孙臣的话灵验了，遂召他来，拜为博士，与诸儒生“申明土德，草改历服色事”。是年四月，文帝亲自到雍去郊祀五畤的上帝。

这个风气既开，便有许多投机的儒生方士来想进用。有赵人新垣平自称能望气，把文帝说动了，文帝遂在渭阳作五帝庙，每一帝居一殿，各如其帝色，祭祀都用雍五畤的仪法。明年（前一六四），文帝又亲自郊祭渭阳的五帝，拜新垣平为上大夫，赏赐甚多；而使博士诸生采取六经，作《王制》，议封禅事。《王制》后来成为《礼记》的一篇，虽有四方封禅的事，其书大体还没有什么很荒谬的议论。这时候，文帝已着了迷，有一天他出长安门，好像看见了五个人，遂在见鬼之地立五帝坛，用五牢来祭祀。

明年（前一六三），新垣平对文帝说，阙下有宝气。文帝叫人去看，果然有献玉杯的人，杯上刻着“人主延寿”四字。其实玉杯是新垣平叫人来献的。他又说，太阳不久会“再中”。不久果然“日却再中”！于是文帝改十七年为后元年，遂开二千多年皇帝改元的恶习，永为史学上的一个最荒谬的制度。不久，有人控告新垣平，说他所说皆是诈欺。文帝把他交吏审问，果然发觉他的诈欺事实。文帝恨极了，遂把他杀了，使他具五刑，夷三族。从此以后，文帝打定主意不再被诈欺了，改正朔易服色和一切鬼神之事都停止了。

文帝死后，窦后和他们的儿子景帝都很尊重道家思想，一切齐鲁儒生和燕齐方士都没有进用的机会。《史记·封禅书》说，

> 孝景即位十六年，祠官各以岁时祠如故，无有所兴。

景帝死（前一四一）后，武帝即位。儒生方士都希望这位少年皇帝做一番大改革的事业，使他们有饭吃，有官做。但那位瞎眼的太皇太后窦氏还替他把持了六年，不让那班书生得志。直到窦太后死倒（前

一三五)，武帝始大发愤有为。七十年的无为局面于此告终，而四方的方士、术士、儒生、经师都大活动了。

五、汉武帝的宗教

汉武帝(在位当前一四〇—前八七)的出身是不很高明的。他的母亲姓王，是槐里人王仲的女儿。王仲的妻子名臧儿，是燕王臧荼的孙女。臧荼在汉初败灭，他的子孙沦为贫贱。臧儿嫁与王仲，生一男二女，王仲便死了。臧儿改嫁长陵田氏，生男田蚡、田信。臧儿的长女已嫁与金氏，已生了一女，但臧儿信了卜者的话，以为女儿有大贵之命，遂想把女儿从金家夺回。金家不肯离婚，臧儿遂把女儿送入太子宫中。太子即是景帝，他爱幸这位王小姐金奶奶，生了三女一男。太子做了皇帝，金奶奶做了王夫人，王夫人的儿子做了胶东王。王夫人会运动，不久景帝废了薄皇后，立胶东王彻为太子，王夫人便做了皇后。金奶奶做了皇后九年，景帝死了，太子即位，是为汉武帝。金奶奶做了皇太后，她的母亲田老太太臧儿封为平原君，臧儿的儿子田蚡封武安侯，田胜封周阳侯。不久田蚡便做了丞相。金奶奶当初在金家还有一个女儿，武帝后来知道了，便亲自去看这位同母姊姊，

> 其家在长陵小市。〔皇帝〕直至其门，使左右入求之。家人惊恐，女逃匿。扶将出拜。帝下车泣，曰:“嚄，大姊，何藏之深也!”载至长乐宫，与俱谒太后。太后垂涕，女亦悲泣。帝奉酒前为寿，钱千万，奴婢三百人，公田百顷，甲第，以赐姊。太后谢曰:“为帝费!”因赐汤沐邑，号修成君。

这位少年皇帝很受他的母族的影响。他的外婆平原君(田老太太臧儿)生长民间，深信民间的宗教迷信。长陵民间有一个女子，曾嫁为人妻，生产而死；死后，她的妯娌说她的鬼有灵，能附在人身上说

话。妯娌遂奉她为神，乡下人民多往祠祭求福，号为“神君”。神君能说家人小事，往往有验。田老太太贫贱时，也奉事神君，后来女儿做了皇太后，外孙做了皇帝，儿子封侯拜相了，自然都是神君之赐，于是神君更受人尊崇了。武帝即位之后，把神君请入宫中，请她住在上林中磃氏馆。《封禅书》说，

> 及今上即位，则厚礼置祠之内中。闻其言．不见其人云。

《史记正义》引《汉武帝故事》（宋本有此段，各本《史记》皆删）云：

> 霍去病微时，自祷神君，及见其形，自修饰，欲与去病交接。去病不肯，谓神君曰：“吾以神君精洁，故斋戒祈福。今欲淫，此非也。”自绝不复往。神君惭之。

此段虽不尽可信，然所谓“闻其言，不见其人”，大概不过如此而已。这是武帝从他的外婆家带来的宗教。

武帝是一个最容易相信的人，无论怎样荒谬的迷信，他都能接受，真不愧为田老太太的外孙。长陵神君之外，还有一位寿宫神君，其历史也很有趣：

> ［元狩五年］（前一一八），天子病鼎湖，甚，巫医无所不致，不愈。游水发根言上郡有巫，病而鬼神下之。上召置祠之甘泉。及病，使人问神君，神君言曰：“天子无忧病。病少愈，强与我会甘泉。”于是病愈，遂起幸甘泉，病良已，大赦，置酒寿宫神君。
>
> 寿宫神君最贵者太一，其佐曰大禁司命（《风俗通》说：“今民间独祀司命，刻木长尺二寸，为人像，行者担箧中，居者别作小屋。齐地大尊重之。”这就是今日的灶君司命，其起源在齐地）之属，皆从之。弗可得见，闻其言，言与人音等。时去时来，来则风肃然。居室帷中，时昼言，然常以夜。天子祓，然后入，因巫为主人，关饮食；所欲言，行下。（神君所言，行下于巫。）
>
> 又置寿宫北宫，张羽旗，设供具，以礼神君。神君所言，上使

人受，书其言，命之曰“书法”。(《郊祀志》作“画法”。)其所语，世俗之所知也，无绝殊者。而天子心独喜。其事秘，世莫知也。(《史记》二八)

这真是田老太太的外孙皇帝的宗教。

上文所说寿宫神君所最尊贵的“太一”，也有很有趣的历史。《封禅书》说：

亳人谬忌奏祠太一方曰：“天神贵者太一。太一佐曰五帝。古者天子以春秋祭太一东南郊，日一太牢，七日。为坛，开八通之鬼道。”于是天子令太祝立其祠长安东南郊，常奉祠，如忌方。

五帝现在不算最尊神了，五帝之上又造出了一个太一，为最尊之神。但谬忌既可以造太一，别人也就不肯落后，于是

其后人又上书言：“古者天子三年一用太牢，祠神三：天一、地一、太一。”天子许之，令太祝领祠之于忌太一坛上，如其方。

这种主张似是反对谬忌的主张。五帝皆是天帝，谬忌要抬出太一来统辖五个天帝，而此说则要抬出天一、地一来，和太一并列，而位居太一之前。人人都说“古者天子”如何如何，而武帝都一概接受，“祠之如其方”。这张“封神榜”上的最大神遂越添越多，并且越后出的越高贵。试列为下表：

第一步　秦文公祭白帝。(前七五一)

第二步　秦德公祭青帝。(前六七二)

第三步　秦灵公祭黄帝，炎帝。(前四二二)

第四步　汉高祖立黑帝。(前二〇五)

第五步　谬忌于五帝之上加太一。

第六步　又有人于太一之前加天一，地一。(约在前一二四)

六百年中，大神演变升沉的历史如此。太一等既得皇帝的承认，于是甘泉宫的壁画便有天一、地一、太一的神像了，于是寿宫神君也

会说她最尊贵的神是太一了。但“天一、地一、太一”之说终未能成立，而太一渐成为最高之神。元鼎四年（前一一三），便有人说，

> 五帝，太一之佐也。宜立太一，而上亲郊之。

这便是要用太一来替代六百年来郊祭的上帝了。武帝颇有点迟疑。恰好那时来了一位最荒诞的方士齐人公孙卿，献上一部“札书”，说黄帝得宝鼎的事。武帝“大悦”，请他来谈。公孙卿说：

> ……宝鼎出而与神通，封禅。封禅七十二王，唯黄帝得上泰山封。汉帝亦当上封，封则能仙登天矣。……
>
> 黄帝且战且学仙，患百姓非（反对）其道，乃断斩非鬼神者。百余岁，然后得与神通。……黄帝采首山铜，铸鼎于荆山下。鼎既成，有龙垂胡髯下迎黄帝。黄帝上骑，群臣后宫从上龙七十余人，龙乃上去。余小臣不得上，乃悉持龙髯，龙髯拔堕，堕黄帝之弓。百姓仰望，黄帝既上天，乃抱其弓与胡髯号。故后世因名其处曰鼎湖，其弓曰乌号。

这样有声有色的演说，自然把那位田老太太的皇帝外孙哄的滴溜溜转，

> 于是天子曰：“嗟乎！吾诚得如黄帝，吾视去妻子如脱躧耳”乃拜卿为即，使东候神于太室。

公孙卿的说法，有一点最可注意，就是他把黄帝看作人间帝王，因修仙而登天去的。这不但把秦民族所奉的一个上帝和历史传说的古帝王合作了一人；并且明明说五帝的首席上帝既是人间帝王上升的，自然不能算是最高的神了。于是武帝遂决心把五个上帝降低一格，

> 令祠官宽舒等具太一祠坛。祠坛仿亳忌太一坛，坛三垓，五帝坛环居其下，各如其方，黄帝西南。除八通鬼道。太一所用如雍一

> 畤物，而加醴枣脯之属。杀一狸牛以为俎豆，牢具。而五帝独有俎豆醴进。其下四方地为醊食群臣从者及北斗云。……
>
> 十一月（前一一二）辛巳朔旦冬至，昧爽，天子始郊拜太一。朝朝日，夕夕月，则揖。而见太一如雍郊礼。其赞飨曰："天始以宝鼎神策授皇帝，朔而又朔，终而复始，皇帝敬拜见焉。"
>
> 其祠列火满坛，坛旁烹炊具，有司云："祠上有光焉！"公卿言："皇帝始郊见太一，……是夜有美光；及昼，黄气上属天。"太史公（司马谈）祠官宽舒等曰："神灵之休，祐福兆祥，宜因此地光域立太畤坛以明应。"（应是感应）

武帝下诏曰：

> 朕……望见太一，修天文禮。辛卯夜，若景光十有二明。《易》曰："先甲三日，后甲三日。"朕甚念年岁未咸登，饬躬齐戒。丁酉（辛夜有光，是先甲三日。后甲三日为丁日），拜贶于郊。（《汉书》六）

司马迁很微婉的记载"其祠列火满坛，坛旁烹炊具"，自然祠上应该有光了。阿谀逢迎的人便说这是"美光"，皇帝也下诏说这是神贶了。从此以后，太一真成了汉帝国宗教的最尊神了。

汉武帝不但替五帝添上一位老总，还替他们娶了五位太太。他想五位上帝应该有五位后土，后土即是地后。他说：

> 今上帝朕亲郊，而后土无祀，则礼不答也。

于是太史令司马谈和祠官宽舒等议定后土祠仪如下：

> 天地牲角茧栗（天地牲之角如茧如栗，言其小）。今陛下亲祠后土，后土宜于泽中圜丘，为五坛，坛一黄犊，牢具。已祠，尽瘗。而从祠衣上黄。

武帝遂立后土，祠于汾阴、脽丘（在前一一三），皇帝亲望拜，如祭上帝之礼。于是这时国教的大神系统不是"天一、地一、太一"，却是

“太一、天五、地五”，如下表：

太一 { 天帝（五个）
后土（五个）

*

这个帝国宗教的最大典礼是封禅。武帝深信封禅是登仙的一条必由之路，故用全副精神经营封禅的大礼。《封禅书》说：

> 自得宝鼎（前一一六），上与公卿诸生议封禅。封禅用希旷绝，莫知其仪礼。而群儒采封禅（此下疑应有“于”字）《尚书》《周官》《王制》之望祀射牛事。
>
> 齐人丁公，年九十余，曰：“封禅者，古不死之名也。秦皇帝不得上封。陛下必欲上，稍上，即无风雨，遂上封矣。”上于是乃令诸儒习射牛，草封禅仪，数年。至且行，天子既闻公孙卿及方士之言，黄帝以上封禅皆致怪物与神通，欲仿黄帝以上接神仙人蓬莱士，高世比德于九皇，而颇采儒术以文之。群儒既已不能辨明封禅事，又牵拘于《诗》《书》古文而不能骋。上为封禅祠器，示群儒，群儒或曰不与古同。徐偃又曰：“太常诸生行礼不如鲁善。”周霸属图封禅事。于是上绌偃霸，而尽罢诸儒不用。

武帝元封元年（前一一〇）四月，封泰山，禅肃然：

> 上念诸儒及方士言封禅人人殊，不经，难施行。天子至梁父，礼祠地主。至乙卯，令侍中儒者皮弁搢绅，射牛行事，封泰山下东方，如郊祠太一之礼。封广丈二尺，高九尺，其下则有玉牒书，书秘。礼毕，天子独与侍中奉车子侯上泰山，亦有封。其事皆禁。明日，下阴道。丙辰禅泰山下址东北肃然山，如祭后土礼。天子皆亲拜见，衣上黄，而尽用乐焉。……

封泰山之后，武帝下诏曰：

> 朕以眇身承至尊，兢兢焉惟德菲薄，不明于礼乐，故用事

八神。遭天地贶施，着见景象，屑然如有闻。震于怪物，欲止不敢，遂登封泰山，至于梁父，然后升禅肃然。自新，嘉与士大夫更始，其以十月为元封元年。(《汉书》六)

此类见神见鬼的诏书，在《封禅书》和《武帝本纪》(《汉书》六)里有许多篇。我只能记下一两篇，略写当日的宗教心理。

*

汉武帝抱着无限的信心，所以天下的方士都争着贡献种种“方”，来满足皇帝的信心。司马迁说元封元年武帝东巡海上，行礼祠八神，“齐人之上疏言神怪奇方者以万数”。其中有数千人都说海上神山的事，武帝遂把这几千人都装上船，派他们入海去求神仙。

公孙卿持节，常先行，候名山，至东莱，言夜见大人长数丈，就之则不见，见其迹(足印)甚大，类禽兽云。群臣有言，见一老父牵狗，言“吾欲见巨公”，已忽不见。上即见大迹，未信，及群臣有言老父，则大以为仙人也。宿留海上，予方士传车，及间使求仙人以千数。

这样大的信心，真不可及！这时候他已是四十六岁的人了，然而他的宗教信心仍旧同他十六岁跟着他外婆拜长陵神君时一样的幼稚。

武帝一朝的有名方士，据《封禅书》所记，有这些人：

李少君　自匿所生长，似是齐人。

谬　忌　亳人(亳即薄县，属济阴，也是齐地。)

少　翁　齐人

栾　大　齐人

公孙卿　齐人

勇　之　粤人

公玉带　齐人

宽　舒　黄锤之史，当也是齐人。

除了勇之一人，其余多是齐人，可见齐学的势力之大。几十年之中，燕齐方士的神仙祠祀的迷信居然成了帝国的宗教。在这个极盛的迷忌势力之下，无论什么人都不能不同化了。所以学者如司马谈、司马迁也只能跟着这班方士到处跑，只能替皇帝定祠仪，撰祝辞，捏造祥瑞。所以一班鲁国儒生也只能陪着这些方士，草封禅仪，学习射牛，希冀和太常诸生分一碗残饭吃。徐偃博士大胆说了一句"太常诸生行礼不如鲁善"，动了太常诸生的公愤，于是天子尽黜诸儒弗用。可怜鲁国诸儒空费了几年工夫去学射牛，终不得参预那封禅的大典！而自居道家的司马谈因留滞周南，不得跟随封禅，竟致发愤而死，临死时，执着他儿子的手，哭道："今天子接千岁之统，封泰山，而余不得从行，是命也夫！命也夫！"（《史记》百三十）

这些方士之中，栾大的历史最值得注意，故我记他的事以例其余：

〔元鼎四年〕（前一一三），乐成侯上书言栾大。栾大，胶东宫人，故尝与文成将军（少翁）同师，已而为胶东王尚"方"。

这一段又可见当时的诸侯王也多迷信方士，各有"尚方"的人。李少君是深泽侯的家人，为深泽侯"主方"；栾大为胶东王"尚方"；淮南王的手下方士更多了。这都可证当日确有一种迷漫全国的迷忌空气，汉武帝虽有提倡的大力，但他自己也正是这个方士世界的产儿。——闲话少说，言归栾大的正传：

天子既诛文成（少翁诈为帛书，使牛吞下，武帝认得少翁的手笔，故杀了他），后悔其蚤死，惜其方不尽。及见栾大，大悦。大为人长美言，多方略，而敢为大言，处之不疑。大言曰："臣常往来海中，见安期羡门之属。……臣之师曰：'黄金可成，而河决可塞，不死之药可得，仙人可致也。'然臣恐效文成，则方士皆掩口，恶敢言方哉？"

上曰："文成食马肝死耳。子诚能修其方，我何爱乎？"

大曰："臣师非有求人，人者求之。陛下必欲致之，则贵其使者，令有亲属，以客礼待之，勿卑。使各佩其信印，乃可使通言于神人。神人尚（倘）肯耶？不耶？尊其使，然后可致也。"

于是上使验小方，斗棋，棋自相触击。(《索隐》引《淮南万毕术》云:“取鸡血杂磨针铁，捣和磁石棋头，置局上，自相抵击。”《太平御览》九八八引作“取鸡血与针磨捣之，以和磁石，用涂棋头，曝干之，置局上，即相拒不休”。此是当日方士所作物理试探之一种。)是时上方忧河决而黄金不就，乃拜大为五利将军。居月余，得四印：佩天士将军，地士将军，大通将军印。制诏御史:“昔禹疏九河，决四渎。间者河溢皋陆，堤繇不息。朕临天下二十有八年，天若遗朕士，而大通焉。……其以二千户封地士将军大为乐通侯。”赐列侯甲第，童千人。乘舆斥车马帷帐器物，以充其家。又以卫长公主妻之，赍金万斤，更名其邑曰当利公主。天子亲如五利之第，使者存问供给，相属于道。自大主(武帝之姑)将相以下，皆置酒其家，献遗之。

于是天子又刻玉印曰“天道将军”，使使衣羽衣，夜立白茅上，五利将军亦衣羽衣，立白茅上受印，以示不臣也。而佩“天道”者，且为天子导天神也。于是五利常夜祠其家，欲以下神。后装治行，东入海，求其师云。

大见数月，佩六印，贵震天下，而海上燕齐之间，莫不扼腕而自言有禁方能神仙矣。……

五利将军使不敢入海，之泰山祠。上使人随验，实无所见。五利妄言见其师。其方尽，多不雠。上乃诛五利。(前一一二)

栾大的故事最可以代表汉武帝的无穷信心，最可以表现当日的宗教心理。栾大封五利将军，什么叫做“五利”呢？栾大所说，“黄金可成，不死之药可得，仙人可致，而河决可塞”，只有四利。那第五利是什么呢？是平定匈奴。河决可以靠方士的方术去塞口，匈奴也可以靠方士去扫平了。太初元年(前一〇四),

西伐大宛，蝗大起。丁夫人，雒阳虞初等以“方”祠诅匈奴、大宛焉。

此可以证五利中之第五利了。

以上略记汉武帝的宗教迷忌，都是根据司马迁的记载。司马迁作《封禅书》，自己说：

> 余从巡祭天地诸神名山川而封禅焉，入寿宫，侍祠神语，究观方士祠官之意，于是退而论次自古以来用事于鬼神者，具见其表里。后有君子，得以览焉。

这种同时人的记载，是最可宝贵的史料。我们感谢他给我们留下这许多史料，使我们知道当日帝国宗教的情状。我们必须了解秦始皇到汉武帝的宗教情状，然后可以了解武帝所提倡的儒学是什么，然后可以了解中国的中古时代的思想的背景和性质。

六、巫蛊之狱

我们记汉武帝的宗教，不可不连带叙述“巫蛊”的大案子，因为那件案子最可以描写这个帝国宗教在当时的现实生活上发生怎样重大的影响。

“巫蛊”是初民迷忌的一种。其方式虽有种种不同，原则却很简单。巫蛊的原则是相信神巫能用幻术达到一种愿望。巫者用术咒诅一物，可使男子爱一女子，或使某人得某种病，甚至于使某人病死，这都可叫做巫蛊之术。蛊字有迷惑之义，又有毒害之义。凡用巫术咒诅一种“蛊物”，希望使他人受此魔术的控制而达到迷惑或毒害的愿望，都是巫蛊。《封禅书》说：

> 苌弘以“方”事周灵王（灵王年代为前五七一—前五四五；而苌弘被杀在敬王廿八年，当前四九二年，见《周语》三。此当作敬王），诸侯莫朝周，苌弘乃明鬼神事，设射狸首。狸首者，诸侯之不来者。依物怪，欲以致诸侯。

《太平御览》七三七引《六韬》云：

武王伐殷，丁侯不朝，太公乃画丁侯于策，三箭射之。丁侯病困，卜者占云，祟在周。恐惧，乃请举国为臣。太公使人甲乙日拔丁侯着头箭，丙丁日拔着口箭，戊己日拔着腹箭。丁侯病稍愈。四夷闻名以来贡。

这都是小说《封神演义》上姜太公请陆压用草人射死赵公明的影子。这便是巫蛊之一种。

秦民族有“磔狗邑四门以御蛊灾”的迷信，这也是同一原理的迷忌。秦帝国有秘祝平官，“即有灾祥，辄祝祠，移过于下”。这也和巫蛊同一原则。秘祝之官到汉文帝十三年（前一六七）方才废止。文帝诏曰：

秘祝之官，移过于下，朕甚弗取。其除之。

秘祝之官虽除，然而“移过于下”的迷信却继续存在。《汉仪注》有这样一条：

有天地大变，天下大过，皇帝使侍中持节，乘四白马，赐上尊酒十斛，牛一头，策告殃咎。使者去半道，丞相即上病。使者还，未白事，尚书以丞相不起病闻。（《汉书》八四如淳注引）

成帝绥和二年（纪元前七），荧惑（即火星）守心宿，这是当时占星学认为最大的星变。据当时的占星学说，荧惑所居之宿，其国受殃；荧惑犯心宿，帝王当其殃。故当时的星学专家李寻和贲丽都说大臣宜代皇帝当其灾。其时丞相是翟方进，皇帝便召见他，他退下来，还不曾自杀，于是

上赐册曰：“皇帝问丞相：君有孔子之虑，孟贲之勇。朕嘉与君同心一意，庶几有成。惟君登位于今十年，灾害并臻，民被饥饿。……欲退君位，尚未忍。君其熟念详计。……朕既已改，君其自思，强食慎职。使尚书令赐君上尊酒十石，养牛一。君审处焉。”

> 方进即日自杀。上秘之，遣九卿册赠以丞相高陵侯印绶，赐乘舆秘器；少府供张，柱槛皆衣素。天子亲临吊者数至，礼赐异于他相故事。

这样“移过于下”，虽不用巫蛊咒诅，其用意正是和巫蛊相同。

武帝的宗教包罗一切地方民族的幼稚迷信，各地的祠巫方士会集于长安，其中很多巫蛊祠诅的小术。如太初元年（前一〇四）用丁夫人及雒阳虞初等以“方”祠诅匈奴、大宛，便正是巫蛊之术。皇帝一生所深信敬事，无一不是这一类的迷忌，自然造成一个幼稚迷信的宫廷和社会。皇帝既相信巫术可以咒诅匈奴、大宛，无怪宫中的妇女相信巫蛊可以度厄邀宠了，无怪市井的小百姓相信巫蛊可以消灾报仇了。黄金可以成，神仙可以致，河决可以塞，何况邀恩幸，消灾厄呢？况且武帝晚年，迷信已深，日日求长生，其实是日日怕老死；时时梦想神仙，其实是时时怕惧鬼祟。人人都在迷忌的空气里过活，故人人有病都疑是鬼祟巫术所致。在这个迷忌的风气之下，遍地都是恐怖，人人都起疑心，妻子骨肉都不能免除疑忌，稍有风吹草动，便可造成惨酷大祸。巫蛊的大祸便是这样造成的。

武帝少年时，和陈皇后不和，爱上了平阳公主家的歌伎卫子夫；陈皇后妒恨极了，时时寻死觅活的吵闹。她遂用女子楚服等，作巫蛊祠祭，希望诅死卫子夫，夺回武帝的恩宠。元光五年（前一三〇，武帝不过二十六岁），武帝穷治此案，

> 女子楚服等坐为皇后巫蛊祠祭祝诅，大逆无道，相连及诛者三百余人。楚服枭首于市。使有司赐皇后策，……罢退居长门宫。（《汉书》九七）

这是巫蛊的第一案。

隔了四十年，又有更惨的巫蛊大案。这时候，武帝年老了，越怕死，越多疑忌。征和元年（前九二），长安城中忽然起了一种谣言，说有奸人谋乱，闹的政府大恐慌，

> 发三辅骑士大搜长安、上林中，闭长安城门十一日乃解。（《汉书》六）

这一回的大恐慌，闹的城外待诏北征的官军饿死许多人（臣瓒引《汉帝年纪》说），已可见当时疑忌恐怖的空气了。巫蛊之祸即起于此时。第一个遭祸的便是丞相公孙贺。

公孙贺拜丞相之日（前一〇三），他见前任丞相多坐事死，故顿首涕泣，不受印绶；武帝不许他辞，他才勉强就职。这一件事已可见当日政治场中的恐怖空气。后来公孙贺拘捕了长安的土豪朱安世，安世从狱中上书，告公孙贺的儿子敬声和武帝的女儿阳石公主私通，并使巫者祭祠诅皇帝，并在甘泉宫的驰道上埋木偶人，祝诅有恶言。此案交有司案验，穷治所犯，公孙贺父子俱死在狱中，其家被族灭，阳石公主也诛死。事在征和二年（前九一）。（《汉书》六六）

这时候，武帝已病了，常疑心他的病是他左右的人用巫蛊祝诅所致。这点疑心便使奸人杀机诬告，不但杀了他的丞相，不但杀了他的女儿，后来竟逼他的太子起兵败死，连累死的几万人！

太子据与武帝晚年的宠臣江充有私恨。江充怕武帝死后太子要杀他报怨，故借巫蛊的事来陷害太子。武帝在甘泉养病，江充说他的病是巫蛊作祟，武帝遂派他去穷治巫蛊的事。

> 充将胡巫（胡是泛称外国人），掘地求偶人，捕蛊及夜祠；视鬼，染污令有处，辄收捕验治，烧铁钳灼强服之。民转相诬以巫蛊，吏辄劾以大逆无道，坐而死者前后数万人。是时上春秋高，疑左右皆为蛊祝诅。有与无，莫敢讼其冤者。（《汉书》四五）

江充既造成大狱，爽性进一步来逼太子。

> 充典治巫蛊，既知上意，白言宫中有蛊气。入宫至省中，坏御座，掘地。上使按道侯韩说，御史章赣，黄门苏文等助充。充遂至太子宫掘蛊，得桐木人。（《汉书》六三）

这时候，武帝病在甘泉，皇后和太子留守长安。太子无法可以自己辩明，遂矫称皇帝有使者，收捕江充等，奏白皇后，发武库的兵器，武装长乐宫的守卫，布告百官说江充造反。太子自己监斩江充，并且抱那诬指巫蛊的胡巫活活的烧死在上林中。

这时候，皇帝以为太子造反，乃赐丞相刘屈氂玺书，令他捕斩反者。皇帝自己从甘泉赶到长安城西建章宫，调兵和太子作战。太子也引兵和市民，凡数万众，与丞相军战，“合战五日，死者数万人，血流入沟中”。太子兵败逃走出城，亡命在民间，后被发觉，自缢死。皇孙二人皆被害。皇后卫氏（即卫子夫）自杀，卫氏悉灭。（以上参用《汉书》四五《江充传》，六六《刘屈氂传》，六三《戾太子传》，九七《卫皇后传》。）

> 久之，巫蛊事多不信。上知太子惶恐无他意，而车千秋复讼太子冤，上遂擢千秋为丞相，而族灭江充家。……上怜太子无辜，乃作思子宫，为归来望思之台于湖（湖县是太子亡命被害之地）。天下闻而悲之。（《汉书》六三）

汉武帝毕生尊天事鬼，信用方士，尊重方术，巡礼遍于国中，祠祀不可胜数，到头来，黄金不可成，仙药不可得，神仙不可致，河决不可塞，只造成了一个黑暗迷忌的世界，造成了一种猜疑恐怖的空气，遂断送了两个丞相，两个皇后，一个太子，两个公主，两个皇孙，族灭了许多人家，还害的“京师流血，僵尸数万”，“血流入沟中”。

这件奇惨的案子最可以形容当日中国的智识程度和宗教状态。这时候，中国真已深入中古时代了。幼稚的民族迷忌，一一的受皇帝的提倡，国家的尊崇，遂都成了帝国宗教的部分。这个迷忌的宗教，因为有帝者的崇敬，不但风靡了全国的无识人民，并且腐化了古代留遗下来的一切学术思想。古代中国并非没有幼稚的迷信和禁忌，但因为统治阶级的知识比较高一点，幼稚的民间迷忌不容易得国家的敬礼提倡；又因为列国对峙，思想比较自由一点，一国君主所提倡的礼教不容易风靡别的国家，独立思想的人们还有个去而之他的机会。到了统一帝国时代，君主的暗示力之大，遂没有限制了。卖缯屠狗的人成了帝国统治者；看相术士的女儿，歌伎舞女，也做了皇后、皇太后。他们的迷忌都可以成为国家的祠祀。而在统一专制的帝国之下，人民无所逃死，思想也很难自由独立。田老太太的外孙做了皇帝，金奶奶做了皇太后，他们贫贱时崇信的宗教当然成为汉帝国的宗教了。全国的思想家谁敢反对吗？方士公孙卿不曾说吗？

> 黄帝且战且学仙，患百姓非其道，乃断斩非鬼神者。

这是用威吓。(《汉书·功臣表》，邗侯、李寿坐使吏谋杀方士，不道，诛。可见方士受特别保护。)栾大之流，几个月之中，可以封侯尚主，挂六印，贵震天下，这是用利诱。威吓利诱双管并下，而又无所逃死，又不能不吃饭做官，故人们都渐渐受同化了，成为清一色的黑暗时代。古代遗留下的一点点自由思想，批评精神，怀疑态度，都抵不住这伟大而威风的帝国宗教。故这个时代和秦以前的时代确有根本不同的特点，而自成一个“中古时代”。

十九，五，十二，写成。

第七章

儒家的有为主义

一、无为与有为

儒家的特别色彩就是想得君行道，想治理国家。孔子的栖栖皇皇，“知其不可而为之”，便是这种积极精神。孟子引旧记载，说“孔子三月无君则吊，出疆必载质（贽）”。曾子说：“士不可以不弘毅，任重而道远。”这是何等气象！孟子说大丈夫应该“居天下之广居，立天下之正位，行天下之大道；得志，与民由之；不得志，独行其道。富贵不能淫，贫贱不能移，威武不能屈。”这都是儒家的积极人生观。但儒者在那列国对峙的时代，可以自由往来各国，合则留，不合则去，故他们还可以保存他们的独立精神和高尚人格。所以孟子还能说：

> 古之人未尝不欲仕也，又恶不由其道。不由其道而往者，与钻穴隙之类也。

孟子的弟子陈代劝孟子稍稍降低一点身分，劝他“枉尺而直寻（十丈为寻）”。孟子对他说御者王良的故事（《滕文公篇》下），末了他说：

> 御者且羞与射者比（比是阿合），比而得禽兽，虽若丘陵，弗为也。如枉道而从彼，何也？且子过矣。枉己者，未有能直人者也。

这种不肯枉己而直人，不肯枉尺而直寻的精神，是古儒者留给后世的一种贵重遗风。

但中国一统之后，便没有这种自由选择的机会了。"择主而事"已成了一句空话。叔孙通"事十王"，多靠会巴结进身，后来居然制定一朝仪法，成为"汉家儒宗"，这便全不是那种不肯枉尺直寻的精神了。在那班屠狗卖缯的公侯将相的手下想做点积极事业，本来不是容易的事。有点骨气的人大概都受不了这种环境的苦痛。少年气盛的贾谊，过湘水作赋吊屈原，他说：

> 斡弃周鼎，宝康瓠兮！（康瓠是大瓦器）
> 腾驾罢（疲）牛，骖蹇驴兮，
> 骥垂两耳，服盐车兮！

我们可想见他的愤慨。他又说：

> 彼寻常之污渎兮，岂容吞舟之鱼？
> 横江湖之鳣鲸兮，固将制于蝼蚁。

他想冲到那儿去呢？

> 历九州而相（相度）其君兮，
> 何必怀此都也？

但是在那统一帝国之下，他能飞往那儿去呢？

儒者是想积极有为的，而那个时代却是一个无为的时代（看第四章）。曹参、陈平、汉文帝、窦后都是实行无为主义的。无为之治在当时确也是一种不得已的办法（看第四章第二节），但那种敷衍苟安的政治，在儒家的眼里，自然不能满人意。这两种主张的冲突，在贾谊的《治安策》里最可以看出来。贾谊说：

> 进言者皆曰："天下已安已治矣。"臣独以为未也。曰安且治者，非愚则谀，……夫抱火厝之积薪之下，而寝其上，火未及燃，因谓之安。方今之势何以异此？本末舛逆，首尾冲决，国制抢攘，非甚有纪，胡可谓治？

不承认现状可以满人意，这便是有为主义的立场。天下已安已治，自然可以无为了；正因为天下不安不治，故必须奋发有为。长沮、桀溺讥评孔子说："滔滔者天下皆是也，而谁以易之？"孔子说："天下有道，丘不与易也。"正因为天下无道，故有栖栖皇皇奔走号呼的必要。贾谊对于当时的无为论，有这样激烈的批评：

> 国已屈矣，盗贼直须时耳。然而献计者曰："毋动为大耳。"〔夫无动而可以振天下之败者，何等也！〕（此语据《新书·孽产子篇》补。）夫俗至大不敬也，至无等（即上文所谓"上下舛逆"）也，至冒上也，进计者犹曰"毋为"！（《新书》"毋动""毋为"两毋字皆作"无"。）可为长太息者此也。

他攻击当时的大臣道：

> 大臣特以簿书不报，期会之闲，以为大故。至于俗流失，世坏败，因恬而不知怪，虑不动于耳目，以为是适然耳。夫移风易俗，使天下回心而响道，类非俗吏之所能为也。俗吏之所务在于刀笔筐箧，而不知大体。

"是适然耳"是无为论者的自然主义。无为论的真义只是"听其自然"，而"不以人易天"。有为之论恰和这相反，恰是要用人力补救天然，处处要尽人事。贾谊说此意最明白：

> 夫立君臣，等上下，使父子有礼，六亲有纪，此非天之所为，人之所设也。夫人之所设，不为〔则〕不立，不植则僵，不修则坏。

这便是儒家的有为主义的要旨。贾谊之学出于河南守吴公，吴公学事李斯（《汉书》十八），李斯学于荀卿。荀卿曾说：

> 道者，非天之道，非地之道，人之所以道也。（《荀子·儒效》）

又说：

> 天有其时，地有其财，人有其治。夫是之谓能参。（《荀子·天论》）

又说：

> 故错人而思天，则失万物之情。（同）

又说：

> 唯圣人为不求知天。（同）

这正是儒家传统的人事有为主义。陆贾（看第三章，三）、贾谊都代表这种积极态度。这种态度的要义只是认清天下的治乱和生民的安危都不是“天之所为”，乃是“人之所设”。既是人之所设，便不许靠天吃饭，必须时时努力尽人事，因为这种事业是“不为则不立，不植则僵，不修则坏”的。

*

这种有为主义，董仲舒说的也很明白恳切。董仲舒是广川人，治《春秋》公羊氏之学，景帝时为博士。武帝建元元年（前一四〇），举贤良文学之士，他以贤良对策。（《汉书》六，此事在元光元年，即西历前一三四。《史记》一二二则说是在“今上即位”时。他对策中有“今临政而愿治七十余岁矣”一句，汉初至建元三年才有七十年，故齐召南定为应在建元五年。但依苏舆《春秋繁露》卷首的年表，仲舒对策似应在元光以前，故今从苏氏说，定此事在建元元年。）武帝用他做江都王相。建元六年（前一三五），辽东的高庙被火烧了，他推说灾异，以为当“视亲戚贵属在诸侯远正最甚者，忍而诛之”。他的意思指淮南王。主父偃取其书，奏上去。这时候，政府不敢得罪淮南王，故把董仲舒下吏，定为死罪。武帝特赦了他。他后来还做过胶西王相，病免家居，不治产业，以著书修学为事。朝廷有大事，时时差人到他家去请问他。他的死年不知在何年，苏舆假定为太初元年（前一〇四）。他的重要思想，散见于《汉书》之中（看严可均《全汉文》卷二三—二四）。他的《春秋繁露》，有近人苏舆的《春秋繁露义证》本最可用。康有为有《春秋董氏学》，也可参考。

董仲舒在他的对策第一篇里，提出“强勉”一个观念，他说：

> 事在强勉而已矣。强勉学问，则闻见博而知益明。强勉行道，则德日起而大有功。此皆可使旋至而立有效者也。

强勉即是努力有为。他又说：

> 道者，所由适于治之路也。仁义礼乐，皆其具也。……夫人君莫不欲安存而恶危亡，然而政乱国危者众，所任者非其人，而所由者非其道，是以政日以仆灭也。……孔子曰：“人能弘道，非道弘人也。”故治乱废兴在于己。

这正是荀卿以来的人事主义。荀卿教人不求知天，而董仲舒却要人明于天人相与的关系，这大概是由于个性的不同和时代环境的不同。他说：

> 臣谨案《春秋》之文，求王道之端，得之于“正”。正次王，王次春。（此指《春秋》“春王正月”四字。）春者，天之所为也。正者，王之所为也。其意曰，上承天之所为，而下以正其所为，正王道之端云尔。

这固是穿凿傅会，但也可表现他的主张。他在别处曾说，“王”字是

“三画而连其中”，三画是天地与人；连其中是通其道：“唯人道为可以参天”（《繁露》第四十四）。这正是荀子“天有其时，地有其财，人有其治，夫是之谓能参”的意思。他在对策第三篇中说：

> 天令之谓命，命非圣人不行。质朴之谓性，性非教化不成。人欲之谓情，情非度制不节。是故王者上谨于承天意，以顺命也。下务明教化民，以成性也。正法度之宜，别上下之序，以防欲也。

命、性、情，都是自然的，贾谊所谓“天之所为也”。承天意、教化、度制，都是人为的，贾谊所谓“人之所设也”。命待圣人而后行，性待教化而后成，情待度制而后节，都是说人事重于天然。

在对策第二篇里，他很不客气的说：

> 今陛下并有天下，海内莫不率服，……然而功不加于百姓者，殆王心未加焉。曾子曰：“尊其所闻，则高明矣。行其所知，则光大矣。”高明光大不在乎他，在乎加之意而已。

这仍是强勉有为之意。他说：

> 道之大原出于天。天不变，道亦不变。（《对策》三）

道家学者都深信天道是自然演变的，故不主张“以人易天”。他们说：“胡为乎？胡不为乎？夫固将自化。”董仲舒不信天道的自然变化，只信人事有得失，故主张用人功来补偏救弊。他说：

> 道者万世无弊，弊者道之失也。先王之道必有偏而不起之处，故政有眊而不行。举其偏以补其弊而已矣。三王之道所祖不同，非其相反，将以救溢扶衰，所遭之变然也。……故王者有改制之名，无变道之实。（《对策》三）

董生所谓“道”本来只是“所由适于治之路”，本来只是人事，而非天道。人事有所不到，便有偏有弊，这都是“道之失”，即是人事之失。补弊举偏，救溢扶衰，拨乱反正，这是改制，是变法，不是变道。故他很沉痛的主张变法：

> 今汉继秦之后，如朽木粪墙矣。虽欲善治之，无可奈何。法出而奸生，令下而诈起，如以汤止沸，抱薪救火，愈甚，无益也。窃譬之，琴瑟不调甚者，必解而更张之，乃可鼓也。为政而不行甚者，必变而更化之，乃可理也。当更张而不更张，虽有良工，不能善调也。当更化而不更化，虽有大贤，不能善治也。故汉得天下以来，常欲善治而至今不可善治者，失之于当更化而不更化也。古人有言曰，临渊羡鱼不如归而结网。今临政而愿治，七十余岁矣，不如退而更化。更化则可善治，善治则灾害日去，福禄日来。(《对策》一)

这便是董生的有为主义。

贾生的有为主义得罪了当时的权臣贵人，终于迁谪而死。晁错的有为主义终于害他自己朝衣斩于东市。董仲舒的有为主义也使他下狱，定死罪，幸而不死，也落得废弃终身。他们都是有为论的牺牲者。然而董生自己不曾说吗？

> 仁人者，正其谊不谋其利，明其道不计其功。(《汉书》五六。《繁露》三十二作“正其道不谋其利，修其理不急其功”。)

他们的积极有为的精神，不但建立了汉帝国的一代规模，还影响了中国两千年的政治思想与制度。他们的牺牲是值得我们的同情的。

二、汉初儒生提出的社会政治问题

少年的贾谊要文帝“改正朔，易服色”，又要用“三表五饵以系单于”，遂为后人所嘲笑(《汉书》四十八传赞)。但他的谏书提出了一些社会政治问题，遂开了后来儒生改革事业的起点。后来的儒生高谈社会问题，主持政治改革，从晁错到王莽，从董仲舒到王安石，都可以说是贾谊开的风气。我们先略述贾谊当日提出的一些重要问题，来表示儒家的有为主义的色彩。

他提出的问题之中，他认为最迫切的——可为痛哭的——是怎样解决那汉高帝造成的新封建局面。汉高帝以为秦帝国废除同姓封藩，以致孤立而亡，故汉初分封功臣为诸侯，子弟为诸王，最大者有九国（燕、代、齐、赵、梁、楚、吴、淮南、长沙）。《汉书》（一四）说：

> 诸侯比境，周匝三垂，外接胡越。天子自有三河、东郡、颍川、南阳，自江陵以西至巴蜀，非自云中至陇西，与京师内史，凡十五郡。公主列侯颇邑其中。而藩国大者跨州兼郡，连城数十，宫室百官同制京师。

天子直辖的地，在故秦三十六郡中只有十五郡，其余尽是大国，这个局面是很难持久的。诸吕乱后，文帝以代王入为天子，不久即有淮南王长谋反（前一七四）的事。故贾谊说：

> 其异姓负强而动者，汉已幸胜之矣，又不易其所以然。同姓袭是迹而动，既有征矣，其势又复然。殃祸之变未知所移。（《汉书》四八）

故他提出救济的原则如下：

> 欲天下之治安，莫若众建诸侯而少其力。力少则易使以义，国小则无邪心。令海内之势如身之使臂，臂之使指，莫不制从。

具体的办法是：

> 割地定制，令齐赵楚各为若干国，使悼惠王（齐）、幽王（赵）、元王（楚）之子孙毕以次各受祖之分地，地尽而止。及燕梁他国皆

然。其分地众而子孙少者，建以为国，空而置之，须其子孙生者举使君之。(《汉书》四十八)

这个计画初看似乎很平常，但后来经过几次变通修正，居然解决了这个很危险的局势。《汉书》(一四)说：

故文帝采贾生之议，分齐赵；景帝用晁错之计，削吴楚。武帝施主父(主父偃)之策，下推恩之令，使诸侯王得分户邑以封子弟，不行黜陟而藩国自析。(这就是贾谊的主张。)自此以来，齐分为七，赵分为六，梁分为五，淮南分为三。皇子始立者，大国不过十余城。长沙、燕、代虽有旧名，皆亡南北边矣。景遭七国之难，抑损诸侯，减黜其官。武有衡山、淮南之谋，作左官之律。(旧注，"仕于诸侯为左官"，如今人说"左迁"。)设附益之法。(据旧注，似是禁人阿附王侯之法。)诸侯惟得衣食租税，不与政事。至于哀、平之际，皆继体苗裔，亲属疏远，生于帷墙之中，不为士民所尊，势与富室无异。

这个问题的解决固然远在贾谊死后，但他有创议的功劳，是不可埋没的。

他又提出了君主待遇大臣的问题：

廉耻节礼，以治君子，故有赐死而无戮辱。是以黥劓之罪不及大夫，以其离主上不远也。……所以礼貌大臣而厉其节也。今自王侯三公之贵，……与众庶同黥劓髡刖笞伂(骂)弃市之法。然则堂不无陛乎？被戮辱者不泰迫乎？廉耻不行，大臣无乃握重权大官而有徒隶无耻之心乎？……

古者礼不及庶人，刑不至大夫。古者大臣……定有其罪矣，犹未斥然正以呼之也，尚迁就而为之讳也。故其在大谴大何(诃)之域者，闻谴何，则白冠氂缨，盘水加剑，造请室而请罪耳；上不执缚系引而行也。……其有大罪者，闻命则北面再拜，跪而自裁；上不使捽抑而刑之也。曰："子大夫自有过耳，吾遇子有礼矣。"遇之有礼，故群臣自憙。婴以廉耻，故人矜节行。上设廉耻礼义以遇其臣，而臣不以节行报其上者，则非人类也。

这里，我们可以看出两种社会思想的冲突。古代封建社会的阶级早已打破了，屠狗卖缯的都成了王侯将相了，还有什么用礼而不用刑的士大夫阶级？故萧何丞相一旦得罪，便得下廷尉狱，受械系；一旦放出来，便徒跣入谢。故韩信、彭越封王列士，一旦有罪，皆具五刑，夷三族。故淮南王长以帝子而封大国，一旦谋反失败，便用槛车传送，饿死在槛车之内。说的好听点，这便是后世俗话说的“王子犯法，与庶民同罪”；这便是法律之下人人平等。其实这是商鞅、李斯以来专制政体之下的威风。在那种独裁政体之下，旧阶级都消灭了，只剩下一个统治者和其余的被统治者。那独裁的君主有无限的淫威，而一切臣民都毫无保障。所以贾谊和一班书生都忘不了那古代封建阶级社会的几种遗风旧俗，他们自己属于新兴的智织阶级——新的“士”阶级——故颇追想那“礼不下庶人，刑不上大夫”的制度。试看贾谊说：

> 古者圣王制为等列，内有公卿大夫士，外有公侯伯子男，然后有官师小吏，延及庶人，等级分明，而天子加焉，故其尊不可及也。

他们追念那“等级分明”的社会，而不知道那种社会已一去不复返了。这一点是违反时代性的错误思想，颇影响当时以及后世的儒家社会政治思想。

但那旧阶级社会的追恋，不过是贾谊的思想的一种背景。他所要提出的实际问题不但是主张皇帝应该用礼貌优待大臣，并且是一个更普遍的问题，即是反对严酷刑罚的问题。汉朝的刑法，承秦法之后，有种种残酷之刑。《刑法志》所记“具五刑”之法，至今使我们读了起最不快的感觉。汉以前的儒家当那封建阶级崩坏的时代，本已有以礼让治国的主张。从孔子以至荀卿，都有礼治之论。礼治之论，简单说来，只有两层要义：第一，古来上层社会的良风美俗应该充分保存；第二，用教化的方法，养成道德的习惯，使人不容易陷入刑戮。贾生提倡礼治，其实是反对当时的专任刑罚而不注意教化。他说：

> 礼者禁于将然之前，而法者禁于已然之后。……若夫庆赏以劝善，刑罚以惩恶，先王执此之政，坚如金石；行此之令，信如四时；据此之公，无私如天地耳。岂顾不用哉？然而曰礼云礼云者，贵绝恶于未萌，而起教于微眇，使民日迁善远罪而不自知也。孔子曰："听讼吾犹人也，必也使无讼乎。"为人主计者，莫如先审取舍。……安者非一日而安也，危者非一日而危也，皆以积渐然，不可不察也。人主之所积在其取舍中。以礼义治之者积礼义，以刑罚治之者积刑罚。刑罚积而民怨背，礼义积而民和亲。……汤武置天下于仁义礼乐而德泽洽，……累子孙数十世。……秦王置天下于法令刑罚，德泽无一有，而怨毒盈于世，下憎恶之如仇雠，祸几及身，子孙诛绝。……

这并不是根本否认刑罚，只是要政府看看亡秦的往事，不要专任严刑峻法，还得从教育下手，才可以建立长久的治安。

所以他又提出教育太子的问题。他说：

> 天下之命县于太子，太子之善在于早谕教与选左右。

他提议的教育太子之法，起于襁褓之中，用三公（太保、太傅、太师）、三少（少保、少傅、少师）作保傅，使他"生而见正事、闻正言、行正道"。太子稍长，便入学校，学中有东学、南学、西学、北学及太学，叫做五学。这种提议便是后来国家立学校的起点。本意是为太子立学，推广到为国子立学，更推广到为国人立学，这是国学制度的演进。

但贾谊还提出一个更大的社会问题，就是怎样对付那新兴的商人阶级的问题。旧封建社会的阶级崩坏以来，商人渐渐占社会的重要地位。《史记·货殖传》说的最明白：

> 凡编户之民，富相什（十倍），则卑下之；伯，则畏惮之；千则役，万则仆，物之理也。

这便是新兴的私有资产制度的社会阶级的大致。《史记》又说：

> 夫用贫求富，农不如工，工不如商，刺绣文不如倚市门。此言末业，贫者之资也。通邑大都，酤一岁千酿，醯酱千瓨，酱千甔，屠牛羊彘千皮，贩谷粜千钟，薪稾千车，船长千丈（总数长千丈），木千章，竹竿万个，其轺车百乘，牛车千两，木器髤（漆）者千枚，铜器千钧，素木铁器若卮茜千石（卮茜音支倩，是一种染料。此言素木器或铁器或卮茜千石。百二十斤为石），马蹄躈千，牛千足，羊彘千双，僮手指千（僮是奴婢，千指为百人），筋骨丹沙千斤，其帛絮细布千钧，文采千匹，榻布（粗厚之布）皮革千石，漆千斗，糵麹盐豉千瓵，鲐鮆千斤，鲰千石，鲍千钧，枣栗千石者三之，狐貂裘千皮，羔羊裘千石，旃席千具，他果菜千钟；子贷金钱千贯，节驵侩，贪贾三之，廉贾五之（此十七字是一项，旧注都错了。这是说，息借千贯钱来做买卖，贪贾得利多，廉贾得利少，故三个贪贾或五个廉贾，也可比千乘之家。上文"枣栗千石者三之"，也是说，这样的三个人才可比千乘之家）——此亦比千乘之家。其大率也。他杂业不中什二（不够二分利），则非吾财也。

这是当日的所谓资产阶级，其中有工业家（酿酒、做醋、造酱、织布、漆器、铜器等），有大农（种树、种竹、畜牧等），有商贩，有运输业（车、船等）。其生产方法还在手工工业时代，故奴婢也是资本的一种。其利益至少在百分之二十以上。《货殖传》（此参用《汉书》本，比《史记》明白）又说：

> 秦汉之制，列侯封君食租税，岁率户二百，千户之君则二十万。（此皆以钱计算。）朝觐聘享出其中。庶民农工商贾率亦岁万息二千，百万之家则二十万，而更徭租赋出其中，衣食之欲恣所好美矣。

这个新兴的资产阶级的享用奢侈，是当时很惹起注意的一点。当时去古未远，封建阶级社会的遗风习俗还在记忆之中，社会思想还全在封建时代留遗的书籍的势力之下，故这种新的社会状态是一般儒生所不能了解容忍的。故贾谊说：

> 今民卖僮（女奴）者，为之绣衣丝履，偏诸缘（偏诸，即编绪，略如今之花边），内之闲中。是古天子后服，所以庙而不宴者也．而庶人得以衣婢妾。白縠之表，薄纨之里，緁以偏诸，美者黼绣。是古天子之服，今富人大贾嘉会召客者以被墙。古者以奉一帝一后而节适，今庶人屋壁得为帝服，倡优下贱得为后饰。……
>
> 夫百人作之，不能衣一人，欲天下无寒，胡可得也？一人耕之，十人聚而食之，欲天下之无饥，不可得也。饥寒切于民之肌肤，欲其无为奸邪，不可得也。（《汉书》四十八）

他从富人的奢侈，推想到国中财力的消耗。他以为商业的发达可以使人民弃农而就商，弃本而逐末，所以生财者减少而耗财者加多，势必至于国中财力竭蹶。他说：

> 古之人曰："一夫不耕，或受之饥；一女不织，或受之寒。"生之有时，而用之无度，则物力必屈。……今背本而趋末，食者甚众，是天下之大残也。淫侈之俗日日以长，是天下之大贼也。残贼公行，莫之或止，大命将泛，莫之振救。出之者甚少，而靡之者甚多，天下财产何得不蹶？（《汉书》二十四）

这是他的经济学原理，也便是许多儒者的经济学原理。这种经济观只承认农业和手工为生产的来源，而商业没有生产的功用；只承认农产和手工产物为财富，而货币是不急之物。他们只看见"百人作之，不能衣一人"，却没有看见那一人的提倡可以使百人千人得衣食之具。他们只看见"出之者甚少，而靡之者甚多"，而没有知道那"靡之者多"正可以使"出之者"得高价，享厚利。

他们这种根据于农业社会的经济成见，遂使他们提出一种重农抑商的经济政策。贾谊说：

> 夫积贮者，天下之大命也。苟粟多而财有余，何为而不成？以攻则取，以守则固，以战则胜。……今驱民而归之农，皆著于本，

> 使天下各食其力，末技游食之民转而缘南亩，则畜积足而人乐其所矣。(《汉书》二四)

这个主张里含有多少传统的经济学原理！第一是粟多则国富，第二是农是财富之“本”，第三是商人是不自食其力的末技游食之民，第四是国家欲谋富足当驱民归农。

这个政策后来便成了西汉儒生的社会政策，在政治上发生了很重大的影响。晁错（死于前一五四）便是主张这政策最有力的一个。晁错的经济思想和贾谊最接近，但他说的更明白痛快。他说：

> 今海内为一，土地人民之众不避汤禹，加以无天灾数年之水旱，而畜积未及者，何也？地有遗利，民有余力，生谷之土未尽垦，山泽之利未尽出也。游食之民未尽归农也。民贫则奸邪生。贫生于不足，不足生于不农。不农则不地著，不地著则离乡轻家，民如鸟兽，虽有高城深池，严法重刑，犹不能禁也。(《汉书》二四)

这里又添了一条原则，就是“不农则不地著”。当时商业渐发达，民间自然有向都市移徙的趋势。这种趋势是很自然而且很有益的，因为这种移民可以救济乡间的人口过多，又可以用在都市工作所得来补助农事的收入。但这班儒者不能了解这趋势的意义，都以为民不归田则田无人耕种了，民不著地便成了鸟兽一样的游民了。晁错因此又得一个经济政策，叫做“贵五谷而贱金玉”。他说：

> 夫珠玉金银，饥不可食，寒不可衣。然而众贵之者，以上用之故也。其为物轻微易藏，在于把握，可以周海内而无饥寒之患。此令臣轻背其主，而民易去其乡，盗贼有所劝，亡逃者得轻资也。粟米布帛生于地，长于时，聚于力，非可一日成也。数石之重，中人弗胜，不为奸邪所利。一日弗得而饥寒至。是故明君贵五谷而贱金玉。

他完全不了解货币的用处，只觉得货币有害而无利。如果没有那

“轻微易藏，在于把握可以周海内”的货币，如果只有那笨重的五谷布帛，那么，人民就不会远徙了，盗贼也无所利了，商业也不会发达了。

晁错最诋毁商人，他以为商人是不劳而得利的寄生阶级，他们营利的方法全靠投机操纵市场，又兼并（兼并即现在所谓掠夺）农民，使农民不得不逃亡。他这样描写农民的生活：

> 今农夫五口之家，其服役者不下二人，其能耕者不过百亩，百亩之收不过百石。春耕夏耘，秋获冬藏，伐薪樵，治官府，给徭役，春不得避风尘，夏不得避暑热，秋不得避阴雨，冬不得避寒冻，四时之间，无日休息。又私自送往迎来，吊死问疾，养孤长幼在其中。勤苦如此，尚复被水旱之灾，急政暴虐，赋敛不时，朝令而暮改，当具有者半价而卖，无者取倍称之息，于是有卖田宅，鬻子孙，以偿责者矣。

他又写商人的生活道：

> 而商贾大者积贮倍息，小者坐列贩卖，操者奇赢，日游都市；乘上之急，所卖必倍。故其男不耕耘，女不蚕织，衣必文采，食必粱肉；无农夫之苦，有仟伯之得。因其富厚，交通王侯，力过吏势，以利相倾。千里游敖，冠盖相望，乘坚策肥，履丝曳缟。此商人所以兼并农人，农人所以流亡者也。

他很感慨的说：

> 今法律贱商人，商人已富贵矣。尊农夫，农夫已贫贱矣。故俗之所贵，主之所贱也。吏之所卑，法之所尊也。

汉初大乱之后，商人投机牟利，使物价腾贵，米至每石值万钱，马一匹值百金。故高祖“乃令贾人不得衣丝乘车，重租税以困辱之”。这种法令到吕后时才得废弛，然而“市井之子孙亦不得仕宦”（以上见《史记》三十)。这就是晁错所谓“法律贱商人”。

大概商人是新兴阶级，本来常受旧阶级的贱视。社会上越贱视商人，商人越不能不自卫；自卫的武器便是金钱的势力。此如中古欧洲贵族武士贱视犹太商人，而因为金钱都在犹太商人之手，他们终得最后的胜利。试举晁错同时的一件事为例：

> 吴楚七国兵起（前一五四）时，长安中列侯封君行从军旅，赍贷子钱家。（旧注：“行者须赍粮而出，于子钱家贷之也。”列侯封君从军皆须自备资用，这是封建社会的遗制。欧洲封建时代也如此。）子钱家以为侯邑国在关东，关东成败未决，莫肯与。唯无盐氏出捐千金贷；其息什之（生一得十倍）。三月吴楚平。一岁之中，无盐氏之息什倍，用此富埒关中。(《史记》一二九)

这种高利债便是这班钱鬼子自卫的方法，报复的武器，也便是他们最遭贵族文人仇视的原因。晁错所谓“乘上之急，所卖必倍”，正是指此等行为。但在急需的时候，十倍之息还有人抢着要，何况一倍利呢?

晁错等人对于这个新兴而有绝大势力的商人阶级，都认为有实行裁制的必要。贾谊没有提出具体的方案，晁错是个大政治家，便提出了一个方案。晁错的提议是：

> 方今之务，莫若使民务农而已矣。欲民务农，在于贵粟。贵粟之道在于使民以粟为赏罚。今募天下入粟县官，得以拜爵，得以除罪。如此，富人有爵，农民有钱，粟有所渫（渫，散也）。夫能入粟以受爵，皆有余者也。取于有余，以供上用，则贫民之赋可损。所谓损有余，补不足，令出而民利者也。

晁错的本意是重农而抑商，但他这个入粟拜爵策却是于农商两都有利的。他在无意之中发现了一条赋税原则，叫做赋税应“取于有余”，他的入粟拜爵其实是一种变相的所得税，使有钱的人拿钱去买粟来捐爵，一面抬高农产的价格，一面又使国家增加一笔大收入。

抽商人的余财以供国用，这是抑商。同时他使商人得买爵，这便抬高了商人阶级的地位了。

汉文帝和景帝都采用了这个政策。最初只募民“能输粟及转粟于边者拜爵”；后来边境的屯粮已够支五年了，又令民入粟于郡县，以备凶灾。晁错后来似乎专注重在那“损有余，补不足”的赋税原则，所以又奏请“郡县足支一岁以上，可时赦，勿收农民租”。文帝听了他的话，遂下诏豁免十二年（前一六八）的田租之半。明年（前一六七），遂全免民田的租税。过了十三年，景帝二年（前一五五），令民出田租之半额，原是十五分之一，半额便成了三十分之一了。（《汉书》二四）

三、王制

以上所举，不过是略举当时儒生提出的几个社会问题和政治问题，使我们知道，在那个无为政治之下，这些儒生在那里大声疾呼的指出社会国家的病态，要求作积极的改革。我们也应该知道，那七十年的无为政治之下，所有一点点有为的政治都是几个儒生的计画。如叔孙通的定仪法，如贾谊、晁错的减削诸侯，如晁错的积贮政策，如贾谊的兴学计画，这都是国家的根本大计。他们的功罪和是非，也许都还有讨论的余地，但他们的积极有为的精神，不肯苟且偷安，不肯跟着一般人说“天下已安已治”，总想应付问题，总想寻求办法：这种精神是值得史家注意的。

秦始皇、李斯都有点开国气象，魄力很大，想造成一个新局面。但中国第一次有这个统一大帝国，他们初次得了这一份绝大家私，实在有点手忙脚乱，应付不过来。秦始皇妄想长生不死，好让他从容整理那大帝国。不料他骤然死倒，一个偌大帝国落在两个小人之手，李斯的血还不曾干，秦皇的天下已瓦解了。汉高帝也有点魄力，有点气度，但太没有学识了，单靠一点无赖的聪明，造成了第二个统一帝国。统一的事业刚成功，他就死了，这个偌大帝国又落在一个凶顽无识的妇人手里。几十年之中，大家都只是苟且敷衍过日子，从没有一个通盘的计画，也从没有一个长治久安的规模。名为无为而治，其实只是姑息偷安而已。

贾谊、晁错一班儒生的重要只在他们肯把社会国家的问题通盘想过，不肯苟且偷安过日子，却要放手解决一些困难问题。他们的学识比灌婴、周勃高的多，又有那儒家“任天下之重”的遗风，很想得君行道，做一番事业。故帝国的命运到他们手里才有一个大转机，到他们手里才有一点建国规模，才有一点通盘计画。削减封建诸侯，积贮军粟，主张伐匈奴，注意教育事业，国家收回造币权，这些计画都发端于文帝时代，酝酿于景帝时代，而实现于武帝时代。

我在上文已略述贾谊、晁错提出的一些问题和办法了。这个时代有一部《王制》出现，是文帝令博士诸生做的，是一部雏形的《周礼》，很可以代表这时代的儒生想做点通盘打算的建国方略的野心，所以很值得我们的注意。

《王制》是一个理想的帝国计画。这班儒生都是从封建时代晚期的经典里训练出来的，又都有鉴于秦以孤立而亡，故他们的理想国家还是一个新式的封建国家，还是一个“等级分明”的社会。他们分天下为九州，每州方千里。天子之县自为一州，分九十三国。其余八州，每州分二百十国。九州共分一千七百七十三国，每国大者方百里，小者方五十里。这便是贾谊所谓“众建诸侯而少其力”的意思。

但这个封建国家不是像秦以前那个分争割据的列国，却是一个统一的帝国：

> 五国以为属，属有长。十国以为连，连有帅。三十国以为卒，卒有正。二百一十国以为州，州有伯。八州，八伯，五十六正，百六十八帅，三百三十六长，八伯各以其属属于天子之老二人，分天下以为左右，曰二伯。
>
> 天子使其大夫为三监，监于方伯之国，国三人。

这种区域，与后世分省、道、府、县，无大分别；方伯等于总督，二伯等于南北洋大臣。所不同者，郡县制的官吏不能世袭，而《王制》的诸侯却是“世子世国”，《王制》规定诸侯对天子，每年一小聘，三年一大聘，五年一朝；而天子五年一巡狩，天子对诸侯可以削地，可以绌爵，可以流，可以讨。况且诸侯的食禄都有定额：

> 大国之君食二千八百八十人。次国之君食二千一百六十人。小国之君食千四百四十人。

这种封建诸侯也就和郡县制之下的官吏相去无几了。

《王制》的官制还是很简单的，远不如后出的《周礼》的详密整齐。有一个冢宰，像个财政大臣，有制国用的职务：“用地大小，视年之丰耗，以三十年之通制国用，量入以为出”。有一个大司空，像个农工大臣。有个大司徒，像个教育大臣；有个大乐正，像个国学祭酒。有个大司马，不是兵部大臣，却像个吏部尚书，他的任务是“辨论官材，论进士之贤者以告于王而定其论，论定然后官之，任官然后爵之，位定然后禄之”。有个大司寇，像个司法大臣。还有个太史，“典礼执简，祀奉讳恶，天子斋戒受谏”，这像是个古史官和后世的御史谏官合而为一。

这里面有个很重要的财政预算制度，叫做“以三十年之通制国用，量入以为出”。量入以为出是紧缩的财政预算，和近世国家的“量出以为入”的原则恰恰相反。但这个制度在中国历史上已成为天经地义，古代政治思想中的节俭教训都总括在这一个公式里，直接的范围了中国财政二千年之久，间接的便限制了中国政治制度的性质，使他倾向于消极的节缩，而不能积极的生利。这里面又有一个很重要的教育选举制度：

> 命乡论秀士，升之司徒，曰选士。司徒论选士之秀者而升之学，曰俊士。升于司徒者，不征于乡；升于学者，不征于司徒，曰造士。

乐正（国学校长）崇四术，立四教，顺先王诗书礼乐以造士：春秋教以礼乐，冬夏教以诗书。王太子，王子，群后之太子，卿大夫元士之适子，国之俊选，皆造焉。……

大乐正论造士之秀者以告于王，而升诸司马，曰进士。司马辨论官材，论进士之贤者以告于王而定其论。论定，然后官之，任官然后爵之，位定然后禄之。

这个制度后来成为中国太学制及选举制的根据。世禄的贵族阶级崩坏以后，公开的学校和选举是必不可少的制度。但汉初的建国者都不曾想到这一著。作吏出身的相国萧何定律令，有一条很重要的律文说：

太史试学童能讽书九千字以上，乃得为史。又以六体试之，课最者以为尚书御史史书令史。（《汉书·艺文志·小学》序）

许慎《说文解字》叙也说：

学僮年十七以上，始试讽籀书九千字，乃得为吏。又以八体试之。（八体是大篆、小篆、刻符、虫书、摹印、署书、殳书、隶书。）

这虽是考试取士的起点，但考试的内容偏重认字写字，所取只限于抄胥之才。《王制》的理想制度是第一次提出国家设学校取士任官的制度。

这里也有一个很平恕的司法制度：

司寇正刑明辟，以听狱讼。

凡听五刑之讼，必原父子之亲，立君臣之义，以权之；意论轻重之序，慎测浅深之量，以别之；悉其聪明，致其忠爱，以尽之。疑狱，氾与众共之；众疑，赦之。（此句近于一种陪审制度。）必察小大之比以成之。

成狱辞，史以狱成告于正，正听之。正以狱成告于大司寇，大司寇听之棘木之下。大司寇以狱之成告于王，王命三公参听之。三公以狱之成告于王，王三宥，然后制刑。

凡作刑罚，轻无赦。刑者侀也，侀者成也。一成而不可变，故君子尽心焉。

当时有伟大的法官如张释之之流主持司法制度，故《王制》说司法最亲切有味。

《王制》有一种均田制度。他们估计四海之内约有田八十万亿一万亿亩（亿是十万，此即八十一万亿亩，即八一〇〇〇〇〇〇〇〇〇亩）。其中约有三分之二可以授民耕种。他们主张这样分配：

制农田百亩。百亩之分，上农夫食九人，其次食八人，其次食七人，其次食六人，下农夫食五人。庶人在官者，其禄以是为差也。

地有肥瘠，故有五等之别。他们所主张均田之法，原则上认田为公产，不得买卖；又沿袭封建社会的田制，令农民耕公田，以代租税，而自耕之领田则不出租税。

古者公田，借（借民力）而不税。市，廛而不税（税其店铺，而不税其货物）。关，讥而不征。林麓川泽，以时入而不禁。

用民之力，岁不过三日。田里不鬻，墓地不请。

这是一种很普遍的均产制度，必须先把一切私有的土地都没收为公有，然后可以分给农民。这是绝大的改革，当时的君主都没有这个魄力，故这个制度只成为一种理想，后来董仲舒主张限田，到哀帝时师丹、孔光、何武要实行限田，皆不曾实行。到王莽时，才决心实行没收私有土地，不得私行买卖，又实行分田。但三年之后，这个政策也不能不废止了。

《王制》是博士诸生所作，其中制度受孟子的影响最大，往往迂阔难以实行。文帝与窦后都是无为主义的信徒，他们虽令博士先生们做此书，也不过当他作一件假骨董看而已。书中又有三年的丧制，说：

> 三年之丧，自天子达庶人。
>
> 天子七日而殡，七月而葬。诸侯五日而殡，五月而葬。大夫士庶人三日而殡，三月而葬。
>
> 父母之丧，三年不从政。齐衰大功之丧，三月不从政。

这种制度在实际生活上有很大的困难，故不为一般人所赞成。文帝主张短丧，三十六日而除服，汉朝悬为定制。这也许是《王制》不见采用的一个原因罢？

四、董仲舒与司马迁——干涉论与放任论

董仲舒在对策里曾说："人欲之谓情，情非度制不节。"《春秋繁露》有《度制篇》（第二七），即申说此意：

> 孔子曰："不患贫而患不均。"故有所积重，则有所空虚矣。大富则骄，大贫则忧。忧则为盗，骄则为暴。此众人之情也。圣者则于众人之情见乱之所从生，故其制人道而差上下也，使富者足以示贵而不至于骄，贫者足以养生而不至于忧，以此为度而调均之，是以财不匮而上下相安，故易治也。今世弃其度制而各从其欲，欲无所穷而俗得自恣，其势无极，大人病不足于上，而小民羸瘠于下，则富者愈贪利而不肯为义，贫者日犯禁而不可得止。是世之所以难治也。

他的理想的社会是一个重新封建的调均社会。他在《繁露》第二十七、八两篇里略说这个理想。这社会是封建的，

> 天子邦圻千里，公侯百里，伯七十里，子男五十里。附庸，字者方三十里，名者方二十里，人氏者方十五里。

是等级分明的，凡有二十四等，

> 贵贱有等，衣服有制，朝廷有位，乡党有序。

是有均田制度的，

> 方里八家，一家百亩，以食五口。（本身与父母妻子为五口。）上农夫耕百亩，食九口，次八人，次七人，次六人，次五人。

此与《王制》的均田制度相同。他在别处又说：

> 古者税民不过什一，其求易供；使民不过三日，其力易足。（《汉书》二四）

这也是《王制》的话。

但他也明白这个平均土田的制度是不容易恢复的了，所以他只主张实行两个比较和缓的主张：一个是禁止官府贵族与人民争利，一个是限民名田。他说：

> 身宠而载高位，家温而食厚禄，因乘富贵之资力，以与民争利于下，民安能如之哉？是故众其奴婢，多其牛羊，广其田宅，博其产业，畜其积委，务此而无已，以迫蹴民。民日削月朘，浸以大穷。富者奢侈羡溢，贫者穷急愁苦。（《对策》三）

故他主张：

> 受禄之家，食禄而已，不与民争业，然后利可均布，而民可家足。……公仪子相鲁，之其家，见织帛，怒而出其妻。食于舍而茹葵，愠而拔其葵，曰："吾已食禄，又夺园夫红女利乎？"

限民名田的主张不是彻底的均田，只是立一个私有田产的限制，每

个私人名下的田产不得过这个法定的额数。董仲舒说当时贫富不均的情形是由于井田制度破坏之后田地成为私有财产，可以买卖，故

富者田连阡陌，贫者无立锥之地。〔富人〕又专川泽之利，管山林之饶，荒淫越制，逾侈以相高。邑有人君之尊，里有公侯之富。小民安得不困？又加月为更卒，已复为正，一岁屯戍，一岁力役，三十倍于古。（更卒是在郡县给役，一月而更换。正卒是给事于中都官。综计一岁之中，屯戍及力役之事，比那使民一岁不过三日的古制，要多三十倍。）田租口赋盐铁之利，二十倍于古。或耕豪民之田，见税什五。（无田者耕地主之田，以十分之五给田主。）故贫民常衣牛马之衣，而食犬彘之食。重以贪暴之吏刑戮妄加，民愁无聊，亡逃山林，转为盗贼。赭衣半道，断狱岁以千万数（以上说秦时状况）。汉兴，循而未改。（《汉书》二四）

所以他提出限田之法：

古井田法虽难猝行，宜少近古，限民名田，以赡不足，塞并兼之路。盐铁皆归于民。去奴婢，除专杀之威。薄赋敛，省徭役，以宽民力。

这是他的“调均”政策的一种。均即是均平，即是均贫富。儒者也知道人的材力不平等，但他们总想用人力去使他们比较平等，总想用“度制”做到“调均”的社会。

在这一点上，我们可以看看董生的朋友司马迁的意见。司马迁是受道家的自然无为主义的影响很深的，故他对于那贫富不均的社会，并不觉得奇怪，也不觉得有干涉的必要。在他的眼里，商人阶级的起来，不过是一种很自然的现象。他很平淡的说：

富者，人之情性所不学而俱欲者也。（以下均引《史记》一二九《货殖传》。）

天下熙熙，皆为利来；天下攘攘，皆为利往。夫千乘之王，万

家之侯，百室之君，尚犹患贫，而况匹夫编户之民乎？

这不但是自然的现象，并且是很有益于社会的。社会国家都少不得商人，商人阶级是供给社会的需要而产生的。他说：

> 夫山西饶材竹谷纑旄玉石，山东多鱼盐漆丝声色，江南出楠梓姜桂金锡连（铅）丹沙犀玳瑁珠玑齿革，龙门、碣石北多马牛羊旃裘筋角，铜铁则千里往往山出棋置。此……皆中国人民所喜好谣俗被服饮食奉生送死之具也。故待农而食之，虞而出之，工而成之，商而通之。此宁有政教发征期会哉？人各任其能，竭其力，以得所欲。故物贱之征贵，贵之征贱，各劝其业，乐其事，若水之趋下，日夜无休时，不召而自来，不求而民出之。岂非道之所符而自然之验耶？《周书》曰："农不出则乏其食，工不出则乏其事，商不出则三宝绝，虞不出则财匮少，财匮少而山泽不辟矣。"此四者，民所衣食之原也。原大则饶，原小则鲜。上则富国，下则富家。贫富之道，莫之夺予，而巧者有余，拙者不足。

司马迁在这里把农工商虞（虞是经营山泽之利的，盐铁属于此业）四个职业分的最清楚，"商而通之"一语更是明白指出商业的功用。同书里曾说：

> 汉兴，海内为一，开关梁，弛山泽之禁，是以富商大贾周流天下，交易之物莫不通得其所欲。

这几句简单的话，使我们知道资本主义的发达是由于汉帝国初期的开放政策。政府尽管挫辱商人，不准商人乘车衣丝，但只要免除关市的苛捐杂税，只要开放山泽之利，商业自然会发达的。商业的发达能使交易之物各得其所欲，这正是商人流通有无的大功用。

司马迁的卓识能认清贫富不均是由于人的巧拙不齐，是自然的现象。他说：

> 贫富之道，莫之夺予，而巧者有余，拙者不足。

又说：

> 无财作力，少有斗智，既饶争时。

又说：

> 纤啬筋力，治生之正道也。（此即所谓无财作力。）而富者必用奇胜。（此即所谓斗智争时。）田农拙业，而秦阳以盖一州。掘冢，奸事也，而曲叔以起。博戏，恶业也，而桓发用之富。行贾，丈夫贱行也，而雍乐成以饶。贩脂，辱处也，而雍伯千金。卖浆，小业也，而张氏千万。洒削（治刀剑），薄技也，而郅氏鼎食。胃脯（焊羊胃，以末椒姜拌之，晒干作脯），简微耳，浊氏连骑。马医，浅方，张里击钟。此皆诚壹之所致。由是观之，富无经业，则货无常主。能者辐凑，不肖者瓦解。

这都是说工商致富都靠自己的能力智术，不是偶然的，也不是不劳而得的。他引白圭的话道：

> 吾治生产犹伊尹、吕尚之谋，孙吴用兵，商鞅行法是也。是故其智不足与权变，勇不足以决断，仁不能以取予，强不能有所守，虽欲学吾术，终不告之矣。

故他赞白圭道：

> 白圭其有所试矣。能试有所长，非苟而已也。

这都是承认营利致富是智能的报酬，不是傥来之物。这是很替资本制度辩护的理论，在中国史上最是不可多得的。太史公不像董仲舒那样“下帷讲诵，三年不窥园”而偏爱高谈天下经济问题的人，他

少年时便出门游历，足迹遍于四方，故能有这种特殊的平恕的见解。他看不起那些迂腐儒生，

> 无岩奇处士之行，而长贫贱，好语仁义，亦足羞也。

司马迁既认那农工虞商的资本主义的社会是“道之所符而自然之验”，故他不主张干涉的政策，不主张重农抑商的政策，也不主张均贫富的社会主义。他说：

> 夫神农以前，吾不知已。至若《诗》《书》所述，虞夏以来，耳目欲极声色之好，口欲穷刍豢之味，身安逸乐而心夸矜势能之荣，使俗之渐民久矣。虽户说以眇（妙）论，终不能化。故善者因之，其次利导之，其次教诲之，其次整齐之，最下者与之争。

这种自然主义的放任政策是资本主义初发达时代的政治哲学。欧洲十八世纪的经济学者，大都倾向于这条路。但资本主义的社会自然产生贫富大不均平的现象，董生所谓“富者田连阡陌，而贫者无立锥之地”，“贫民常衣牛马之衣，而食犬马（彘）之食”。这种现象也自然要引起社会改革家的注意与抗议，故干涉的政策，均贫富的理想，均田限田的计画，都一一的起来。董生和太史公同时相熟，而两人的主张根本不同如此。后来的儒家比较占势力，而后来的道家学者又很少像司马迁那样周知社会经济状况的，故均贫富，抑并兼的均产主义渐渐成为中国的正统思想。师丹限田之制失败之后，王莽还要下决心实行均田之制。王莽失败了，后世儒者尽管骂王莽，而对于社会经济，却大都是王莽的信徒。试看班固的《货殖传》，材料全抄《史记》，而论断完全不同了。我们试一比较这两种《货殖传》，可以看思想的变迁了。

五、儒生与汉家制度

董仲舒提出的问题，除了已见上文的之外，还有许多问题值得我们的注意。一个是反对专用刑罚的问题，贾谊也曾提出这个问题，但董生加上宗教的色彩，使这个问题成为儒教的一部分。他说：

> 天道之大者在阴阳。阳为德，阴为刑；刑主杀而德主生，是故阳常居大夏而以生育长养为事，阴常居大冬而积于空虚不用之处。以此见天之任德不任刑也。……王者承天意以从事，故任德教而不任刑。刑者，不可任以治世，犹阴之不可任以成岁也。为政而任刑，不顺于天。……今废先王德教之官，而独任执法之吏治民，毋乃任刑之意欤？（《对策》一）

同这问题相连的，是教化的问题：

> 夫万民之从利也，如水之走下；不以教化堤防之，不能止也。是故教化立而奸邪皆止者，其堤防完也。教化废而奸邪并出，刑罚不能胜者，其堤防坏也。古之王者明于此，是故南面而治天下，莫不以教化为大务，立大学以教于国，设庠序以化于邑，渐民以仁，摩民以谊，节民以礼。故其刑罚甚轻，而禁不犯者，教化行而习俗美也。（《对策》一）

教化问题的一部分是太学问题：

> 养士之大者，莫大乎太学。太学者，贤士之所关也，教化之本原也。今以一郡一国之众，对无应书者，是王道往往而绝也。臣愿陛下兴太学，置明师，以养天下之士，数考问以尽其材，则英俊宜可得矣。

同教育制度有关的，是选士任官的问题：

> 今之郡守县令，……既无教训于下，或不承用主上之法，暴虐

百姓，与奸为市，贫穷孤弱冤苦，失职甚不称陛下之意。夫长吏多出于郎中中郎。吏二千石子弟选郎吏，又以富赀，未必贤也。（汉初选郎吏多出于“任子”及“算赀”二途。如袁盎因兄哙任为郎中，如霍去病任异母弟霍光为郎，这是任子。如张释之以赀为骑郎，如司马相如以赀为郎，这是算赀。景帝后二年诏曰：“今赀算十以上，乃得官。廉士算不必众，有市籍不得官，无赀又不得官。朕甚愍之。赀算四得官。”十算为十万，四算为四万。汉时每万钱算百二十七文，是为一算，故称赀算。赀算不是捐官，只是要一个身家殷实的资格，方许做官——其理由有二。应劭曰：“古者疾吏之贪，衣食足，知荣辱，限赀十算，乃得为吏。”一也。姚鼐曰：“汉初郎须有衣马之饰，乃得侍上，故以赀算。张释之云，久宦灭仲之产，卫青令舍人具鞍马绛衣玉具剑，是也。”二也。《张释之传》注引《汉仪注》说“赀五百万得为常侍郎”。汉之郎吏最多，有时多至千人。）且古所谓功者，以任官称职为差，非谓积日累久也。故小材虽累日，不离于小官；贤材虽未久，不害为辅佐。是以有司竭力尽知，务治其业，而以赴功。今则不然。累日以取贵，积久以致官。是以廉耻贸乱，贤不肖浑殽，未得其真。臣愚以为使诸列侯郡守二千石各择其吏民之贤者，岁贡各二人，以给宿卫，且以观大臣之能。所贡贤者有赏，所贡不肖者有罚。夫如是，诸侯吏二千石皆尽心于求贤，天下之士可得而官使也。……毋以日月为功，实试贤能为上，量材而授官，录德而定位，则廉耻殊路，贤不肖异处矣。（《对策》二）

他还有一个提议，影响中国教育和学术思想最大的，就是定儒学为一尊的政策：

《春秋》大一统者，天地之常经，古今之通谊也。今师异道，人异论，百家殊方，指意不同，是以上无以持一统，法制数变，下不知所守。臣愚以为诸不在六艺之科（六艺即六经），孔子之术者，皆绝其道，勿使并进。邪辟之说灭息，然后统纪可一而法度可明，民知所从矣。（《对策》三）

这个建议的文字和精神都同李斯的焚书议是很相像的。他们的主旨都是要“别黑白而定一尊”，都是要统一学术思想。所不同的，只是李斯自信他的制度远胜古人，故禁止学者“以古非今”，故要用现时的新制来统一学术思想；而董仲舒却不满意于汉家制度，故他实行

“以古非今”，而要尊崇儒家的学说来统一现时的学术思想。

董仲舒的许多主张，有一些后来竟成为汉朝的制度。他的限田法，哀帝时师丹、孔光等人当权，想要实行，因贵族外戚反对而止。他的选举任官计画，本和汉文帝以来的举“贤良方正，直言极谏”，及举“贤良文学”的制度无甚冲突，故更容易实行。武帝元封五年（前一〇六）诏令“州郡察吏民有茂材异等，可为将相及使绝域者”，这更近于董仲舒的主张了。他的太学计画，也在武帝时实行。元朔四年（前一二一）诏曰：

> 盖闻导民以礼，风之以乐。今礼坏乐崩，朕甚闵焉。故详延天下方闻之士，咸荐诸朝。其令礼官劝学，讲议洽闻，举遗兴礼，以为天下先。太常其议予（予是给与）博士弟子，崇乡党之化，以厉贤材焉。（《汉书》六）

那时的丞相是公孙弘，他和太常孔臧，博士平等议奏道：

> 闻三代之道，乡里有教，夏曰校，殷曰序，周曰庠。其劝善也，显之朝廷；其惩恶也，加之刑罚。故教化之行也，建首善自京师始，由内及外。……古者政教未洽，不备其礼，请因旧官而兴焉：为博士官置弟子五十人，复其身（复是免徭役）。太常择民年十八以上，仪状端正者，补博士弟子。郡国县道邑有好文学，敬长上，肃政教，顺乡里，出入不悖所闻者，令相长丞上所属二千石。二千石谨察可者，当与计（计是上计吏）偕诣太常，得受业如弟子。一岁，皆辄试。能通一艺以上，补文学掌故缺。其高第可以为郎中者，太常籍奏。即有秀才异等，辄以名闻。其不事学，若下材，及不能通一艺，辄罢之。而请诸不称者，罚。（滥举博士弟子者有罚。《汉书·功臣表》，山阳侯张当居坐为太常择博士弟子不以实，完为城旦。）（此奏见《史记》一二一，又《汉书》八八。）

这是太学的最初制度。太学本是贾谊、董仲舒等人的理想，于古无所根据。故公孙弘等说古者不备其礼，只好“依旧官而兴焉”。旧时博士本有弟子，如贾山之祖父贾祛便是魏王时的博士弟子（《汉书》

五一）；如秦时有博士诸生，似即是博士弟子。汉初博士也可以收弟子，故景帝末年，蜀郡守文翁选送小吏张叔等十余人到京师受业于博士（《汉书》八九）。公孙弘因此便想到利用这个旧制度，即把博士弟子作为有定额的太学生。他们定的制度暂定博士弟子为五十人，这是中国的第一个国立大学，卒业年限只定一年！后来昭帝时，增名额为百人，宣帝时由二百人增至一千人，成帝末增至三千人。东汉晚期，太学诸生多至三万余人。（王国维《观堂集林》卷四有《汉魏博士考》，最可参考。）贾谊、董生的梦想居然实现了。

公孙弘等的奏议里，还附带提出一个选士任官的制度，也可以说是实行贾、董诸人的主张。董仲舒曾说：

> 今以一郡一国之众，对无应书者，是王道往往而绝也。

公孙弘等奏道：

> 臣谨案，诏书律令下者，明天人分际，通古今之谊，文章尔雅，训辞深厚，恩施甚美。小吏浅闻，不能究宣，无以明布谕下。

这是说，当时的郡国小吏已不懂得古文的诏书律令了。所以他们提议一个补救的办法：

> 治礼（官名，《汉书·王莽传》有大行治礼，《平当传》有大行治礼丞），次治掌故（官名），以文学礼义为官，迁留滞。（这两种官，升迁都缓滞。）请选择其秩比二百石以上，及吏百石，通一艺以上，补左右内史大行〔之〕卒史；比百石以下，补郡太守〔之〕卒吏：皆各二人，边郡一人。先用诵多者。（以上是说用治礼去做卒史。）若不足，乃择掌故补中二千石属，文学掌故补郡属。（掌故秩百石，见《史记·晁错传》注引应劭、服虔说。治礼官有“秩比二百石以上”者，其秩高于掌故，故云“次治掌故”。而掌故补卒史也在尽先补用治礼之后。此奏《史记》与《汉书》两本文字稍不同，句读不易定，向来学者颇多异说。参看王先谦《汉书补注》八十八。我现用《史记》原文，定其句读，略加注释，似胜旧说。）

这是替书生谋出路，开后世用经学文学取士的制度的先声。萧何定律令，只考取能认字写字的抄胥之才；公孙弘的制度便进了一步，要“能通一艺（一经）以上”，才可以做中二千石（左右内史，即后来的左冯翊，右扶风；大行即后来的大鸿胪）和郡守的属官。博士弟子（太学生）此时的出路只是作文学掌故，递补作二千石的卒史。但后来太学人数增多，于是考试出身的制度也改了：

> 岁课甲科四十人，为郎中；乙科二十人，为太子舍人；丙科四十人，补文学掌故。（《汉书》八八）

郎吏向来只有“任子”“算赀”两路，现在加上太学甲科的一途，这也是董仲舒的建议成为制度的一种。

董仲舒同时有一个儒生政治家文翁，在中国教育史上也应该占一个很高的位置。文翁是庐江舒人，名党，字仲翁，通《春秋》。景帝末年他做蜀郡守，见蜀地辟陋，有蛮夷风，他极力提倡教化：

> 乃选郡县小吏开敏有材者张叔等十余人，亲自饬厉，遣诣京师，受业博士，或学律令。减省少府（一郡之财政官）用度，买刀布蜀物，赍计吏以遗博士。数岁，蜀生皆成就，还归，文翁以为右职，用次察举，官有至郡守刺史者。（常璩《蜀志》，张叔官至扬州刺史。）

这是省费派遣留学的政策。

> 又修起学官于成都市中，招下县子弟以为学官弟子，为除更繇（更是更卒，繇是徭役）。高者以补郡县吏，次为孝弟力田。常选学官僮子，使在便坐受事。每出行县，益从学官诸生明经饬行者与俱，使传教令，出入闺阁。县中吏民见而荣之数年，争欲为学官弟子。富人至出钱以求之（情愿自费送子弟入学）。由是大化，蜀地学于京师者，比齐鲁焉。至武帝时，乃令天下郡国皆立学校官，自文翁为之始云。

这是郡国自兴学校的政策。武帝令天下郡国皆立学校官，不见于本纪，不知在何年。大概在公孙弘奏置博士弟子之后。从此中央有太学，州郡有学官，又有以通经取士之法，中国的教育制度的规模才算成立。因为创制之人都是儒生，故教材与考试内容都限于儒家的经籍，故儒家便包办了中国教育与科举制度二千年之久。

武帝元年（前一四〇），董仲舒对策，便建议：

> 诸不在六艺之科，孔子之术者，皆绝其道，勿使并进。

这一年，丞相卫绾便奏道：

> 所举贤良，或治申（申不害）、商（商鞅）、韩非、苏秦、张仪之言，乱国政，请皆罢。

武帝可其奏（《汉书》六）。这是第一次统一思想学术。这时候武帝只有十七岁（生于前一五六），太皇太后窦氏还很有势力，她是黄老的信徒，故卫绾不敢排斥黄老，只罢黜了刑名、纵横之学。故第一次的统一思想只是尊崇儒道两家而排斥其他学派。

这时候政治大权在两家外戚手里，一家是窦太皇太后的堂侄子窦婴，一家是王太后的同母弟田蚡。这两个人都好儒术，便有许多儒生也想依附他们，做点事业。武帝元年，卫绾因病免相，窦婴为丞相，田蚡为太尉。他们推荐了两个儒生，一个是赵绾，为御史大夫；一个是王臧，为郎中令。这两人都是鲁国经学大师申公的弟子，都想借这机会提倡儒家的政制，遂运动那位少年皇帝把申公请来。武帝便

> 使使束帛加璧，安车，以蒲裹轮，驾驷，迎申公。弟子二人乘轺传从。至，见上，上问治乱之事。申公时已八十余，老，对曰："为治者不在多言，顾力行何如耳。"是时上方好文辞，见申公对，默然。然已招致，即以为太中大夫，舍鲁邸，议明堂事。（《汉书》八八）

赵绾、王臧的维新事业只有四个月的命运。（建元元年七月迎申公，到次年

十月他们便倒了。）他们要

> 设明堂，令列侯就国，除关，以礼为服制（叔孙通的丧服制，被文帝的遗诏革除了。他们又要采用儒教的久丧之制），以兴太平。又举谪诸窦宗室无行者，除其属籍。诸外家为列侯，列侯多尚公主，皆不欲就国。以故，毁日至窦太后。太后好黄老言，而婴、蚡、赵绾等务隆推儒术，贬道家言。是以窦太后滋不悦。（《汉书》五二）

变法失败的局势已成了，只待爆发的时机。

> 二年（前一三九）冬十月，御史大夫赵绾请毋奏事太皇太后（《汉书》六，又五二）。窦太后大怒曰："此欲复为新垣平耶？"得绾、臧之过，以让上。上因废明堂事，下绾、臧吏，皆自杀。申公亦病免归，数年卒（《汉书》八八，又五二）。丞相婴，太尉蚡，免。（《汉书》六）

儒家的变法事业遂失败了，赵绾、王臧成了贾谊、晁错以后的牺牲者。

但四年之后（建元六年，前一三五），窦太后死了，田蚡为丞相。田蚡是武帝的外婆田老太太的儿子，出身微贱，但颇有才，"学《盘盂》诸书"（《汉书·艺文志》有孔甲《盘盂》二十六篇），自附于儒家。他既当权，遂和武帝大兴儒学，

> 绌黄、老、刑名百家之言，延文学儒者数百人。而公孙弘以《春秋》白衣为天子三公，封平津侯。天下之学士靡然响风矣。（《史记》一二一）

这是第二次统一学术思想。这时黄老之学的大护法窦太后已死了，故所罢绌不但是刑名、纵横之学，并且把黄老也包括在内。这才是儒学一尊。董仲舒的建议竟及身成为实际制度了。

十九，八，十八— 十九，八，卅，改稿成。

附　中国中古思想小史

第一讲　中古时代

一、中古时代　暂定从秦始皇到宋真宗，约计一千二百年（纪元前二二〇—纪元一〇二〇），为中国的中古时代。

二、中古时代的特别色彩：（一）统一国家的造成。（二）新民族的侵入与同化。（三）宗教化的普遍。

三、中古思想的两大分段：

第一段，古代思想的混合与演变。（纪元前二〇〇—纪元三〇〇）

第二段，印度宗教与思想的侵入与演变。（纪元三〇〇——〇〇〇）

四、中古思想的特别色彩：

（一）思想的宗教化。

（甲）黄老之学　（乙）汉及以后的儒教　（丙）道教　（丁）佛教

（二）人生观的印度化。由贵生重己变到佛教徒的焚臂遗身；由忠孝变到“出家”“出世”；由朴实的“皆务为治”变到冥想静观。

（三）中国思想与印度思想的暗斗。

1. 印度思想的胜利。

2. 中国思想的反抗。

3. 中国思想从中古佛教下逐渐抬起头来，但带着极大的伤痕。

五、中古思想的重要。文化史是一串不断的演变。古代文化都先经过这一千多年的“中古化”，然后传到近世。不懂得“中古化”的历程与方向，我们决不能了解近世七八百年的中国文化，也决不能了解汉以前的文化。宋明的理学固然不是孔孟的思想，清朝的经学也不能完全脱离中古思想的气味。汉学家无论回到东汉，或回到西汉，都只是在中古世界里兜圈子。所以我们必须研究中古思想，方才可望了解古代思想的本来面目，又可望了解近世思想的重要来历。

参考书分见以下各讲。学者应先读：

《汉书·郊祀志》及《五行志》。

《魏书·释老志》。

中古思想史料，除以下各讲所举各书外，有几部绝大的史料丛书，学者当向图书馆中随时翻看，知道这些史料在什么地方，有些什么东西：

(1) 严可均辑的《全上古三代两汉三国六朝文》

(2)《全唐文》

(3)《大藏经》(频伽精舍本，日本缩刷本，日本大正新修本。)

(4)《续藏经》(日本本，商务印书馆影印本。)

(5)《道藏》(影印本)

第二讲　齐学

一、齐学包括阴阳家、神仙家、道家(黄老)。因为这些都起于齐国，故总名“齐学”。

二、齐学的正统：驺衍的五德终始论，用阴阳消息和五行相胜作根据的一种历史哲学。

看《史记》七四，《吕氏春秋·应同篇》。

参看《月令》(《礼记》本，或《吕氏春秋》本，或《淮南子·时则训》本)。

三、驺衍之后，阴阳五行之学成为伟大的阴阳家。

看《汉书·艺文志》，“阴阳家”及“兵家阴阳”“五行”“天文”“医经”“房中”等家。

看《史记》百三十司马谈《论六家要指》。

四、神仙家（“为方仙道，形解销化，依于鬼神之亨”）也是齐学。

看《史记·封禅书》《秦始皇本纪》。又《汉书·艺文志》“神仙家”。

五、战国晚期，以至汉初，“黄帝”成为最时髦的人物，出了无数的书都托名为黄帝所作。一切阴阳、五行、神仙、术数，都挂着黄帝的招牌；又采取古代思想的一部分，把老子拉来配合黄帝，遂有“黄老家言”之称。又称为“道家”。秦以前无“道家”之名，道家即是战国晚年新起来的黄老之学的别名。这个大混合的学派的活动中心是在齐国的高密、胶西一带，是道地的齐学。

看《汉书·艺文志》各家假托黄帝的书，凡十二门，四百五十二篇。加上黄帝臣子的书，凡五百三十九篇。

看《史记》（八十）《乐毅传》末及论，可知黄老学初期大师的世系。

六、秦始皇初年，齐学的势力已传播的很远了，吕不韦的《吕氏春秋》把阴阳家的《月令》全采了进去，又全采了五德终始说（《应同篇》）。后来秦始皇统一天下，遂用五德终始说，定秦为水德。始皇东游，又把齐民族的宗教迷信全接受了。燕齐方士争着献“方”，在这新皇帝雇用之下望星气，求神仙。

看《秦始皇本纪》《封禅书》。

七、楚汉的战争之后，汉帝国成立。战功最高的大将曹参做了齐国相，把胶西盖公请出来指导他治国。盖公教他清静无为；齐国经过几十年大乱之后，在无为的政治之下人民得着休息回复的机会，故“齐国大治”。曹参后继萧何为帝国的相国，也是无为而治。在那残忍的吕后时代，他“日夜饮醇酒，不事事”。陈平继任为丞相，也是“日饮醇酒，戏妇女”。文帝和他的皇后窦氏也都信仰黄老，实行清静无为的政治。窦后教他的儿子（景帝）和窦家的人“不得不读黄帝、老子，尊其术”。

看《史记·曹参陈平世家》(五四,五六);又《窦后世家》(四九);又《辕固生传》(百二一);又《窦婴田蚡传》(一〇七);又《平准书》(三十)。

第三讲　统一帝国之下的宗教

一、讲思想史必不可离开宗教史，因为古来的哲学思想大都是和各时代的宗教信仰有密切关系的。这个关系在中古时代更明显、更密切。所以我们要时刻留心中古宗教。

二、秦汉统一以前，各民族有民族的宗教。《楚辞·九歌》代表南方民族的宗教。秦的四畤和陈宝祠代表西方民族的宗教。齐的八神将，以及燕齐方士的方仙道，代表东部海上民族的宗教。

看《汉书·郊祀志》前一部分。

三、秦始皇统一帝国之下，各地方的民族宗教都成为帝国祠祀的一部分。

《郊祀志》:“秦并天下，令祠官所常奉天地名山大川鬼神可得而序也。”以下说的最详。

四、汉高祖入关，便恢复了秦帝国的宗教祠祭，他说:“吾甚重祠而敬祭。”天下平定之后，秦帝国宗教继续存在，包括梁巫、晋巫、秦巫、荆巫、河巫、南山巫等等民族祠祀。

看《郊祀志》“后四岁，天下已定”以下。

五、到了汉武帝(纪元前一四〇—前八七)，这个帝国宗教的范围更扩大了。一切民间迷信，一切方士争奇斗胜的方术，都受他的崇信敬礼。他抱着无限的信心，希冀“黄金可成，河决可塞，不死之药可得，仙人可致”。他受齐学的影响最大，当他东巡海上时，“齐人之上疏言神怪奇方者以万数”；他所尊显的方士，如李少君、少翁、公孙卿、栾大，都是齐人。武帝的母家出身微贱，他自己正是民间迷信的产儿，而四方的宗教迷信得了他的提倡，都成了帝国祠祀的一部分。武帝在位五十多年，遂造成了一个幼稚迷信的宫廷和幼稚迷信的社会。

看《郊祀志》记武帝一朝的祠祀。这多是司马谈、司马迁父子亲见亲闻的事实，是最有价值的史料。又看《汉书·武帝纪》。

六、汉武帝晚年的巫蛊事件，最可以表现这个迷忌空气之下的黑暗与恐怖。巫蛊的大狱断送了两个丞相、两个皇后、一个太子、两个公主、两个皇孙，族灭了许多人家，京师流血，僵尸数万！我们细读这案子，可以知道中国这时候真已深入中古时代了。

陈皇后巫蛊案（前一三〇），看《汉书》九七。

丞相公孙贺父子案（前九一），看《汉书》六六。

江充陷害太子据案（前九一），看《汉书》四五《江充传》；六三《戾太子传》；六六《刘屈氂传》；九七《卫皇后传》。

第四讲　道家

一、战国晚期以后，思想多倾向于混合。法家是一个大混合。阴阳家也是一个大混合。道家是一个更伟大的混合。汉朝的儒家也是一个伟大的混合。——这些学派，其实都可叫做“杂家”。《汉书·艺文志》说：

> 杂家者流，……兼儒墨，合名法，知国体之有此，见王治之无不贯。此其所长也。

我们试用这个界说来比较司马谈《论六家要旨》的“道家”界说

> 道家……因阴阳之大顺，采儒墨之善，撮名法之要，与时迁移，应物变化，立俗施事，无所不宜。

就可以明白道家正是一种杂家。这种统一混合的趋势是统一帝国之下的自然现象。

试看《月令》一书本是阴阳家的话，但《吕氏春秋》收他，《淮南子》也收他，《礼记》也收他，《逸周书》也收他。又如阴阳五行之说，本是阴阳家言，但《吕氏春秋》采他，《淮南子》也采他，董仲舒的《春秋繁露》也采他，汉朝的儒生无人不采他。

比较《吕氏春秋》的《有始篇》《召类篇》《应同篇》；《淮南子》的《览冥训》；《春秋繁露》的《同类相动篇》。

二、同是杂家，但因为中心的立场不同，故仍有学派的分别。道家虽杂采各家思想，但他的中心思想是：

（一）自然变化的宇宙观，

（二）养生保真的人生观，

（三）放任无为的政治观。

用这几个思想做中心，而杂采儒墨名法阴阳神仙诸家的思想来组成的思想集团，叫做“道家”。

读司马谈论六家（《史记》百三十）。

三、从秦始皇到汉武帝，这一百多年的道家学者可考见的，有这些人：

毛翕公

乐瑕公

乐巨公（《史记·乐毅传》）

田叔（《汉书》三七）

盖公（《汉书》三九）

曹参（同上）

王生（见《汉书》五十《张释之传》）

邓章（见《汉书》四九《晁错传》）

黄生（司马谈之师）

司马谈（《史记》百三十）

曹羽（有书二篇，《艺文志》云，武帝时人。）

郎中婴齐（有书十二篇，《艺文志》云，武帝时人。）

邻氏、傅氏、徐氏（皆注《老子》，见《艺文志》，时代不明。）

汲黯（前一一二死，《史记》百二十。）

郑当时（约前一〇〇死，《史记》百二十。）

杨王孙（《汉书》六七）

四、淮南王刘安（死在前一二二）和他的宾客合做的《淮南王书》，《艺文志》列在杂家，但这书实在是西汉的道家思想的绝大代表作品。要研究道家，当用此书做主要材料。

刘文典《淮南鸿烈集解》（商务铅印本）最适用。《四部丛刊》内有影宋本《淮南子》；浙江图书馆刻的《二十二子》内有翻刻庄逵吉校刻本。

五、道家承认"万物各异理"，于是假定一个"尽稽万物之理"的"道"。（《韩非子·解老篇》，此篇不是韩非所作，大概是一个道家学者之作。）但他们多数的道家学者都把这个假设认作无疑的真理了，于是他们从不讨论"道"是否实有，却只想像那"道"的种种特性，把世间一切最高最好的形容词都拿来形容这个"道"。依他们的说法，道是万物所以成的原因；是无往而不在的；是纤微至于无形，柔弱至于无为，而无不为，无不成的。世间的事物没有能比"道"的，只有那无穷的"无"（虚空）可以勉强比他；其次是"光"，其次是"水"。

看《淮南·原道训》《俶真训》。

六、"道"的观念，比古代的天帝主宰的见解，自然是绝大的进步。这个观念的重大意义在于把宇宙万物的发生和演变都看作自然的，自己如此的，用不着主宰，用不着安排。

看《淮南·天文训》首节，及《俶真训》首节。

七、这种宇宙论的最大贡献在于把万物的生成看作自己如此的历程。但因为道家太侧重那"自无跖有"的次序，遂有"无形贵于有形"的主张；又因为他们爱用水来譬喻道，遂又有"柔弱胜刚强""无为胜有为"的主张。

看《淮南·原道训》。

八、在政治方面，道家主张"无为"，主张"不为物先"，主张"不以人易天"。天是自然，人是人功。他们反对"用己而背自然"，但也不要顽固守旧；只要"循理而举事，因资而立功"；不为物先，也不为物后；不革命，却也不反革命！一切“推自然之势”的，都可以叫做“无为”。所以鸟兽“以所知求合于其所利”仍可说是无为。甚至于“民迫其难则求其便，困其患则造其备”，也可说是“无为”。总之，凡顺着自然之势的，虽是有为，仍可说是无为。

《淮南·原道训》论无为最详，但太偏于消极。《氾论训》及《修务训》便是很积极的有为论，很显出荀卿、韩非的影响。此三篇当参看。

九、《淮南》的《要略篇》说：

> 欲一言而寤，则尊天而保真。
> 欲再言而通，则贱物而贵身。
> 欲三言而究，则外物而返情。

这三句话可以总括道家的人生观。把自己看的最重，所以说“天下之要不在于彼而在于我，不在于人而在于我身”；所以说“举世而誉之不加劝，举世而非之不加沮”。这是那种人生观里自由独立的精神。但道家的“贱物而贵身”，把“身”字看的太窄，不是贵那身的全体，只是贵那“精神”的部分。他们要“亡肝胆，遗耳目”，“忘其五藏，损其形骸；形若槁木，心若死灰”，他们要“存而若亡，生而若死；出入无间，役使鬼神”。这便完全是出世的人生观了。神仙是他们的理想境界。名为“贵身”，其实是“贱身”。

看《原道训》《精神训》《俶真训》。

十、道家吸收了阴阳家的思想，用“阴阳气类相感”的理论来解释古宗教里的天人感应说。如《天文训》用“物类相动，本标相应”的理论来说“人主之情上通于天，故诛暴则多飘风，法苛则多虫螟，杀不辜则国赤地”。如《泰族训》说“精诚感于内，形气动于天。……天之与人有以相通也”。这是古代的天人感应宗教的新解释，也是中古宗教的一个基本理论。

看《览冥训》《天文训》《泰族训》。

第五讲　儒教

一、汉高祖对陆贾说："乃公居马上而得天下，安事诗书？"陆贾对他说："居马上得之，宁可以马上治之乎？"——书生的用处正在此。汉初盖公教曹参治齐国，建立了道家思想的信用；陆贾与叔孙通在高帝惠帝时的成绩，也建立了儒家的信用。叔孙通定朝仪，制定宗庙仪法，当时人称他为"圣人"，后世史家称他为"汉家儒宗"。

看陆贾《新语》。又《汉书》四三。（或《史记》九七，九九。）

二、汉初之七十年（前二〇〇—前一三五）是道家思想比较占优势的时代。无为的政治最适宜于那个时代；当大权的人既不配有为，还是无为最好，让人民休养生息。但儒家的学者往往看不惯这种消极的政治。贾谊（死在前一六八）的《治安策》便是明白攻击当时的"无动""无为"的政策。同时的晁错（死在前一五四）也想积极有为一番。但他们都失败了。贾谊死在迁谪，晁错斩于东市。武帝初年赵绾、王臧也想做一番积极的改革，被窦太后反对，都自杀在狱里。

看《汉书》四八及四九。又《胡适文存》三集卷七，页八七九—八八三。

三、窦太后死后，武帝亲政，招集贤良文学之士。公孙弘（齐人）是汉朝第一个儒生丞相。董仲舒（死约在前一〇四）虽不得势位，但他的思想影响了汉朝的制度，比谁都更伟大。儒学成为帝国的儒教，是汉武帝、董仲舒、公孙弘三人的成绩。在制度方面，如立五经博士，为国立太学的基础；如用经学选官，能通一经以上的补官，是科举制度的起原；如罢绌百家言，专崇儒学，是统一思想学术的实行。这些都是在这个时期里开始实行的。

看《史记》《汉书》的《儒林传》。（有些不易句读之处，须参看两书。）

四、这个时期是方士最得意的时代，儒生都不免受了方士的大影响。武帝封禅祠祀，都用儒生博士定礼仪，襄祭事。武帝建立的帝国宗教实在是儒生与方士合作的结果。试举郊祭上帝一事为例。汉承秦制，郊见五个上帝。方士谬忌等提议五帝之上还有个太一，被武帝采用了。又有人提议作“明堂”;《孝经》本有“宗祀文王于明堂以配上帝”之说，所以儒生也赞成此事。方士公玉带奏上明堂图样，武帝也采用了。元封五年（前一〇六），武帝亲祠太一、五帝于明堂，用汉高祖作配。史臣大书道:“祠高祖于明堂，以配上帝。”这样实行《孝经》的儒教，其实是方士与儒生合作之功。

看《汉书·郊祀志》。看《春秋繁露》的《郊语》以下七篇，可知当日董仲舒等儒生确也极力主张郊天，所以能与方士合作。

五、儒教的大师董仲舒便是富于宗教心的方士。他的思想很像一个墨教信徒，尊信上帝，主张兼爱非攻。他深信天人感应的道理，他说:

人之所为，其美恶之极，皆与天地流通而往来相应。

这是天人感应的儒教的根本教义。他在这个根本教义上建立起他的阴阳灾异学:“国家将有失道之败，天乃先出灾害以谴告之。不知自省，又出怪异以警惧之。尚不知变，而伤败乃至。”他自己是个自信能求雨止雨的方士，著有求雨止雨的书。（看《繁露》七四，七五。）他用阴阳五行的理论来推求灾异之故。他又是个治《公羊春秋》的学者，所以又用历史比例法（analogy）来推论灾异。他的方法是:“天下有物视《春秋》所举与同比者，精微眇以存其意，通伦类以贯其理。”这个方法分三步:

第一步，先求《春秋》某件灾异之天意。（A由于B）

第二步，次求现今某件灾异与《春秋》某件灾异为“同比”。（a比A）

第三步，然后比例推求现今此件灾异之天意。（A由于B，而a比A，故a由于b。）

例如武帝建元六年（前一三五）辽东高庙灾（a）。董仲舒说此事，先寻出《春秋》哀公三年（前四九一）的桓宫、厘宫灾（A）可与“同比”；并先解释桓厘宫灾的天意是要鲁侯“燔贵而去不义”（A由于B）；然后推定辽东高庙灾的天意是要汉武帝“视亲戚贵属在诸侯远正最甚者，忍而诛之”（a由于b）。董仲舒借此暗示武帝应该划除淮南王。他因此下狱，定了死罪，武帝特赦了他。这个方法，虽是荒谬可笑，但在当日却震动一世，成为正统的灾异学方法。一部“五行志”记的汉朝经学大师推论灾异，全用这个方法。二千年来的儒生论灾异，也都用此方法。

看董仲舒的《对策》（《汉书》五六），又《高庙灾议》（《汉书·五行志》上）。《汉书·五行志》不可不读，这是西汉儒教的绝妙写真。

六、董仲舒的阴阳五行之学，本是阴阳家的思想，自从他“始推阴阳，为儒者宗”，便成了儒教的正统思想了。他用《尚书》里的一篇《洪范》作底子，把五行分配《洪范》的“五事”（貌木、言金、视火、听水、心土），每一事的失德各有灾异感应。这个架子后来在夏侯始昌和夏侯胜的手里便成为《洪范五行传》。夏侯胜之学在汉朝成为显学，一传而有夏侯建、周堪、孔霸，再传而有许商、孔光等。许商与刘向各有《洪范五行传记》。这是灾异的“尚书学”，和上节说的灾异的“春秋学”相辅，合组成一个绝大规模的阴阳五行的儒教系统，笼罩了二千年的儒教思想。

看《汉书·五行志》及《儒林传》。此外应看《汉书》卷七五、七八、八一、八四、八五。

七、汉朝的儒教固然是迷信的、浅陋的、幼稚的。但这背后似乎含有深长的意义。汉帝国的创业者从民间来，知识不高，而专制的淫威却不减于秦始皇、二世。夷三族，具五刑，不但行于高帝吕后之时，并且见于宽仁的文帝时代。儒家学者对于这独裁政体，竟没有抵抗的办法，只有抬出一个天来压住皇帝，希望在那迷信的帝国宗教底下得着一点点制裁皇帝的神权。董仲舒屡说“以人随君，以君随天”；“屈民而伸君，屈君而伸天”：这正是墨教“上同于天”的意旨。后世儒者都依此说。其实孔孟都无“屈民伸君”之说。汉家建立的儒教乃是墨教的化身。

比较《墨子·尚同篇》及董仲舒的《对策》；《春秋繁露·玉杯》《阴阳义》《如天之为》《天地之行》等篇。

八、关于汉朝儒教的经典，近代学者创为“今文”与“古文”

之说，其说起于廖平的《今古学考》(一八八六)。康有为的《新学伪经考》(一八九一)与崔适的《史记探源》(一九一〇)更发挥此说，更走极端。诸家所说，并不一致，但总其大意，他们认“今文”的经典先出，“古文”的经典晚出。先出的今文经传是《谷梁春秋》《公羊春秋》《仪礼》、齐鲁韩三家《诗》、今文《尚书》。晚出的古文经传是《左氏春秋》《周礼》《毛诗》、古文《尚书》。(此仅举其大意。)廖平原来不过说“今经皆孔子所作，古经多学古者润色史册；今学出于春秋时，古学成于战国时；今学西汉皆立博士，古学西汉多行于民间”。到了康有为、崔适，就说古文经传都是王莽时代刘歆伪造的了。

看所举廖、康、崔的三种书。反对此说的书甚多，看钱穆的《刘向刘歆父子年谱》(《燕京学报》第七期)。

九、平心看来，汉朝所出的经传，只有先出后出的次第，其中也有内容优劣的不同，但并没有两个对立的“今文学”和“古文学”的学派。王国维说，战国时，秦用籀文，六国用古文；秦并天下以后，用小篆和隶书统一文字，于是古文籀文并废。此说似甚可信。东方诸国之书都是用古文写的，中间经过焚书禁书之举(前二一三)，又经过长期兵祸，汉初的君臣又都不提倡读古书，挟书之禁虽已解除(前一九一)，求书的人还很少。《史记》说：“孝文帝时求能治《尚书》者，天下无有。”这可见当日读古书者之少。初出的经传都用“今文”重写，有经师教授，次第列在学官。但还有一些用“古文”书写的古书也陆续出现。其时去古稍远，非有特别的古文训练的人，已不能读这些古文书了。司马迁《自序》说他“年十岁则诵古文”，所以能参考古文记载，著作《史记》。《史记》采用了许多《春秋左传》的材料，是无可疑的；《史记》又提到《周官》，《封禅书》中有引“周官曰”的话。《史记·儒林传》记孔安国家有古文《尚书》，安国“以今文读之，因以起其家。逸书得十余篇”。这三部书——《左传》《周官》、古文《尚书》，——都是后来所谓“古文经”，在司马迁时都已出现，但因为他们晚出，虽然受史家的采用，却不曾得当时儒生的看重。当时儒生正走上了阴阳灾异的儒教的一路，他们要的是奇怪的微言大义，用不着那些记载事实掌故的史书。迷信的儒生竟说："《尚书》二十九篇者，法北斗七宿也。四七二十八篇，其一曰斗矣！"（见《论衡·正说篇》）二十九篇既法天象，自然不许十六篇古文《尚书》加入了。但后出的这些书，经过学者的整理，如《左传》经过翟方进、尹咸、刘歆等人的整理，如《周官》经过王莽的"发得"，也许经过王莽的修改增补——他们的价值就很明显了。到了西汉晚年，刘歆就主张把这些经传——《左氏春秋》《毛诗》《逸礼》、古文《尚书》，——都列于学官。"列于学官"就是在国立大学里添设这几科的讲座。当时的博士儒生大反对此事，刘歆失败了。后来王莽虽把这些书列在学官，并添上了《周官》，但王莽败死后，这些经传仍被废黜。古文《尚书》竟完全散失了。但《左传》《周官》《毛诗》，因为他们本身内容的价值，到了三国以后，终被列入学官，渐渐替代了今文经传的地位。

看王国维的《观堂集林》卷七的《战国时秦用籀文六国用古文说》《史记所谓古文说》《汉时古文本诸经传考》；又卷五的《史籀篇疏证序》；又卷四的《汉魏博士考》。看《汉书》三六《刘歆传》。又看陆侃如译的 Karlgren《左传真伪考》。

十、从董仲舒到王莽，百余年之间，儒教经历了不少的变化，如

（一）经典的增多，

（二）学派的新起（比较《史记》《汉书》的《儒林传》），

（三）学术的发达（看《汉书·儒林传》及《王莽传》）。

但最大的变化是政治上的大变动。刘氏后代不振作，政权移归王氏，而王莽最得人民和学者的信仰。王莽要做皇帝，于是奉承他的人都不谈灾异了，大家抢着制造祥瑞符命。于是灾异的儒教遂变成了符谶的儒教。符谶把王莽捧上帝位，（适按，武功井中白石丹书："告安汉公莽为皇帝。"临淄新井，天公使告亭长曰："摄皇帝当为真。"哀章作高庙铜匮，高帝玺书："王莽为真天子。"）也把刘秀（光武帝）从民间送上帝座。这时代的迷信黑暗也不下于汉武帝时代。

看《玉函山房辑佚书》中的"纬书"一门。

看《汉书·王莽传》《郊祀志》最后一部分。

看《后汉书·尹敏传》《张衡传》《桓谭传》。

十一、然而在那黑暗的迷雾里，我们仍可以看出一个有力的社会改革运动。晁错、董仲舒以至王莽，这班儒生都抱着改革社会的大志愿。董仲舒主张限制私有田产，又反对奴婢制度。哀帝时，儒生师丹辅政，实行限制私有田产和奴婢，都被贵族大臣反对掉了。王莽建国之后，实行土地国有，禁止私人买卖田地奴婢；又行“六筦”之令，把一切重要的生产事业都归国家管理；又设立种种调均人民经济的机关，平物价，办国家赊贷机关。他的经济政策很含有国家社会主义的意义，其目的在于“均众庶，抑并兼”。他是董仲舒的嫡派，他是汉朝儒教运动的精神的伟大代表。

看《汉书·食货志》《王莽传》。

看《胡适文存》二集卷一《王莽》，又三集卷七《再论王莽》。

廿·五·十六夜

第六讲　王充

一、王充字仲任，会稽上虞人，生于光武帝建武三年（纪元二七），死时当和帝永元中（约一〇〇）。《后汉书》有传，他的《论衡》的末篇是他的自叙传。他的书现在只存《论衡》一部，凡八十四篇。

《论衡》的最好本子是黄晖的《论衡校释》四册，民国二十七年一月商务初版。

二、从董仲舒以下，百余年中，阴阳灾异的儒教造成了一种黑暗的恐怖迷信的空气。但同时也有逐渐积聚起来的科学知识，在那太平的时期中继续发达。其中最有成绩的是医药与天文。这两种学问都是实证的知识，都得注重证验。东汉初年，旧历法已不能适用，于是有“四分历”起来，经过二十多年的讨论与实验，始得正式采用（六二至八五年）。四分历所以能占胜利，全靠实地测候的效验。谁的效验多，政府就承认谁的法子好。王充生在那个争论历法的时代，似乎很受了这种实证方法的影响。所以他每立一说，必须问“何以验之？”“何以效之？”

看《后汉书·律历志》。

三、王充著书的动机只是“疾虚妄”三个字。《论衡》只是“论之平也”，只是今人所谓“评论”。他自己说：“《论衡》之造也，起众书并失实，虚妄之言胜真美也。”“《论衡》者，所以铨轻重之言，立真伪之平。”《论衡》代表一种批评的精神，对于当时的宗教迷信和世俗流传的书籍，都要“订其真伪，辨其实虚”。

看《论衡》的《佚文》《自纪》《对作》等篇。

四、《论衡》现存八十四篇，几乎每篇都是批评的文章。他的批评可分四类：（一）批评当时的书籍（如《书虚》《道虚》《语增》《儒增》《艺增》等篇）。（二）批评古人的思想（如《问孔》《非韩》《刺孟》）。（三）批评当时儒教的天人感应论（如《谴告》《变动》《寒温》《变虚》《异虚》《感应》《福虚》《祸虚》等篇）。（四）批评当时的种种宗教迷信（如《论死》《订鬼》《卜筮》《调时》《讥日》等篇）。

看上述诸篇。

五、王充说他自己的方法是“考之以心，效之以事。浮虚之事，辄立证验”（《对作篇》）。如说有鬼，他便指出人见鬼何以都穿衣服，何以不是裸袒之形？人死有鬼，难道衣服也有鬼吗？（《论死篇》）这种无鬼论，二千年来没有人能驳他。又如《雷虚篇》说“雷之为火有五验，言雷为天怒无一效”。都可见他的批评方法处处注重证据。

看《论死》《雷虚》等篇。

六、天人感应的儒教的根本错误是把人看的太重要了，以为人的行为可以感动天地，可以招致灾异，所以说“政失于此则变见于彼。”王充指出人是极微细的，宇宙是无穷广大的，人在这绝大的宇宙之中，决不可妄想感动天地。“人在天地之间，犹蚤虱之在衣裳之内，蝼蚁之在穴隙之中。蚤虱蝼蚁为逆顺横从，能令衣裳穴隙之间气变动乎？……天至高大，人至卑小。……以七尺之细形，感皇天之大气，其无分铢之验，必也。”（《变动篇》）这是他攻击儒教的灾异感应论的根本论点。当时天文学进步了，所以王充能说：“四十二月，日一食。五六月，月亦一食。（当时天文家测得五个月又二十三分之二十为一个月食之限。）食有常数，不在政治。百变千灾，皆同一状，未必人君政教所致。”（《治期篇》）这完全是科学的态度。

看《变动》《治期》《寒温》《说日》《明雩》等篇。

七、王充的思想的建设的方面在于提倡道家的自然的宇宙观，来替代儒教的天人感应论。他说：“夫天道自然也，无为。如谴告人，是有为，非自然也。”（谴告篇》）古代民间宗教都承认天是有知觉意志的，墨教与西汉的儒教都只是代表这古来的宗教信仰。王充不但恢复道家的自然主义，并且把古代的自然主义详细说明，建立一种唯物的、自然的宇宙论。儒者说“天地故生人”，“故”即是有意。王充用一个“偶”字来代“故”字，他说：“天地合气，人偶自生也。……人生于天地之间也，犹鱼之于渊，虮虱之于人也。因气而生，种类相产。万物生天地之间，皆一实乜。”（《物势篇》）这是用“偶然论”来代替宗教家的“目的论”。从老子以来，自然主义的宇宙论到王充才得着最明白的叙述。

看《物势》《自然》两篇，这是全书最精采的部分。参看《幸偶》《气寿》《命义》《逢遇》等篇。

第七讲　中古第一期的终局

一、王充以后，中古思想起了两种变局。第一是批评精神的发达，第二是道家思想的风行。

二、批评的精神在东汉最发达，在种种方面都有表现。在学术的方面，如张衡（七八—一三九）的攻击谶纬，如郑玄（一二七—二〇〇）、何休（一二九—一八二）的争论《公羊》《左氏》，以至后来王弼（死约二四五）的《周易注》的扫空一切旧说，都是这批评精神的表现。

看《后汉书》(八九)《张衡传》；又(六五)《郑玄传》。

看王弼《周易注》(《十三经注疏》本)。何休、郑玄争论的文字已不传了，黄奭辑的《通德堂经解》中有郑玄的《箴左氏膏肓》《释穀梁废疾》《发公羊墨守》。

三、在政治方面，批评精神表现在许多评论政治的书里。如王符(死约一七〇)的《潜夫论》，如崔寔(死约一七〇)的《政论》，如仲长统(死二二〇)的《昌言》，都代表这种精神。太学诸生的危言激论，更是这种政治批评的实例。

看《后汉书》(八二)《崔寔传》；又(七九)《王符仲长统传》。《潜夫论》有汪继培注本。《政论》有严可均辑本(《全后汉文》四六)。《昌言》也有严可均辑本(《全后汉文》八七—八九)。

看《后汉书》(九七)《党锢列传》；又(九六)《陈蕃传》；又(九九)《窦武传》。

四、最奇特的是这种批评精神在那时代造成"人伦"的风气。"人伦"即是品评人物的高下，分为等级伦类，故叫做"人伦"。《后汉书》《三国志》中常说某人"善人伦"，就是说他善于品评人物。最有名的"人伦"大家是郭泰(一二八—一六九)和许劭(死一九四)。当时没有报纸，这种品评就是当时的舆论。这种品评往往做成一种有韵的七言口号，既容易记诵，又容易宣传。例如：

天下模楷李元礼。(楷礼为韵)
不畏强御陈仲举。(御举为韵)
天下俊秀王叔茂。(秀茂为韵)
五经无双许叔重。(双重为韵)

党锢之祸就是批评政治与批评人物两项合并，成为一种伟大的政论运动，用清议来拥护几个负人望的政治领袖。结果就是二十年的党锢大祸(一六六—一八四)，把全国的清流名士都一网打尽。

看《后汉书》(九八)《郭太符融许劭传》；又《党锢传》。

五、东汉时，道家思想渐渐得士大夫的信仰。恰巧那时佛教已进来了，渐渐行于民间，那时已有人用黄老之说来解释佛教，使人容易了解领受。试看《楚王英传》中两次连举黄老与浮屠；《桓帝纪》论中也说前史称桓帝祠浮图、老子；《襄楷传》中说“宫中立黄老浮屠之祠”。襄楷上书在桓帝延熹九年（一六六），他已说：“或言老子入夷狄为浮屠。”这都可见当时因佛教的推行，道家思想也渐渐行到民间去了。一世纪的楚王英、二世纪的桓帝都把佛与黄老看作同类的物事，大概都是受民间信仰的影响。顺帝时琅邪人宫崇自称师事仙人于吉，作《神书》，即是后来道教的《太平经》。这是太平道教的起原。同时有张陵，创为五斗米道教。太平道里出了张角兄弟，闹出黄巾的大乱（一八四）。五斗米道传到张修、张鲁，张鲁占领汉中近三十年，其道传播甚远。道教起于民间迷信，但他们硬把《老子》五千言认作他们的经典。

看《后汉书》（七二）《楚王英传》；又（六十）《襄楷传》；又（一〇一）《皇甫嵩传》。

又《三国志》（八）《张鲁传》及注引《典略》记太平道及五斗米道。

六、从民间直到皇宫，都有崇奉黄老的风气了。智识阶级也逃不了这空气的传染。汉魏晋三朝禅代之际，有骨气的人做事也不易，说话也不易，于是多逃到谈玄说妙的一路上去。汉末的仲长统，魏晋的王弼、何晏、阮籍、嵇康、向秀、刘伶等人都崇尚老庄，遂开史家所谓“清谈”时代。他们全盘接受了道家思想，论宇宙则主张自然，崇拜虚无；谈政治则主张放任，反对干涉；论人生则主张适性自由，旷达恣意。阮籍说：“礼岂为我设耶？”这正是那颓废的人生观的意义。他们纵酒狂放，打破一切礼法制度的束缚，其实只是对政治社会的一种抗议。阮籍说：“君子之处域内，何异夫虱之处裈中乎？”这话里含多少哀音？他们对那现实的社会没有勇气革命，只想在精神上得一种慰安，所以他们的下梢都想逃出世外去过那神仙的生活。旷达的人生观和神仙出世的理想是同一条路的。清谈的风气是佛教思想的绝好预备。从虚无到空假，从神仙到罗汉菩萨，那是很容易过渡的了。

看《后汉书》（七九）《仲长统传》；《三国志》（二八）《钟会传》

附的《王弼传》及注;《晋书》(四九)阮籍、嵇康等人的传。

看王弼的《老子注》、郭象的《庄子注》、张湛的《列子注》。

看严可均《全三国文》卷四四至五二(阮籍与嵇康的文集)。

神仙家言，可看葛洪《抱朴子》内篇。

第八讲　佛教

一、在讲中国中古思想史第二期之先，应该先谈谈什么是佛教，并谈谈佛教本身的演变。

看 Farquhar : *Outline of Religious Literature in India.* 此书从《吠陀》(*Veda*)时代叙起，直到近代，包括印度各种宗教运动，各述其沿革变迁，并略举各教的重要典籍的内容及产生时代。这是一部最方便的参考书。

又 Sir Charles Eliot ; *Hinduism and Buddhism.* 凡三大册，也把佛教和印度教并举，叙述颇详明。

参看本校钢和泰教授(Baron Stael-Holstein)的《印度古宗教史》讲义(英文)。

二、在太古时代，一支阿利安民族(白人)从印度西北侵入印度，逐渐征服其地的黑色土人，遂建立阿利安人的印度文化。他们带进来的宗教，都表现在最古一部分的《吠陀》书(*Veda*)里。他们崇拜许多大神，又有祭司专掌祀礼。最古的《吠陀》都是祠神的颂歌。其后凡祈祷之辞、乐歌之谱、祭祀的节文、迷忌的咒诵，都结集成《吠陀》的一部分。祭司成为一种特殊阶级(婆罗门)，与统治阶级(刹帝利)、商人(吠舍)及农奴(戍陀罗)成为四个阶级。胜利的白人与被征服的土人接触日久，文化杂糅，宗教渐渐混乱堕落，成为诵咒祠祷的繁琐宗教。《吠陀》的最晚的部分，所谓《森林书》(*Aranyakas*)与《奥义书》(*Upanishad*)，表示当时的宗教引起了一部分人的不满意。遁世苦修，禅定冥想的风气，都在这时候发达起来；宗教的哲学也渐渐起来。这是佛教运动的背景。

看 Farquhar 页一—六二。

三、佛教创始者乔答摩，生于北印度的释迦族。他的生年已不能正确考定，多数学者认为生于纪元前五六〇左右，死于前四八〇左右，则是和孔子同时。但近年又有人说他死于纪元前五四三左右，那就早的多了。他的早年环境自是很安乐的贵族生活，后来忽受了很深刻的刺激，感觉人生不能避免老病死之苦，他就离开家庭，出来寻师修道。中间经过几年的苦修冥想，他忽然在树下大彻大悟，遂成佛道。佛是"觉"的意思。

看 Eliot，Vol. I，pp. 129—176.

看《长阿含经》一，《本行集经》七至三十。

四、佛成道后，即宣传他的教义，约八十岁时死。这个时期的佛教义，都很简单切近。其要旨为四谛（人生皆苦为苦谛，爱欲为苦之源为集谛，期于爱欲永尽为灭谛，出苦由正道为道谛），八正道（正见、正治、正语、正行、正命、正方便、正念、正定），五戒（杀生、偷盗、淫、妄语、饮酒）等等。《增壹阿含》（十八）所述四法：（一）诸行无常，（二）诸行苦，（三）诸行无我，（四）涅槃永寂，初期佛教的精义大观不过如此。万物皆由地水火风和合而生，故无常，又无我。推无我之义，在一身应没有持续的灵魂，在宇宙应没有主宰的神。但佛教徒在初期已不能明白这种哲学，故一面充分容纳古印度传下的多神教，一面又容纳轮回与果报的旧说。古印度的瑜伽（Yoga）禅法也收在佛教里，成为八正道之一。四阿含之中，已甚少精到的教义，但见神话连篇。但在字里行间，尚可窥见原始佛教反对咒术，故迦叶兄弟归依之后即将咒术之具尽投水中；又提倡无量的慈爱，打破阶级制度，故初期释众多是平民。此等处尚可想像原始佛教的革命精神。

看《增壹阿含经》的"高幡品""四意断品""四谛品"等。参看 Farquhar，pp. 62—65.

参看梁启超《说四阿含》（《梁任公近著》第一辑中卷）。

五、佛死后约二百年，有阿育王（Asoka）建立大王国，武功甚盛。晚年他归依佛教，佛教遂大兴盛。阿育王（约前二七三—前二三二）与秦始皇同时，他不但在国内大兴佛法，还派遣僧徒四出传播佛教。佛教从此成为世界的宗教。但传播愈远，流品愈杂，吸收的宗教迷信也愈多，原始佛教的本来面目也就愈难保存了。

看 Eliot, I, pp. 254—301. Farquhar, pp. 66—73.

六、佛教徒在佛死后几百年中，时时起教义上的争论，遂分为许多宗派。最初分为（一）上座部与（二）大众部二部。其后上座部又陆续分八部，大众部又分十部，是为十八部，各部思想不同，经典也多不同。

看吉藏的《三论玄义》及窥基的《异部宗轮论述记》。吉藏早出，其书也比窥基更清楚明白。参看梁启超《读异部宗轮论述记》（《梁任公近著》第一辑中卷），Farquhar, pp. 104—110.

七、所谓“小乘”与“大乘”之分，是逐渐起来的，故时代不分明。大致总在西历纪元的前后。（Farquhar 以为在纪元一世纪之末至二世纪之初，似乎太后了。）乘是一部车子，大乘只是一部更大的车子。佛教传播既远，异义增加了，那原来的小车子装不下了，不能不别寻一部更大的垃圾马车。Eliot 说大乘佛教有七种特色：一信仰菩萨，二侧重度人济世，三信佛具神力并有多身，四唯心的哲学，五新出的大乘经典，六拜神像及咒术的倾向，七阿弥陀佛的信仰。其实这七项在小乘经典里都已有了种子，无一项不是逐渐演变出来的。Farquhar 说大乘有两大倾向：一者，佛教被印度教同化了，二者，旧日的戒律逐渐人间化了，遂使佛教更适合于上流印度人以及印度以外的各民族。此说较近事实。印度教化的倾向把原来佛教革命的精神完全毁灭了，咒术等等一律回来了，遂成一部无所不容的垃圾马车。但大乘佛教自有他的伟大精神。佛教大行之后，教中吸收了博学高明之士，如马鸣，如龙树等等，把他们的天才和学力贡献给佛教，造作种种伟大的经典，思想与文学天才都远胜于初期佛教徒，所以能为佛教史开一个新时代。

看 Farquhar，pp. 111—118. Eliot，Ⅱ，3—62.

看《法华经》，晋译《华严经》的《净行品》与《回向品》。《大般若经》太多了，可看《金刚经》及《般若纲要》。

看《维摩诘经》，及《中论》《十二门论》《百论》。

第九讲　佛教的输入时期

一、佛教的输入中国，大约在西汉时代；其正确年代已不可考了。我们所知道的有几点:（一）到东汉明帝永平八年（纪元六五），楚王英已奉佛教，佛教的名词已有三个（浮屠、伊蒲塞、桑门）见于皇帝的诏书中了。（二）恰恰一百年后（一六五），桓帝在宫中祠浮屠、老子，佛教已进了皇宫了。（三）次年（一六六）即有襄楷上疏论宫中祠浮屠、老子之事。襄楷是个儒教方士而信奉琅邪人宫崇的太平道教的，他的疏中两次引用《四十二章经》，可见《四十二章经》在那时已流行了。（四）约当献帝初年（一九〇），丹阳人笮融在广陵、彭城一带割据，大起浮屠寺，以铜为像，有重楼阁道，可容三千余人，“悉课读佛经。令界内及旁郡人有好佛者，听受道，复其他役，以招致之。由此远近前后至者五千余人”。这可证长江流域已有佛教。（五）同时交州有牟子博作《理惑论》，为佛教辩护，屡称引佛经，可证其时极南方与印度交通便利，佛教已大流行。

参看梁启超《佛教之初输入》（《梁任公近著》第一辑中卷），梁先生此文辩《四十二章经》及《牟子理惑论》为伪书，证据殊不足。看周叔迦《牟子丛残》。

看《后汉书》（七二）《楚王英传》；又（六十）《襄楷传》；又（一〇三）《陶谦传》。笮融的事，《三国志》（吴四）《刘繇传》最详，梁先生未考。

二、一二世纪中，佛书译出的都是小品，文字也不高明（《四十二章经》是例外）。到三世纪时，吴有支谦等，晋有竺法护等，译经很多，文字也因中国助手的润色，大致都可读。这时代正是中国士大夫爱谈《老子》《庄子》的时代，佛教的思想说空破有，以寂灭为归宿，正合当时士大夫的风尚。所以在三四两世纪之中，佛教思想渐渐成为上流社会最时髦的思想。

看梁启超《佛典之翻译》。

看《高僧传》卷一及卷四。

三、四五世纪之间，佛教出了三个很伟大的人物，遂在中国建立下了很深厚的基础。这三人是道安（死三八五）、鸠摩罗什（死四〇九）、慧远（死四一六）。道安有三大贡献：第一，他注释旧译诸经，使文理会通，经义明显。第二，他撰佛经的目录，使后世可考据。第三，他制定僧尼轨范，垂为中国佛教的定则。他的高才博学，受当时的学者崇敬，也抬高了佛教的地位。

看僧祐《出三藏记》中所收道安的经序。

看《高僧传》（五）《道安传》。

四、鸠摩罗什是印度种，生于龟兹，少年博学，名满西域。吕光破龟兹（三八三），同他到凉州，住了十八年，姚兴征服吕氏，请他到长安（四〇一—四〇二）。他在中国先已住了近二十年，已通汉语，到长安后遂大兴译经事业，指挥门下名僧数百人，在八九年中（四〇二—四〇九）译出经论三百余卷。他的最大贡献在于他的译笔明白晓畅，打破当时的骈俪文体，创出一种朴素流利的语体，不加藻饰，自有真美。他译的《法华经》《维摩诘经》《思益所问经》《般若经》《金刚经》《遗教经》《禅法要解》《中论》《百论》《十二门论》等，至今一千五百多年，还是最可读的名著。他的弟子如僧睿、僧肇等，都成为大师。

看《高僧传》（二）《鸠摩罗什传》，又（六至七）道融、僧睿、僧肇等传。看胡适《白话文学史》（页一七一—一八七）。

五、慧远本是儒生，通儒书及老庄，二十一岁才出家，师事道安。后来他南游，开辟庐山，成为南方佛教一大中心。他招致外国大师，翻译经论；又与居士多人创立莲社，崇事阿弥陀佛，遂开净土宗派。当时桓玄当国，颇压迫佛教徒，要使沙门敬礼王者。慧远著《沙门不敬王者论》，极力主张沙门遁世变俗，应“高尚其迹”。他的人格与声望为佛教抬高不少的地位。

看《高僧传》(六)《慧远传》。

六、中国佛教到罗什、慧远的时代，根基已立，地位已高，人才已多，经典也已略完备，“输入时期”至此可算完成了。

第十讲　佛教在中国的演变

一、道安、鸠摩罗什与慧远都注重禅法。道安序《道地经》，称为“应真之玄堂，升仙之奥室”。他序《安般经注》，称为“趣道之要径”；又说，“安般(出息入息)寄息以成守，四禅寓骸以成定。寄息故有六阶之差，寓骸故有四级之别。阶差者，损之又损之，以至于无为；级别者，忘之又忘之，以至于无欲也。……修行经以斯二者而成寂。得斯寂者，举足而大千震，挥手而日月扪，疾吹而铁围飞，微嘘而须弥舞”。读这种说话，可知当时佛教徒中的智识分子所以热心提倡禅法，正是因为印度的瑜伽禅法从静坐调息以至于四禅定六神通，最合那个魏晋时代清谈虚无而梦想神仙的心理。禅的理论最近于无为无欲，而禅的理想境界又最近于神仙。道安倡之，罗什、慧远继续提倡，五世纪初期以后，中国佛教发展的方向遂倾向于禅学的方面。

看胡适《禅学古史考》及《佛教的禅法》(《文存》三集页三九五—四四八)。又僧祐《出三藏记集》六至十诸卷中的道安、慧远、慧观诸人的经序。

二、戒、定、慧，为佛法三门。戒是守律，定是禅定，慧是智慧。倘使在那个旷达颓废的风气之中，忽然产出了严守戒律的佛教，岂不成了世间奇迹？如慧远岂不是守律最严的和尚？(看《高僧传》中慧远及僧彻传。)但他议论佛法，终只是侧重禅(定)、智(慧)二途。智慧即是六波罗蜜中的“般若波罗蜜”。那个时代(四世纪五世纪之间)，印度佛教正盛行龙树(Nagarguna)一派的空宗，又称“中道”(madbyamaka)。他们说一切法都是空的，都是假名。这一派的思想含有绝大的破坏性，有解放的功能。从二世纪之末以来，他们的经论（《般若》一系的经，《大智度论》《中论》《十二门论》等）陆续输入中国。这种极端的假名论（nominalism），和中国魏晋时代反对名教，崇尚虚无的风气也最相投。所以这一派的思想不久便风靡了全中国的思想界。当时所谓“禅智”，所谓“定慧双修”，其所谓“慧”与“智”，大致只是这一派的思想。

看《般若纲要》，及《中论》等。

三、五世纪前半，出了一个革命和尚，名叫道生（死于四三四），是慧远的弟子，又曾从罗什受业。他是绝顶聪明的世家子弟，又肯作深刻的思想，所以能把当时输入的佛教思想综合起来，细细考校。他说：“夫象以尽意，得意则象忘。言以诠理，入理则言息。自经典东流，译人重阻，多守滞文，鲜见圆义。若忘筌取鱼，始可与言道矣。”这是很重要的宣言。这就是说：“时候到了，我们中国人可以跳过这些拘滞的文字，可以自己创造了。经论文字不过是一些达意的符号（象），意义已得着了，那些符号可以丢掉了。”道生于是创造“顿悟成佛论”，说“善不受报”，说“佛无净土”，说“一阐提人（icchantika，是不信佛法的人）皆得成佛”。这都是革命的教义。一切布施，修功德，念佛求生净土，坐禅入定求得六神通，都禁不起这“顿悟”两个字的大革命。当时的旧学大攻击道生的邪说，把他赶出建业，他遂退居虎丘。后来大本《涅槃经》到南京，果然说一阐提人皆有佛性。于是生公的一个主张有了印证，他的“顿悟成佛”论也就有人信仰了。生公的顿悟论是中国思想对印度宗教的第一声抗议，后来遂开南方“顿宗”的革命宗派。

看《高僧传》（七）《道生传》《慧观传》，又（八）《昙斌传》《道猷传》《法瑗传》。

又胡适《神会和尚遗集》（页三七一—四一）。

四、但这个时代究竟还是迷信印度的时代，道生的顿悟论的革命成功还得等候三百年。这三百年中，禅学渐渐发达。梁慧皎作《高僧传》，所收“习禅”者只有二十一人；唐道宣在贞观时作《续高僧传》，中间只隔一百多年，“习禅”一门已有一百三十三人。但此中习禅的人仍是修习印度传来的渐修法门。这时代的大师如建立三论宗的吉藏（死于六二三），如作《大乘义章》的慧远（死于五九二），虽然能综括佛教的教义，作成比较有系统的叙述，但都没有什么创见新义。又如建立三阶教的信行（五四〇—五九四），指出人的根机不同，当对根设教，应病下药，其说在当时虽然哄动一时，三阶教流传二百多年，但细考近年出现的三阶教典籍，他们的教义仍只是印度佛教的皮毛，繁琐细碎，没有什么精采的见解。

看《续高僧传》习禅一门。

看吉藏的《三论玄义》、慧远的《大乘义章》。

三阶教久已无闻，近年敦煌出土的三阶典籍散在伦敦、巴黎，日本也发现唐写本多种。

矢吹庆辉博士的《三阶教之研究》最详尽。

五、那名誉最大的天台宗，也只是当时许多习禅者的一派。天台宗称龙树为远祖，其实不过是当时中国人整理佛教材料的一种运动，开山祖师是智顗，又称智者（五三八—五九七）。天台宗的教义有两大端，一是判教，一是止观。“判教”是把那许多佛经依佛的一生分作若干时代，初时说小乘经，中年说《方等》（Vaipulya，即是“方广”，即是扩大了的大乘），晚年说《般若》。还有那无处可归的《华严》（*Avatamsaka or Buddavatamsaka sutras*），只好说是佛在母胎时上天去说的！这是因为中国人有历史的习惯，所以感觉那一大堆经典内容的矛盾，又不敢说是后人伪造的，只好说是佛在不同时代说的。这是晋宋以下许多人的主张，不过天台宗说的更烦琐，遂成为一种烦琐神学。其次，“止，观”本是印度禅法的两个阶段，天台宗用这两字来包括禅法的全部，“止”是禅定，“观”是理解；用理解来帮助禅定，用禅定来帮助理解，故名止观。天台宗解说“止观”二字便得用几十万字。这也成了中国的烦琐神学。

看智顗的《童蒙止观》（又名《小止观》），这是天台典籍中最可读的小册子。

六、当宋齐之际（约四七〇），有个印度和尚菩提达摩到广州，转到北方，在中国约有四五十年。他是南印度人，受空宗的影响最大，所以他在中国教人抛弃一切经典，只读一部南印度的《楞伽经》。他的禅法最简单，说一切有情都有佛性，只为客尘所障，故须面壁坐禅，认得“凡圣等一”，便是得道。这条路名为“理入”。又有“行入”四事：一要忍苦，二要苦乐随缘，三要无所求，四要依本性净之理。“行入”的四事都是苦修的“头陀”（dhūta）行。——因为菩提达摩在北方甚久，故传授弟子，成为一个宗派，名为楞伽宗，又名南天竺一乘宗。此宗初期多有刻苦独行的人，但末流也变为讲诵注疏之学。故道宣说他们“诵语难穷，厉精盖少”。

看胡适的《菩提达摩考》（《文存》三集，页四四九—四六六）、《楞伽宗考》（《胡适论学近著》第一集）。

看《续高僧传·感通门》《法冲传》。

看《楞伽会译》。

第十一讲　印度佛教变为中国禅学

一、七世纪中，中国佛教中起了两个大运动，一个可说是古典主义的，一个可说是浪漫主义的。古典主义的代表是玄奘（死于六六四）。他“既遍谒众师，备飡其说，详考其义，各擅宗途，验诸圣典，亦隐显有异，莫知适从。乃誓游西方，以问所惑”。他的宗旨是回到印度去寻求最后的权威，来做中国佛教的标准，所以我们可以叫他做古典主义的代表。他冒了大险，出游十七年，中间在摩竭陀国的那烂陀寺留学五年。回国之后，在十九年中（六四五—六六三）译出经论凡一千三百三十卷。唐太宗高宗都为他作序。不幸那时代的印度佛教已堕落到末期的烦琐哲学与咒术宗教。玄奘带回来的印度最新思想，乃是唯识的心理学与因明的论理学。这种心理学把心的官能和心的对象等分析作六百六十法，可算是烦琐的极致了。中国人的思想习惯吃不下这一帖药，中国的语言文字也不够表现这种牛毛尖上的分析。虽有玄奘一派的提倡，虽有帝王的庇护，这个古典运动终归失败了。在中国思想上，这运动可算是不曾发生什么重大影响。

看慧立的《大慈恩寺三藏法师传》。

看《瑜伽师地论》，看《百法明门论》，看窥基的《因明大疏》。

二、印度的古代咒术宗教本来早已充分吸收到大乘佛教里面了。大乘佛教盛时，咒术只成为佛教的一小部分。（看《法华经》的第二十六品。）大乘佛教的末路，秘密的咒术成为正宗，在中国叫做密宗，在日本叫做真言宗。真言即是咒语，即是陀罗尼（Dharani）。他们相信文字声音都有不可思议的神力，一个字或一个字母各有宗教的意义。他们的宗教完全成了咒诵、祈祷、轨仪的宗教。八世纪中，三个印度和尚——善无畏、金刚智、不空——来中国提倡密宗，都得帝王的尊崇。但这个最下流的宗教，在当时虽然也曾盛行几十年，究竟不能得着中国思想界的看重。九世纪以后，密教遂衰歇了。

看蒋维乔译《中国佛教史》卷二，页七四—八八。

三、这两个运动（唯识与密教）其实只是一个运动，密教即是唯识玄学的产儿，唯识只是密教的门面幌子。古典主义的运动要直接回到印度，而印度给了我们这两件最新又最下流的法宝。幸而这个中华民族血管里还有一点抵抗力，这两件法宝都没有发生多大效力。

四、这时候，中国已另起了一个浪漫的大运动，使中国佛教起一个内部大革命。这个革命可叫做禅宗运动。革命的首领是广东一个不识字的慧能和尚。慧能（死于七一三）的来历和师承世系，我们都不很明白。我们至多可说，当七八世纪之间，他在韶州、广州一带提倡一种很动人的新教义。他说：不用求净土，净土只在你心中。不用坐禅，见你本性即是禅。不用修功德，见性是功，平等是德。他说：向来人劝你归依佛，归依法，归依僧。我劝你归依自性三宝，三宝都在你心里：归依觉（佛），归依正（法），归依净（僧）：这是自性的三宝。他又说：向来人说三身佛，我今告诉你，三身佛都在你自身中：见自性净，即是清净法身佛；一念思量化生万法，即是自性化身佛；念念善，即是自性报身佛。他说：我本性元来清净；识心见性，自成佛道。——慧能教人，大旨如此。后人所谓“直指人心，见性成佛”，即是此义。在那个玄奘提倡唯识的烦琐玄学的时代，此种顿悟教义自是一大革命势力。

看敦煌写本《坛经》（收在《大正大藏经》第四十八卷）。试比较《坛经》现行本。

参看胡适《神会和尚集》（页七三—九〇）；又《坛经考》之一、《坛经考》之二（《论学近著》）。

五、当慧能在南方独唱顿悟教义之时，荆州玉泉寺有个神秀老禅师，被武后迎请到长安（约七〇〇），其时他年已九十，备受朝野的尊崇，号称“两京法主，三帝国师”。他自称是菩提达摩建立的楞伽宗的嫡派。他死时（七〇六），当代大手笔张说作碑，叙述他的传法世系如下表：

达摩—惠可—僧璨—道信—弘忍—神秀

这世系与道宣在《法冲传》内所记不同，但因为神秀地位尊崇，人都信此表是正确的了。神秀的弟子义福（死于七三六）和普寂（死于七三九），也被皇帝尊为国师，气焰薰天。严挺之作义福碑，李邕作普寂碑，都全载上列的传法世系。

看《全唐文》（二三一）《大通禅师（神秀）碑》，又（二六二）《大照禅师（普寂）碑》，又（二八〇）《大智禅师（义福）碑》。

六、当普寂、义福的气焰最大的时候，忽然开元廿二年（七三四）滑台大云寺有一个神会和尚，在大会上宣言：弘忍并不曾传法与神秀，真正传法人乃是岭南的慧能。慧能是第六代，有传法袈裟为证。他大胆指斥普寂“妄竖神秀为第六代”；他说：“我自料简是非，岂惜身命？”神会这样大胆的挑战，已惹起大众的注意了。到了天宝四年（七四五），神会到了东京，在荷泽寺又继续“定南宗宗旨”，他攻击神秀、普寂一系为“北宗”的伪法统，他称慧能一系为“菩提达摩南宗”的正统。他提倡“顿悟”的教义，指斥北宗为“渐教”。他这时已是八十多岁的老师，他的演说一时轰动了不少的听众。其时普寂、义福都已死了，无人可以对证。普寂门下也有人出来造作楞伽宗的法统史，但总没有神会说的那样奇特动人。于是普寂一系的人只好用势力来压迫神会，遂有御史卢奕奏劾神会“聚徒疑萌不利”，遂把他赶出东京，黜居弋阳，又移武当，又移襄州，又移荆州。

看胡适的《神会和尚遗集》（页五—二三；又六一—六六）。

七、神会被贬逐的第三年（七五五），安禄山造反，两京陷落，皇帝出逃。后来郭子仪收复两京，神会也跑回东京来了。那时大乱之后，军饷困难，神会以九十高年，挺身出来帮助国家筹募军饷，建立大功。肃宗回京，很敬重他。他死（七六二）后三十四年，朝廷下敕立神会为第七祖。于是神会的北伐成功，慧能的南宗遂成为禅宗的正统了。

看《神会和尚集》（页六六—七二）。

八、神秀一派只造出了菩提达摩以下的世系。神会始造出达摩以前的世系。他先造出八代说，加中土五代为十三代。后来此说修正为二十八代说。同时大家纷纷造出假世系来争法统，于是有二十四代以至五十代等等说法。但二十八代说终占胜利，遂成定论。然而此二十八代之说实在是勉强抄袭捏造的，漏洞甚多，又有几种很不同的说法。到北宋真宗仁宗以后，一部题作《景德传灯录》的禅宗伪史逐渐风行；那部书里的二十八祖才成为中国禅门公认的二十八祖。日本的禅宗却仍用唐朝传过去的二十八祖表。两表相比较，便可知其作伪的痕迹。

看《神会和尚集》（页二四—三三）。又《胡适文存》三集（页四六七—四八〇）。

比较唐宗密的《禅门师资承袭图》（《续藏经》，二编，十五套，五册）及宋契嵩的《传法正宗记》（《缩刷大藏》，云九）。

九、神会北伐成功，于是全国的禅师也都自称出于菩提达摩一派。牛头山一派自称出于第四代道信。西蜀资州智诜派下的净众寺一派，和保唐寺一派，也都自称得着慧能的传法袈裟。于是人人都依草附木，自称正统了。

十、九世纪前半，有一个富于历史态度的和尚，名叫宗密。他死在会昌元年（八四一），正当会昌大毁灭佛法的前四年。他编了一部大规模的禅门史料，名为《禅源诸诠集》，有一百余卷之多。可惜此书不传了，中国日本都没有传本。现在只存他的总序，名为《禅源诸诠集都序》。序里把当时的禅学分为三宗十室，三宗各有概括的叙述。他又有一部《圆觉经大疏抄》，其中（卷三下）也有叙述禅学宗派之处，把禅学分为七家，各有概括的叙述。这些材料是八九世纪禅学史最可靠的材料。

看《全唐文》（卷七四三）裴休的《圭峰禅师碑》。

看《禅源诸诠集都序》（《大正大藏》卷四八），又《圆觉经大疏抄》（《续藏经》一，十四套，第三册）。

一、宗密分的七家如下。第一家是北宗，大师为神秀、普寂等。他们认众生本有觉性，被烦恼遮盖了，故须勤勤拂拭，息灭妄念，然后本性圆明。他们的禅法是要人“凝心入定，住心看净，起心外照，摄心内证”。北宗与印度禅比较还接近。

看《圆觉大疏抄》（页二七七—二七八）。看我的《神会和尚集》（页一七五）。

二、第二家为成都净众寺的无相一派。弘忍传智诜，智诜传处寂，处寂传无相。此派与北宗接近，以三句为宗。三句是“无忆，无念，莫忘”。就是说：勿追忆已往，勿预念将来，“常与此智相应，不昏不错，名莫忘”。此宗仍要“息念坐禅”。

看《圆觉大疏抄》（百二七八）。

三、第三家是成都保唐寺的无住一派。宗密记此派的世系如下：

弘忍｛老安—陈楚章—｝无住
　　　｛智诜—处寂—无相—｝

无住把净众寺一派的三句改为“无忆、无念、莫妄”。忘字改为妄字，宗旨便大不同。无住主张“起心即妄，不起即真”。此派大有革命意味，“释门事相，一切不行。礼忏，转读，画佛写经，一切毁之。所住之院不置佛事。但贵无心，而为妙极”。此派也想争法统，说慧能的传法袈裟被武则天迎入宫中，转赐与智诜，又递传到无住手里。

看《圆觉大疏抄》（页二七八）。敦煌有写本《历代法宝记》，是无

住一派所作，记叙无相、无住宗旨及袈裟源流。（《大正大藏经》卷五一）

四、第四家是江西的道一，又称马祖。他本是四川人，无相的弟子，出蜀后，到南岳又跟着怀让修行，故史家称为慧能的再传，其实他也是智诜的派下。道一一派的宗旨是“触类是道，任心为修”。他说：“所作所为，皆是佛性。贪嗔烦恼并是佛性。扬眉动睛，笑欠声咳，或动摇等，皆是佛事。”这是“触类是道”。这个本来就是佛，除此别无佛，所以不起心造恶修善，也不修道。“不断不修，任运自在，名为解脱，无法可拘，无佛可作。”他只要人“息业养神”，又说“息神养道”。这就是“任心为修”。

看《圆觉大疏抄》（页二七九）。又《禅源都序》。

五、第五家是牛头山一派，出于《般若》一系的空宗，开山大师为慧融，传第四代智威，智威以下有慧忠，有鹤林寺的马素，有径山的道钦。此派出于空宗，故说“心境本空，非今始寂。了达本来无事，心无所寄，方免颠倒，始名解脱”。此家以忘情为修行，故也说“无法可拘，无佛可作”。

看《圆觉大疏抄》（页二七九），又《禅源都序》。

六、第六家是南山念佛门。念佛本是禅之一法，故列为一家。

看《圆觉大疏抄》（页二七九）。

七、第七家是荷泽寺的神会。宗密自称出于神会一派，故最推尊此派。他说此派以“无念为宗”，“但无妄念，即是修行”。其实此派在八世纪的大贡献是提出“顿悟”的法门，作革命的武器。同时又说：“知之一字，众妙之门。”神会在禅学革命史上有最重要的功绩，后人把他忘记了。

看《圆觉大疏抄》（页二七九），又《都序》。看《神会集》及我的《神会传》（页一——九十）。

八、以上是会昌毁法（八四五）以前的禅学状况。这许多宗派之中，最有势力的是江西的道一，所谓马祖一派。马祖门下有个百丈和尚，名叫怀海（死八一四）。他建立禅院的组织法，世称为《百丈清规》。凡有高超见解的和尚，名为“长老”，自居一室；其余僧众同居僧堂。禅居的特点是不立佛殿，唯立法堂。佛教寺院到此为一大革命。后世所谓“禅其律居”，只是这种禅院的传播。八世纪以下，“禅学”替代了佛教，禅院替代了律居。诗文中的“禅”字即是“佛教”的代名词。佛教已完全变成禅学了。

看《百丈清规》的《杨亿序》。《百丈清规》经过后世的修改，已不是原本了。杨亿序作于景德元年（一〇〇四），还可以考见怀海的原意。

第十二讲　禅学的最后期

一、唐武宗会昌五年（八四五）大毁佛教，凡拆寺四千六百余所，拆招提兰若四万余所，强迫僧尼还俗的凡二十六万余人，收膏腴上田几千万顷，收僧寺的奴婢改为纳税平民的凡十五万人。佛教在从前也曾遭过毁法大劫，但多在南北分裂的时代（北魏太平真君七年，西四四六年；北周建德三年，西五七四年），都不曾普及全中国。这一次要算最大劫了。（但也有政令不能完全行到的地方，因为其时唐朝的中央威力已稍衰弱了。）这次毁法的动机是：（一）经济的，因为僧寺太富了，引起了教外社会的注意，故会昌毁寺制文说：“天下僧尼不可胜数，皆待农而食，待蚕而衣。”（二）宗教的，因为武宗信任道士，排斥佛教。（三）民族的自觉，因为佛教究竟是外国进来的宗教，故当时的诏文有“安有废中夏之人，习外蕃无生之法”的话。毁法之后，诏文规定“隶僧尼属主客司，显明外国之教”；主客司是管外国人的，信外国教就应该算作外国人了。这可以明显当时的态度含有民族自觉的成分。韩愈在前二三十年曾作《原道》一篇攻击佛老，提出“人其人，火其书，庐其居”的口号。韩愈谏宪宗迎佛骨被贬谪，是在八一九年。二十五年后，这三句口号都实行了。

看《全唐文》卷七六—七八的毁法诏敕。

日本求法僧圆仁在长安亲见毁法事，可看他的《入唐求法巡礼行记》卷三及卷四。

二、但这时候佛教已深入人心，不是短期的摧残所能毁灭的。

况且那时佛教有一些宗派，不靠寺院，不靠佛像，不靠经典，不靠一切表面的形式仪节。毁法拆寺，全不能妨害这一宗的存在和发展，只可以使他们更感觉这些外物的不必要。这就是禅宗的各派。所以毁法的风潮过去之后，别的宗派都衰微了，只有禅学反更发达，九世纪的后期成为禅学最发达的时代。并且因为毁法的暗示，这时代的禅学很明显的表示一种破坏偶像的倾向（iconoclasm），成为“呵佛骂祖”的禅学。本来保唐寺一派，和马祖一派（见上章）都已有偶像破坏的趋势了。丹霞的天然（死八二四）有一次把木雕的佛像拆下来烧火取暖，人怪问他，他说：“我要拆取佛身上的舍利。”人说：“木头里怎么会有舍利！”他答道：“哦，原来我不过是拆木头烧火呵。”这已是开后来的风气了。但这个趋势的重要代表要算九世纪的宣鉴和义玄两个怪杰。

三、宣鉴，剑南人，受法于龙潭的崇信，晚年住在武陵的德山，故人称德山和尚。他八十六岁死在咸通六年（八六五）。《宋高僧传》说：“天下言激箭之禅道者，有德山门风焉。”他教人“于己无事，则勿妄求，妄求而得，亦非得也。汝但无事于心，无心于事，则虚而灵，空而妙”。他临死时告弟子：“扪空追响，劳汝心神。梦觉觉非，竟有何事？”也是教人不妄求的意思。他示众云：“诸子，老汉此间无一法与你诸子作解会，自己亦不会禅。老汉百无所解，只是个屙屎送尿，乞食乞衣，更有甚么事？德山老汉劝你不如无事去，早休歇去！……诸子，莫向别处求觅。乃至达摩小碧眼胡僧到此来，也只是教你无事去，教你莫造作，着衣吃饭，屙屎送尿。更无生死可怖，亦无涅槃可得，无菩提可证：只是寻常一个无事人。”在这些话里，我们不但看见马祖（道一，见上章）的影响，还可以看见老庄一系的中国思想的复活。“无事去，早休歇去”，正是“为道日损，损之又损，以至于无为”的老思想。

四、宣鉴惯用很俚俗而有力的字句来痛骂佛祖菩萨，就开所谓“呵佛骂祖”的风气。他说：“佛是老胡屎橛。”“佛是大杀人贼，赚多少人入淫魔坑！”“文殊、普贤是田库奴。”“达摩是老臊胡，十地菩萨是担屎汉，等妙二觉是破戒凡夫，菩提涅槃是系驴橛，十二分教是鬼神簿，拭疮疣纸，四果三贤初心十地是守古冢鬼！”至于当时的禅学和尚，他骂的更厉害了。他说：“无知老秃奴，取一方处所，说禅说道，……教你礼祖师鬼，佛鬼，菩提涅槃鬼！是小淫女子不会，便问‘如何是祖师西来意’，这老秃奴便打绳床，作境致，竖起拂子，云‘好晴好雨好灯笼’！巧述言辞，强生节目！仁者，彼既丈夫，我亦尔，怯弱于谁？竟日就他诸方老秃奴口嘴接涕唾吃了。无惭无愧！苦哉苦哉！”这种谩骂的口气，向来的笨汉都以为不是真呵骂，只是一种禅机！但我们研究禅学思想的演进，可以断言德山和尚真是苦口婆心的呵佛骂祖，要人知道“佛是老胡屎橛，圣是空名”，好替人“解却绳索，脱却笼头，卸却角驮，作个好人去”。

看《景德传灯录》卷十五宣鉴传；又《联灯会要》卷二十（《续藏经》二编乙，九套，第四册，页三七八—三八一）。又忽滑谷快天《禅学思想史》第三编第十九章（页五七二—五七八）。

五、义玄，曹州人，参学诸方，受黄檗山希运（怀海的弟子）的影响最大，北归后在镇州临济禅院作住持，开后来所谓“临济”一宗。他死在咸通八年（八六七）。《宋高僧传》说他“示人心要，颇与德山相类”。现今所传的《临济语录》有些话语实在太像宣鉴的语录了，几乎使我们疑心他完全因袭德山的思想。《古尊宿语录》（缩《藏经》，腾四，页七九）有“师侍立德山次”一条，我们因此推想义玄曾在宣鉴门下，受他的影响太大了，所以有同样的呵佛骂祖，讥弹禅学的趋势；同样的教人莫向外驰求成佛作祖，“只是平常着衣吃饭，无事过时”。他和德山都有解放当日思想的大功，他说，

> 山僧无一法与人，只是治病解缚。……向里向外，逢着便杀：逢佛杀佛，逢祖杀祖，逢罗汉杀罗汉，逢父母杀父母，逢亲眷杀亲眷，始得解脱，不与物拘，透脱自在。

他要人信仰自己与佛祖无别，不受人惑，要做到“乾坤倒覆，我更不疑；十方诸佛现前，无一念心喜；三涂地狱顿现，无一念心怖”的境界。

六、但义玄的排斥禅学，似乎没有宣鉴那样彻底。他不满意

于当时那些“作模作样，指东划西”的禅学，然而他自己因为要“辨魔拣异，知其邪正”，却又造出种种料简学人的方法，有“四料简”“四照用”“三玄三要”等等名目。他又有种种“喝”法，一声喝有死用，有活用。有时宾主相见，你喝一声，我打一棒；有时宾主对喝，或宾主对棒。这种极端主观的方法，最难料简，却又最容易自欺欺人。后来临济一支的学风流行全国，很少人了解当日“治病解缚”的真意义，又都在一棒一喝三玄三要的上面去变把戏了。

看《古尊宿语录》卷四—五（缩《藏经》，腾四）；又忽滑谷快天《禅学思想史》第三编第二十章（页五七八—五九三）。义玄的语录中似有后人模仿宣鉴示众的长篇而伪作的；但其中也有不容伪造的部分。

七、中国禅学起于七世纪，发达于八世纪，极盛于九世纪。九世纪以下，临济宗最盛，诸家皆渐衰微。今依向来的传说，表示八世纪至十一世纪的禅学世系如下：

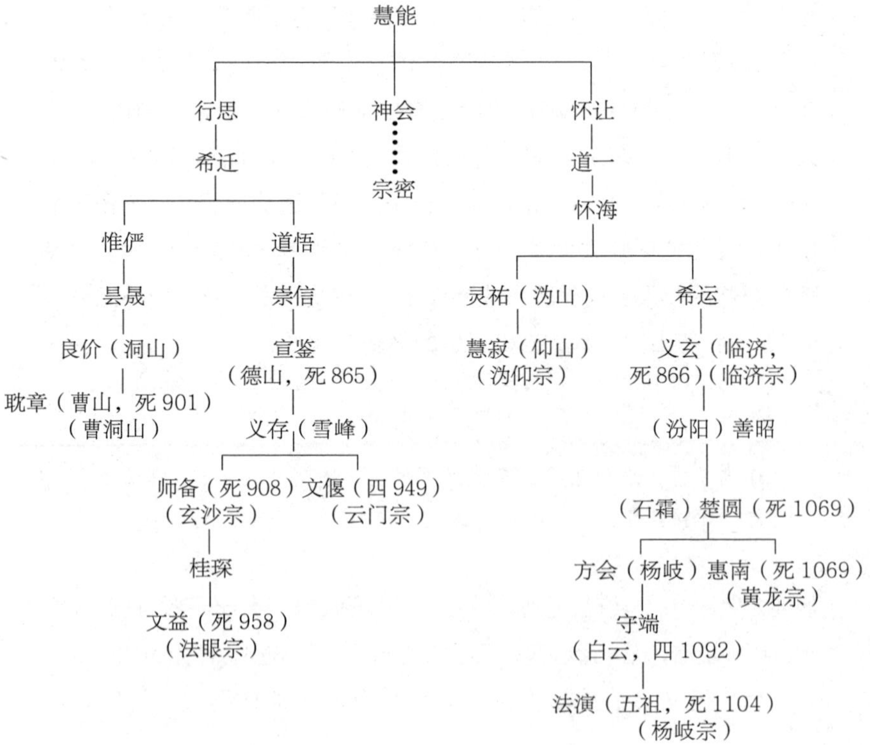

法演

（太平）慧懃（佛鉴）（死 1117）　（昭觉）克勤（佛果）（死 1135）　（龙门）清远（佛眼）（1190）

（昭觉）克勤 → （妙喜）宗杲（大慧）（死 1163）

看宋僧惠洪的《禅林僧宝传》及宗杲的《宗门武库》（两书皆有单行本）。

八、禅学教人知道佛性本自具足，莫向外驰求；教人知道无佛可作，无法可求，无涅槃菩提可证。这种意思，一经说破，好像太浅近，不能叫人心服。所以禅宗大师不肯轻易替学人解说讲演，只让学者自己去体会领悟。香严和尚上堂请沩山和尚说明，沩山说："我说的是我的，终不干汝事。"香严辞去，行脚四方，有一天他正在除草，因瓦砾敲竹作响，忽然省悟，就焚香沐浴，遥礼沩山，祝云："和尚大悲，恩逾父母。当时若为我说破，那有今日？"这是禅学的第一个方法：不说破。

九、因为要不说破，所以道一（马祖）以下想出种种奇怪的教学方法：拍手，把鼻，掀翻禅床，竖起拂子，翘脚，举拳，大笑，吐舌，一棒，一喝，……都是方法。又有所答非所问，驴头不对马嘴，而实含深意，这也是方法的一种。这种方法，叫做"禅机"。试举三条为例：

（一）李渤问一部大藏经说的是什么一回事。智常举起拳头，问道："还会么？"李说不会。

智常说：" 这个措大！拳头也不识！"

（二）僧问如何是三宝，总印答："禾、麦、豆。"僧说："学人不会。"师说："大众欣然奉持！"

（三）有老宿见日影透窗，问惟政道："还是窗就日光呢？还是日光就窗呢？"惟政说："长老，您房里有客，回去罢。"这些禅机都是禅学的第二种方法。

十、学人不懂得，只好再问，问了还是不懂，有时挨一顿棒，有时挨一个嘴巴。过了一些时，老师父打发他下山去游方行脚，往别个丛林去碰碰机缘。于是他行脚四方，遍参诸方大师，饱尝风尘行旅之苦，识见日广，经验日深，忽然有一天他听见树上鸟啼，或闻着瓶中花香，或听人念一句情诗，或看见苹果落地——他忽然大彻大悟了："桶底脱了！"到此时候，他才相信，拳头原来不过是拳头，三宝原来真是禾麦豆！这叫做踏破铁鞋无觅处，得来全不费工夫。有个五台山和尚在庐山归宗寺有一夜巡堂，忽然大叫："我大悟也！"次日老师父问他见到了什么道理，他说："尼姑天然是女人做的！"说破了真不值半文钱。这是禅学的第三种方法：行脚。

看宗杲的《宗门武库》，此书最便初学，文笔也可爱。

十一、但这种方法实在是太偏向主观的了解。你喝一声，我打一棒；你竖起拂子，我掀倒绳床，彼此呵呵大笑，你也不敢说我不懂，我也不敢笑你不会。《传灯录》诸书所记种种禅机，大部分是以讹传讹的，随心捏造的，自欺欺人的。其中自然有几个大师，确然是有自己的见地，有自觉的教育方法。但大多数的和尚不过是做模做样，捕风捉影；他们的禅不过是野狐禅，口头禅而已。禅学的衰歇，最大原因只是自身的腐化，禅太多了，逃不出去，终于死在禅下！后来理学起来，指斥禅学为"心学"，这就是说，禅学太主观了，缺乏客观的是非真伪的标准。

《古尊宿语录》是比较最可信的材料。《景德传灯录》中已多可疑的材料。后出的《联灯会要》《五灯会元》，更多伪造添入的材料了。

廿一·五·十九夜